源氏将軍断絶

なぜ頼朝の血は三代で途絶えたか

坂井孝一
Sakai Koichi

PHP新書

はじめに

主題と構成

日本史上初の本格的な武家政権である鎌倉幕府には、初代の源頼朝《よりとも》から幕府滅亡時の守邦親王《もりくにしんのう》まで九人の征夷大将軍《せいいたいしょうぐん》がいた。このうち頼朝・頼家《よりいえ》・実朝《さねとも》の三代を「源氏将軍」、四代の頼経《よりつね》、五代の頼嗣《よりつぐ》を「摂家《せっけ》将軍」、六代の宗尊《むねたか》親王以下、九代の守邦親王までを「親王将軍」と呼ぶ。室町幕府も江戸幕府も、初代から最後の十五代まで、それぞれ足利氏、徳川氏が将軍の地位を世襲したのに対し、鎌倉幕府では創設者である頼朝の源氏の血統が断絶し、継承されなかったのである。

周知のごとく、三代将軍実朝は右大臣《うだいじん》拝賀のために参詣《さんけい》した鶴岡八幡宮《つるがおかはちまんぐう》の境内で、兄である二代将軍頼家の遺児公暁《こうぎょう》つまり甥《おい》によって殺害され、公暁もほどなく誅殺《ちゅうさつ》された。この衝撃的な事件により、跡を継ぐ子のいなかった実朝の代で源氏将軍は断絶したとされる。しかし、公暁以外にも頼家の遺児はいた。また、大内惟義《これよし》、足利義氏《よしうじ》、武田信光《のぶみつ》、摂津《せっつ》源氏の源頼《より》茂《もち》など源氏の血を引く人々もいた。にもかかわらず、彼らは将軍になれなかった。なぜ実朝は殺害されたのか。なぜ頼家の遺児や、大内・足利・武田・頼茂ら源氏一門は将軍になれなかったのか。そもそも源氏将軍とは何だったのか。そして、実朝の横死《おうし》が源氏将軍の断絶を招いたのは自明の理といえるのか。本書はこうした事柄を主題とする。

考察にあたっては、まず源氏将軍の誕生という観点から源頼朝を取り上げる。とくに頼朝が将軍に任官するまでの経緯、頼朝の意図、御家人《ごけにん》たちの受け止め方などについて考察する。そして、一般には失政・失策と評価されてきた頼朝晩年の政治と構想について再検討する。

次に、頼朝急死を受けて跡を継いだ二代頼家について考察する。頼家は鎌倉殿《かまくらどの》になった三ヵ月後、早くも訴訟の直裁を停止《ちょうじ》され、有力御家人十三人の合議制が敷かれたため、蹴鞠《けまり》に没頭して政務を顧みなかった「暗君」とみなされてきた。しかし、近年、こうした頼家像には修正が加えられている。最新の研究成果に学びつつ、二代将軍頼家、北条氏をはじめとする御家人たちが相互に繰り広げた権力闘争について再検討する。

次いで、闘争の果てに北条氏によって擁立された三代将軍実朝について考察する。実朝も公家文化に耽溺《たんでき》し、東国の武士社会から乖離《かいり》した北条氏の傀儡《かいらい》とされてきたが、近年、為政者《いせいしゃ》として評価し直す研究が進んでいる。この研究動向をいっそう推し進め、実朝期の幕府とは何か、また朝廷と幕府の関係はどのようなものだったのか明らかにしたい。そして最後に、公暁はなぜ実朝暗殺を企《くわだ》てたのか、殺害はどのように実行されたのか、実朝横死後の歴史はどのように展開していったのかを検討し、源氏将軍断絶の歴史的な意味を問い直す。

『吾妻鏡』という史料

ところで、鎌倉幕府研究における根本史料は幕府自身が編纂《へんさん》した『吾妻鏡《あづまかがみ》』である。『吾妻鏡』には幕府しか知り得なかった情報が豊富である。たとえば、公式行事における儀式次第や行列次第は幕府に残された記録や交名《きょうみょう》（名簿の一種）を原史料にしたと考えられ、史料として貴重な価値を有している。本書も『吾妻鏡』に負うところが少なくない。

ただし、『吾妻鏡』は頼朝の挙兵から百二十年後、実朝の暗殺からでも八十年後、十三世紀末から十四世紀初頭にかけてという、北条得宗家《とくそうけ》（北条氏の嫡流）の専制期に幕府関係者が作成した編纂物である。当然、その時代の政治状況を色濃く反映している。北条氏の人々、とくに三代執権泰時《しっけんやすとき》をことさらに顕彰するなど、様々な潤色・曲筆が加えられていることはつとに指摘されている。そこに史料としての限界があることは明らかである。それゆえ『吾妻鏡』の記事を無批判に受け入れるのではなく、各種の文書、貴族の日記、寺社の記録、系図、軍記物語などの文学作品、慈円《じえん》の『愚管抄《ぐかんしょう》』のような著作物、鎌倉中期以降に成立した説話集などにも目を配り、『吾妻鏡』の記事を相対化する必要がある。先に述べた二代頼家、三代実朝に関する新たな研究は、この手法によって推進されているといっていい。

本書もこうした研究に学びつつ考察を進める。その際、重視すべきは『吾妻鏡』編纂の意図・目的である。近年の『吾妻鏡』研究を牽引《けんいん》する藪本勝治氏によれば、『吾妻鏡』の編纂は一二九〇年代後半の九代執権北条貞時《さだとき》による「徳政」の一環であり、「歴史を語り直す」ことによって、北条得宗家こそ幕府の創業者たる「頼朝の政道」を「継承」する「正当性」を有する、と主張することであったという。『吾妻鏡』が泰時を顕彰するのは、泰時を頼朝の正統な後継者と位置づけるためであり、二代頼家を蹴鞠に没頭した「暗君」として描き、また三代実朝を和歌・蹴鞠に耽溺し、遂には暗殺の憂き目にあったかのように描くのも、頼家・実朝が頼朝の政道から外れ、継承できなかったことを示すためであったというのである。

一方、頼朝については、得宗家が継承すべき政道を実現した偉大な創業者と位置づける。その偉業を称揚しこそすれ貶《おとし》める必要はない。ところが、『吾妻鏡』の「頼朝将軍記」は建久《けんきゅう》六年（一一九五）十二月を最後とし、建久十年（一一九九、四月に正治《しょうじ》と改元）一月の頼朝死去に至る三年間の記事を残していない。なぜか偉大な創業者の最晩年と最期について記さないのである。本書はここにも北条得宗家の立場による『吾妻鏡』編纂の意図が関わっていると考える。詳細は第二章第一節で述べることにしたい。

なお、源氏将軍およびその断絶を主題とする関係上、頼朝・頼家・実朝に関する論述を中心に置かざるを得ない。そのため、北条氏や朝廷にとって重要な事件であっても詳述しない場合もあることを前もってお断りしておきたい。

また、鎌倉初期の歴史については、著者自身も本書以前に実朝を中心に考察を加えてきた。ただ、すでに述べたように学界では日々新たな業績が積み重ねられている上、自分の研究にも、史料の解釈や歴史事象の評価を修正したり、発展させたりすべき点が多々あることに気がついた。研究とは絶えず自説に客観的・合理的な批判を加え、その内容を深化・進化させる営みだと思う。そこで、本書では、これまで発表してきた自説に新たに付け加えるべき点は書き加え、修正・発展させるべき点は、「以前は～だったが」という表現を用いて、どのように変わったか伝わるように工夫してみた。そのあたりも楽しみつつ読み進めていただければ幸いである。

源氏将軍断絶◉目次

第二章　源氏将軍の継承

第三章　源氏将軍の確立

第四章　源氏将軍の試練と成長

第五章　源氏将軍断絶

終章　源氏将軍のその後

第一章

源氏将軍の誕生

第一節　唯一の武家の棟梁へ

流人の挙兵

久安《きゅうあん》三年（一一四七）、源頼朝は軍事権門《けんもん》である河内《かわち》源氏の源義朝《よしとも》を父に、三種の神器《じんぎ》の一つ草薙《くさなぎ》の剣《つるぎ》を祀《まつ》る熱田《あつた》神宮の大宮司《だいぐうじ》藤原季範《すえのり》の娘を母に誕生した。義朝から嫡子《ちゃくし》の扱いを受けた頼朝は、保元《ほうげん》三年（一一五八）、十二歳の若さで皇后宮権少進《こうごうぐうごんのしょうじょう》に任官すると、翌保元四年（一一五九、四月に平治《へいじ》と改元）には後白河《ごしらかわ》院の姉上西門院《じょうさいもんいん》の蔵人《くろうど》、次いで二条《にじょう》天皇の六位《ろくい》蔵人に任じられるなど、朝廷内で順調に昇進した。

ところが、同年十二月の平治の乱で運命は暗転する。十三歳で初陣《ういじん》を飾り、従五位下《じゅごいのげ》・右《う》兵衛権佐《ひょうえごんのすけ》に叙任されたが、父義朝が平清盛《きよもり》に敗れて殺されたため死の危機に見舞われたのである。しかし、母の実家熱田大宮司家による助命嘆願が後白河院や上西門院に届き、その要請を受けた清盛の亡父平忠盛《ただもり》の後家池禅尼《いけのぜんに》が助命に動いた。武士の家では前当主の後家の力が大きい。清盛は継母《ままはは》の嘆願を受け入れざるを得ず、死罪を免じて頼朝を流罪に処した。

命を救われた頼朝は、永暦《えいりゃく》元年（一一六〇、一月に改元）三月、平重盛《しげもり》家の家人《けにん》である伊豆《いず》の伊東氏のもとに配流された。流人生活を送る中で、頼朝は伊東祐親《すけちか》の三女（「八重姫」と伝える）と契りを結び、千鶴《せんつる》という男児をもうけた。ところが、平家を憚《はばか》る祐親の怒りを買い、頼朝は、祐親の子伊東九郎の烏帽子親《えぼしおや》である北条時政《ときまさ》のもとに移り、三女は北条に隣接する江馬《えま》（江間）の領主江馬次郎に再嫁《さいか》させられた。安元《あんげん》元年（一一七五、七月に改元）のことである。

最大の危機は治承《じしょう》四年（一一八〇）に訪れる。八月十七日、北条氏や伊豆・相模《さがみ》のわずかな武士を率いて平家打倒の兵を挙げた頼朝であったが、早くも二十三日に相模国石橋山《いしばしやま》で、平家の家人大庭景親《おおばかげちか》率いる三千余騎と、伊豆から追撃してきた祐親の軍勢に挟撃《きょうげき》され、大敗を喫したのである。味方は四散し、背後の杉山に身を隠した頼朝は絶体絶命の危機に陥った。さすがに頼朝も死を覚悟したはずである。しかし、この一帯を本拠とする土肥実平《どひさねひら》に導かれ、真鶴岬《まなづるみさき》から安房《あわ》に渡海し、九死に一生を得たのであった。

その後、再起を果たした頼朝は、上総《かずさ》・下総《しもうさ》・武蔵《むさし》などの武士団を糾合《きゅうごう》し、十月六日、先祖源頼義《よりよし》以来の源家《げんけ》ゆかりの地、鎌倉に入る。石橋山合戦の大敗から一ヵ月半という奇跡的な再起であった。さらに、平維盛《これもり》率いる平氏軍を富士川《ふじがわ》で潰走《かいそう》させると、千葉常胤《つねたね》・上総広常《ひろつね》・三浦義澄《よしずみ》らの進言を容《い》れて鎌倉に戻り、この地に武家政権を築く選択をした。

完全なる天下落居に向けて

頼朝がまず行ったのは、自分に従った武士たちの本拠地の支配権を認める本領安堵《ほんりようあんど》と、敵方の所領を没収して勲功のあった武士たちに与える新恩給与であった。このように、頼朝は土地を媒介として武士たちと主従関係を結び、彼らの主人「鎌倉殿」となり、従者となった武士たちを「御家人」と位置づけて組織していった。

同時に、朝廷との関係に心を配ることも忘れなかった。朝廷の最高権力者は「治天《ちてん》の君《きみ》」後白河院であった。頼朝は密使を京都に派遣して後白河と交渉を重ね、寿永《じゆえい》二年（一一八三）十月、実効支配する東国の支配権を朝廷から公認された。さらに、同月の臨時除目《じもく》（朝廷の官職に任命する儀式）で元の位階「従五位下」に復し、配流から二十四年目にして流人身分を解かれた。こうして頼朝は、各地で反平家の兵を挙げた源氏の武士たちを一歩リードすることに成功した。

現代の我々は、後の歴史から遡《さかのぼ》って、頼朝がもともと源氏の嫡流であり、武家の棟梁《とうりよう》であったかのように考えがちである。しかし、治承・寿永段階の頼朝は、平家を都落ちさせた従兄弟《いとこ》の源義仲《よしなか》はもちろん、同じ河内源氏でも義家《よしいえ》流の新田義重《よししげ》・足利義兼《よしかね》、甲斐《かい》源氏の武田

清和源氏略系図

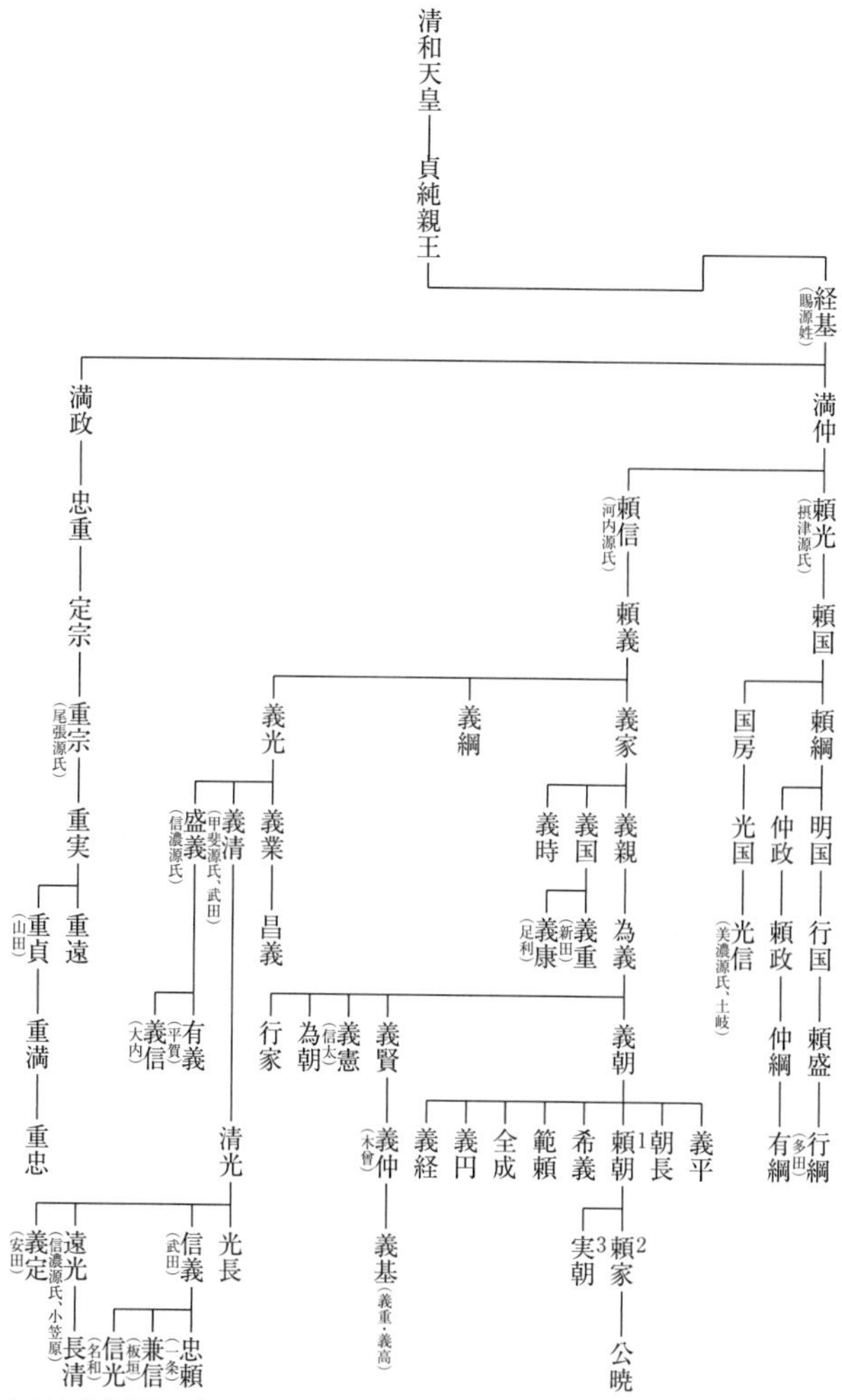

（五味文彦、桜井陽子編『平家物語図典』〈小学館〉を一部修正して作成）　※数字は鎌倉将軍の就任順

信義《のぶよし》・安田義定《よしさだ》、信濃《しなの》源氏の平賀義信《よしのぶ》、さらには摂津源氏の多田行綱《ゆきつな》らと大差ない存在であった。そこで頼朝は、弟の範頼《のりより》・義経《よしつね》らを大将とした軍勢を京都・西国《さいごく》に派遣し、寿永三年（一一八四、四月に元暦《げんりゃく》と改元）一月、近江《おうみ》の粟津《あわづ》で義仲を討った。また、改元後の元暦元年（一一八四）六月、甲斐源氏の一条忠頼《ただより》を誅殺した。さらに、平家を一ノ谷《いちのたに》の合戦、屋島《やしま》の合戦で撃破し、元暦二年（一一八五、八月に文治《ぶんじ》と改元）三月、壇ノ浦《だんのうら》の合戦で滅亡させた。義仲・平家を倒した頼朝は、他の源氏一族や、実弟の範頼・義経すらも、「鎌倉殿」頼朝の従者「御家人」と位置づけ、「唯一の武家の棟梁」という地位まであと一歩というところに上ってきた。

戦乱が終息したことにより、後白河の朝廷は「天下落居《てんからっきょ》」、すなわち太平の世が到来したとみなした。ただ、頼朝の認識は違っていた。鎌倉の背後に強大な軍事力と経済力を誇る軍事権門、奥州《おうしゅう》藤原氏がいたからである。しかもそこには、平家の滅亡後、頼朝から離反した義経がかくまわれていた。奥州藤原氏を倒さなくては、完全なる天下落居も、頼朝が「唯一の武家の棟梁」として武家社会に君臨することも叶《かな》わなかったのである。

文治三年（一一八七）十月、奥州藤原氏三代目の当主秀衡《ひでひら》が死去した。跡を継いだ泰衡《やすひら》は、一族の内紛と頼朝の圧力、さらには朝廷の義経追討宣旨《せんじ》（天皇の命令を下達する公文書）に耐えかね、衣河館《ころもがわのたち》（高館《たかだち》）を攻めて義経を自害させた。享年《きょうねん》三十一。幾多の合戦で名声を上げた英雄の悲劇的な最期であった。義経の追討によって泰衡は許しを乞い、朝廷も天下静謐《せいひつ》が成ったとして、奥州追討の宣旨を出さなかった。しかし、宿老《しゅくろう》の大庭景義《かげよし》が、「軍中に将軍の令を聞き、天子の詔を聞かず」、「累代の御家人の遺跡《ゆいせき》を受け継ぐ」泰衡に治罰《ちばつ》を加えるのに綸旨《りんじ》は必要ないと進言すると、完全なる天下落居を目指す頼朝は出陣の決意を固めた。

文治五年（一一八九）七月十九日、畠山重忠《しげただ》を先陣に下野《しもつけ》から白河関《しらかわのせき》を越えて陸奥に入る大手軍、千葉常胤・八田知家《はったともいえ》を大将軍に常陸から勿来関《なこそのせき》を越えて陸奥で合流する東海道軍、比《ひ》企能員《きよしかず》・宇佐美実政《うさみさねまさ》を大将軍に上野《こうづけ》・越後《えちご》を経て念種関《ねずがせき》で合戦を遂げ、出羽《でわ》から陸奥に入る北陸道軍に軍勢を分け、頼朝自ら大手軍を率いて鎌倉を進発した。頼朝が陣頭に立つのは挙兵した治承四年（一一八〇）以来十年ぶりであった。しかも今回は、九州の武士にまで動員命令をかけ、全国の御家人を率いての空前の大規模軍事行動であった。

『吾妻鏡』の奥州合戦記事

ところが、奥州合戦に関する史料は意外に少ない。最も詳細な記事を持つのは『吾妻鏡』である。『愚管抄』にごく簡略な叙述がみえるが、ほかには『吾妻鏡』に引用されていない文書数点、系図類の書き込み記事などが残されているだけである。ただ、いずれも『吾妻鏡』との齟齬《そご》は少ない。『吾妻鏡』はおおむね史実を伝えているとみなすことができる。

とはいえ、注意を要する点はある。藪本勝治氏が、『吾妻鏡』の奥州合戦記事は「反逆の鎮圧と支配的体制の強化を語る、典型的な軍記物語としての構造を備えている」と指摘する点である。たとえば、反逆者とされた泰衡軍の強大さや理想化された忠臣の活躍を、誇張と虚構を交えて描く。地理的に異なる地点、異なる時間で起きた合戦を、同時に行われたかのごとく叙述して劇的効果を上げる。記事の中にあえて「超常的な奇瑞《きずい》」を織り込み、勝利には神仏の加護があったとする。反逆の鎮圧によって秩序の回復と君主の交代があったことを示す。これらはいずれも軍記物語の典型的な構造であり、類型的な表現であるという。

さらに『吾妻鏡』は、時政が建立《こんりゅう》した伊豆願成就院《がんじょうじゅいん》の記事を合戦の前後に挿入している。願成就院は像銘《ぞうめい》から文治二年(一一八六)の建立であると判明している。にもかかわらず、合戦前の文治五年(一一八九)六月六日条に「奥州征伐の事を祈らんがため」時政が「伽藍《がらん》の営作を企て」、この日「事始《ことはじめ》」と「立柱上棟《りっちゅうじょうとう》」だけでなく「供養」まで遂げたと記すのである。また、合戦後の十二月九日条には、願成就院の北畔《ほくはん》から掘り出された古い額《がく》に、なぜか「願成就院」という文字が記されていたという奇瑞まで書き立てる。神仏への祈願を通じた北条氏の後方支援を強調するための史実の潤色である。しかし、実際の合戦で北条氏の面々が活躍した形跡はない。『吾妻鏡』も願成就院の記事を挿入するのが精一杯だったのであろう。

ともあれ、『吾妻鏡』の奥州合戦記事は軍記物語としての性格が強いといえよう。ただ、軍記物語特有の誇張や虚構、類型的表現などに注意すれば、史実の大枠を捉《とら》えることは可能である。そこで、『吾妻鏡』に沿って合戦の様相をみていくことにしたい。

奥州入り

文治五年（一一八九）七月十九日に鎌倉を進発した頼朝軍は、七月二十九日、白河関に着き、関明神《せきみようじん》に奉幣《ほうべい》した。ここで頼朝は梶原景季《かげすえ》を召し、今は初秋である、能因《のういん》法師の故事を思い出さないかと水を向けた。『新古今和歌集』入集《にっしゅう》歌数第二位の慈円から歌人として高く評価された頼朝らしく、三十六歌仙の一人である能因の「都をば　霞《かすみ》とともに　立ちしかど　秋風ぞ吹く　白河の関」（『後拾遺《ごしゅうい》和歌集』九、羇旅《きりよ》）を想起したのである。武勇の士でありながら和歌の教養も身につけていた景季は馬を止め、即座に一首の和歌を詠んだ。

秋風ニ　草木ノ露ヲ　払《はらわ》セテ　君カ越《こゆ》レハ　関守《せきもり》モ無シ

景季は「露ヲ払セ」に「先払い」を掛け、「関守モ無シ」には「君」頼朝の威勢に敵勢も圧倒されて無きがごとしという意味を込め、秋風の吹く白河の関を堂々と越えて勝利を手にしようとする主君を寿《ことほ》いだのである。

白河関は陸奥国の入口であり、大石直正氏が指摘するように、頼朝軍にとっては敵地に侵入する重要な境界にあたる。頼朝は和歌の持つ呪術性《じゅじゅっせい》によって、この境界を無事に通過することを願ったのであろう。古代・中世の和歌にはこうした力も期待されていたのである。と同時に『吾妻鏡』は、和歌を通じた当意即妙なやり取りを挿入することによって、家臣と緊密に結びついた主君頼朝の器を象徴的に示そうとしたのだと思われる。

八月七日、頼朝軍は陸奥国伊達郡阿津賀志山《だてぐんあつかしやま》（現、福島県伊達郡国見町大木戸一帯）近くの国見《くにみ》の宿駅《しゅくえき》に着いた。迎え撃つ泰衡は阿津賀志山に城壁を築き、国見との間に幅五丈（約十五メートル）の堀を構え、阿武隈川《あぶくまがわ》の水を流し入れて柵《さく》を廻《めぐ》らし、防御の体制を整えていた。発掘調査によって、ほぼ二重の堀の遺構が四キロメートルにわたって発見されている。国史跡阿津賀志山防塁、通称「二重堀《ふたえぼり》」である。ただし、地理的にみて阿武隈川の水を流し入れるのは難しく、防衛機能より境界としての意味が大きかったのではないかという指摘もある。

泰衡は、ここに異母兄《いぼけい》西木戸国衡《くにひら》以下、金剛別当秀綱《ひでつな》・下須房秀方《しもすわひでかた》ら二万騎の軍勢を配置した。また、刈田《かった》郡（現、宮城県南西部）にも城郭を構え、名取川《なとりがわ》・広瀬川《ひろせがわ》には敵の進軍を阻むための大縄を張って柵とし、泰衡自身は国分原《こくぶがわら》の鞭楯《むちだて》（現、宮城県仙台市宮城野区榴丘《つつじがおか》付近）

奥州合戦——頼朝軍の進軍ルート

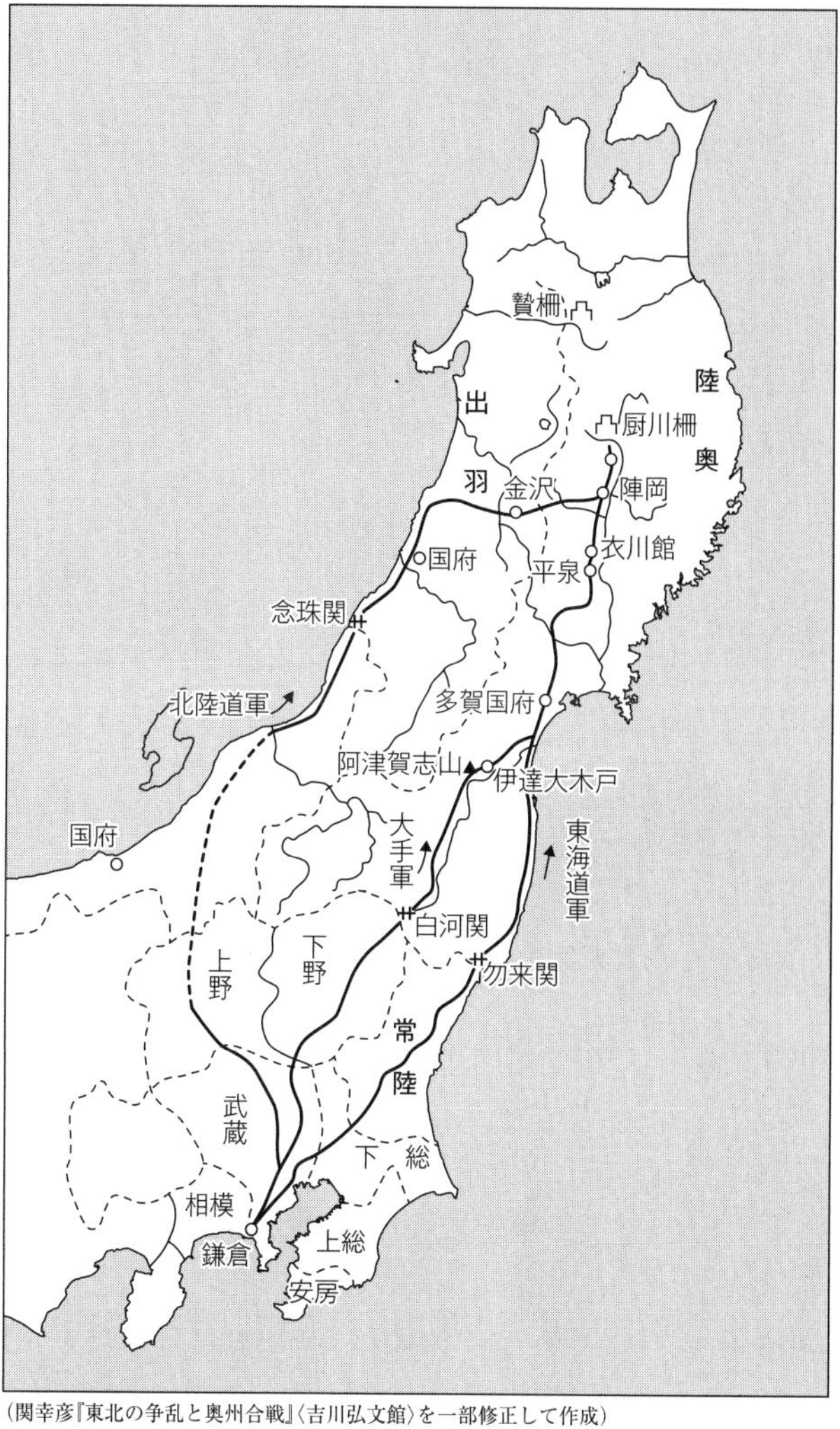

（関幸彦『東北の争乱と奥州合戦』〈吉川弘文館〉を一部修正して作成）

に陣を敷いた。さらに、栗原《くりはら》・三迫《さんのはざま》・黒岩口（いずれも現、宮城県栗原市）に数千の勇士を配し、出羽にも軍勢を派遣した。

頼朝は明朝の攻撃開始を諸将に伝えた。畠山重忠は、連れてきた人夫八十人に、用意していた鋤《すき》・鍬《くわ》で土石を運ばせ堀を塞いだ。当時の合戦は、大鎧《おおよろい》を着た騎馬武者が大音声《だいおんじょう》で名乗りをあげ、弓矢や刀剣によって一騎打ちするイメージが強い。しかし実際には、守る側が人夫を駆使して築いた城郭・堀・土塁や、水中に張り巡らした大縄・杭などの防御施設を、攻める側が人夫を使って破壊するという非戦闘員をも動員した総力戦であった。

阿津賀志山の激闘

八日卯《う》の刻（午前六時頃）、戦闘の火ぶたが切られた。畠山重忠・結城朝光《ゆうきともみつ》・加藤景廉《かげかど》・工藤行光《ゆきみつ》らが、阿津賀志山の前に陣取った金剛別当秀綱率いる数千騎に襲いかかった。巳《み》の刻（午前十時頃）、大軍による波状攻撃に秀綱らはたまらず退却した。一方、常陸入道念西《ねんさい》の子息伊《い》佐《さ》為宗《ためむね》・為重《ためしげ》・資綱《すけつな》・為家《ためいえ》兄弟らは、甲冑《かっちゅう》を秣《まぐさ》の中に隠して運び、石名坂《いしなざか》の上に陣取った信《しの》夫《ぶ》の佐藤《さとう》庄司《のしょうじ》基治《もとはる》率いる軍勢に近づくと矢石《しせき》を放った。庄司らは必死に防戦し、兄弟も傷を負った。それでも、命を惜しまず戦い続けた兄弟は、ついに庄司らの首を阿津賀志山の上の経岡《きょうがおか》にさらした、と『吾妻鏡』は記す。

ただし、石名坂は地理的にはるか南方の信夫郡、現在の福島県福島市松川町関谷付近であることがわかっている。つまり、石名坂合戦は阿津賀志山合戦より以前、別の場所で起きた合戦なのである。『吾妻鏡』は、それをあたかも同時に進行していたかのように描くことで劇的効果を上げている。先に述べた軍記物語特有の表現技法を採り入れた例である。

夜になり、翌九日の朝、阿津賀志山を越えて合戦を遂げると定められた。すると三浦義村《よしむら》、葛西清重《かさいきよしげ》、工藤行光・同祐光《すけみつ》、狩野親光《ちかみつ》、藤沢清親《きよちか》と弱冠十三歳の河村千鶴丸《せんつるまる》の七騎は、先陣を命じられた畠山重忠の陣をこっそり馳《は》せ過ぎ、山を登り始めた。先駆けの功名のためである。気づいた重忠の郎従《ろうじゅう》が、彼らの前途を塞ぐか、頼朝に訴えて秩序を乱す行為を止めさせるかするべきだと主人に諫言《かんげん》した。ところが重忠は、先陣を任されたのが自分であることに変わりはなく、また先途《せんど》を進もうとする者を邪魔するのは武略の本意ではないと答え、みてみぬふりをした。文武両道に秀で、人望の厚かった重忠を称揚する記事といえる。が同時に、武士たちが先駆けの功名を得るため懸命に行動していたことを伝える記事でもある。

夜を徹して峰を登った七騎は、敵の城柵《じょうさく》の入口にたどり着いて名乗りをあげた。奥六郡《おくろくぐん》（現、岩手県奥州市から盛岡市にかけて置かれた六つの郡）第一の強力《ごうりき》といわれる伴藤八《とものとうはち》らの強兵と激闘が始まった。狩野親光は命を落としたが、先駆けを果たした工藤行光は藤八と轡《くつわ》を並べて組み合い、ついに討ち取った。そして、藤八の首を鞍の後ろに括り付けて先に進むと、藤沢清親が馬から下りて敵と組み合っていた。行光は清親に加勢し、ともに敵を討ち果たした。清親は感謝の余り、息子を行光の聟《むこ》にするという契約をその場で結んだ。また、葛西清重・河村千鶴丸も数人の敵を討ち取った。

十日、頼朝自身も阿津賀志山を越え、西木戸国衡が守る城郭に大軍で攻め寄せた。畠山重忠、小山朝政《おやまともまさ》、和田義盛《よしもり》らの勇士が身命を賭して武威を振るい、戦いの声は山谷《さんこく》に響き渡り、郷村を揺り動かすほどであった。しかし、国衡勢の抵抗も激しく、容易には打ち破れそうになかった。ところが、前夜のうちに鎧《よろい》を背負い、馬を引いてひそかに頼朝の宿所を出た結城朝光および宇都宮朝綱《うつのみやともつな》の郎従である紀権守《きのごんのかみ》・波賀次郎大夫《はがのじろうたいふ》ら七人が、国衡の後陣の山によじ登り、鬨《とき》の声をあげて矢を放った。搦手《からめて》（裏門）からの攻撃に城中はあわてふためき、逃亡者が続出した。退却した兵は泰衡の陣に馳せ向かい、阿津賀志山の大敗を報告した。周章狼狽《しゅうしょうろうばい》した泰衡は奥の方を目指して逃亡し、国衡もまた逐電《ちくでん》した。かくして奥州合戦随一の激闘、阿津賀志山の合戦は、頼朝軍の圧勝に終わった。

勲功の審理

阿津賀志山から逐電した国衡は、大関山を越えて出羽方面に逃げようと図り、芝田郡大高宮（現、宮城県柴田郡大河原町金ヶ瀬の大高山神社）付近の田の畦道を、奥州第一の駿馬《しゅんめ》といわれる「高楯黒《たかだてぐろ》」に乗って駆けていた。そこに、先陣を馳せ抜けた和田義盛が追いつく。引き返して手合わせするよう義盛が叫ぶと、国衡は名乗りをあげて馬を廻らし、十四束《そく》の大矢をつがえた。しかし、一瞬早く義盛が十三束の矢を放つ。矢は国衡の鎧の射向袖《いむけのそで》を射通して腕に突き刺さった。その時、畠山重忠が軍勢を率いて追いつき、二人の間に割って入った。義盛の二の矢を警戒していた国衡は重忠の軍勢に驚き、馬を深田にはめてしまう。身動きの取れない国衡に、重忠の門客大串重親《おおぐししげちか》が襲いかかって首を打ち落とし、重忠に献上した。

十一日、頼朝は船迫宿《ふなはざまのしゅく》に逗留《とうりゅう》して勲功の審理を行った。重忠が国衡の首を献じて頼朝から称賛されると、義盛が進み出て、自分が射た矢で国衡は討たれたのだと異議を唱えた。剝ぎ取った鎧を取り寄せると、義盛の主張通り射向袖の三枚目に矢の貫通した跡があった。鑿《のみ》で突き通したような穴は、強弓《つよゆみ》の義盛の矢であることを物語っていた。ただ、重忠も強弓であることから、頼朝は矢を射たかどうか重忠に尋ねた。重忠は放っていない旨《むね》を答え、義盛の主張が認められた。『吾妻鏡』は続いて、重忠が「奸曲《かんきょく》」つまり悪巧みをしたというわけではなく、大串が国衡の首を取った時にはまだ後方にいて義盛の矢が当たっていたことを知らなかったのだと記し、「その性稟にして清潔」たる重忠を擁護している。

このように、勲功の審理では武士たちがしばしば激しく主張をぶつけ合った。武功を上げて恩賞を得ようと命を懸けるのであるから当然である。それを的確に裁き、期待に応え、不満を最小限に抑える器量とカリスマ性が主君には求められた。挙兵から十年に及ぶ戦いの中で、頼朝はこれを身につけ、御家人たちの絶大なる支持を得ていたのである。

また、一連の叙述で畠山重忠の清廉な人柄や強弓の武芸などが強調されている。『吾妻鏡』は重忠を頼朝に仕える忠臣と位置づけ、その活躍を積極的・好意的に描くという軍記物語の類型を踏んでいるのである。一方、国衡を「武者ガラユ、シクテ、イクサノ日モヌケ出テ」と評する『愚管抄』も、「コナタヨリアレヲ打トラント心ヲカケタリケルニモ、庄司次郎重忠コソ分入テヤガテ落合テクビトリテ参タリケレ」つまり優れた武者である国衡を討ち取ろうと頼朝方の武士たちは勇み立ったが、重忠が戦闘に分け入って直接対決を遂げ、国衡の首を取って頼朝に献上したと叙述している。重忠の武勲は都にも伝わっていたのである。また『吾妻鏡』の記事が大枠では史実を反映したものであることがわかる。

泰衡捜索の進撃

十二日の晩、頼朝軍は多賀《たが》の国府に到着した。ここで千葉常胤・八田知家らが率いる東海道軍と合流した。十四日以降は、行方をくらました泰衡を捜索する行軍となった。玉造郡《たまつくりぐん》（現、宮城県北西端）にいるとの風聞や、国府周辺の物見岡《ものみがおか》に陣取っているとの報告があったため、小山朝政・宗政《むねまさ》・朝光《ともみつ》兄弟と下河辺《しもこうべ》行平《ゆきひら》らを物見岡に派遣し、頼朝は玉造郡に向かった。しかし、物見岡には陣に張り巡らした幕と郎従四、五十人が残っていただけで、泰衡はいなかった。泰衡方の郎従を一蹴《いっしゅう》した朝政らは頼朝勢を追った。一方、頼朝は二十日、郡内にある多《た》加《か》波《ば》々《ば》城《じょう》を囲んだが、すでに泰衡は逃亡していた。

『吾妻鏡』八月二十日条は、頼朝が「戌《いぬ》の刻」（午後八時頃）に「御書」を「先陣の軍士等の中、所謂小山之輩 幷《ならびに》三浦十郎、和田太郎、小山小四郎、畠山次郎、和田三郎」に遣わし、「武蔵国の党々に至っては、面々この御書を取ってこれを拝見せしめ、旨趣を得て、合戦の計ひを廻らす」ように命じたと記す。その「旨趣」とは敵を追って「津久毛橋《つくもばし》辺」に到った時の対応である。泰衡らは平泉に入って城郭を構え待ち受けるであろうから、「一・二千騎を率ひて馳せ向ふべからず、二万騎の軍兵《ぐんびょう》を相調へて競ひ至るべし」つまり「二万騎」の兵を揃えて攻めるように指示したのである。

ほぼ同じ内容を記した仮名書きの「源頼朝書状」が江戸時代後期から明治時代にまとめられた『薩藩旧《さつぱんきゅう》記雑録《きざつろく》』巻一に残されている。「廿一《（二十一）》日ニひらいつみへつかむといふことあるへからす」「つくもはしへんまて」「かまへて、せい二万きをまかりそろうへし」という箇所がある。『吾妻鏡』の記事が、御家人から提出されたこの種の文書をもとに作成された可能性を感じさせるものである。

平泉制圧

二十一日は「甚雨暴風」であったが、頼朝は泰衡を追って岩井郡《いわいぐん》（磐井郡、現、岩手県南部）の平泉に向かった。途中、栗原・三迫の要害でも泰衡の兵を蹴散らし、栗原郡から岩井郡に通じる松山道を経て「津久毛橋」に到った。ここで梶原景高《かげたか》が一首の和歌を詠んだ。

陸奥《みちのく》の　勢ハ御方《みかた》ニ　津久毛橋　渡して懸《かけ》ン　泰衡カ頸

「勢ハ御方ニ津久毛橋」を勢が「味方につく」に、また「橋（を）渡して」つまり「橋を渡って」を「頸を渡して」に掛け、「橋」の縁語である「懸」を用いて「頸を懸ける」と表現した歌である。頼朝は「祝言」の歌であると満足し、景高を褒めた。津久毛橋は平泉の入口に位置する境界の橋である。白河関を越えて陸奥国に入った時と同様、頼朝は敵の本拠に侵攻するにあたって和歌の持つ呪術的な力を期待したのである。

また、白河関の景季、津久毛橋の景高は頼朝の側近梶原景時《かげとき》の長男、次男である。景時も含め、梶原氏の人々は文化的素養があったらしく、各種の文献に和歌や連歌の逸話がみえる。ただ、その力を高く評価していた主君頼朝が急死した一年後、梶原氏は滅亡する。『吾妻鏡』の和歌の逸話は、頼朝あっての梶原氏であることを象徴的に示したものとも考えられよう。

津久毛橋を渡った頼朝は、二十二日の申《さる》の刻（午後四時頃）、大雨の降りしきる中、平泉に入った。百年以上にわたり栄華を極めた奥州藤原氏の本拠である。しかし、前日の二十一日、泰衡は逃亡に際して館や宝蔵に火をかけていた。『吾妻鏡』は『白氏文集《はくしもんじゅう》』の表現を借り、きらびやかで立派な旧跡は失われ、麗《うるわ》しい金や宝石の蓄えは灰と化してしまったと記す。一帯は寂寞《じゃくまく》として人影もなく、颯々《さつさつ》と吹く秋風が幕に入る響きを送るのみであった。

ただ、西南の一角に延焼を免れた蔵があった。頼朝が葛西清重、小栗重成《おぐりしげなり》らに検分させると、沈香《じんこう》・紫檀《したん》以下の唐木の厨子《ずし》が数脚あり、中には牛黄《ごおう》・犀《さい》の角・象牙《ぞうげ》の笛・水牛の角・紺色の瑠璃《るり》の笏《しゃく》・金の沓《くつ》など豪華な品が納められていた。『吾妻鏡』は藤原氏の栄華を象徴する財宝を書き並べることで、強勢を誇った敵を制圧した頼朝の威勢を強調するのである。

泰衡の首

八月二十三日、頼朝は平泉制圧を報告する飛脚を、京都にいる参議《さんぎ》・右兵衛督《うひょうえのかみ》一条能保《よしやす》に送った。能保は頼朝の同母姉妹を妻にする公卿で、朝廷の窓口になっていた。九月二日、頼朝は平泉を出て岩井郡厨河《くりやがわ》（現、岩手県盛岡市西部）に向かった。『吾妻鏡』同日条は、

祖父の将軍朝敵を追討するの頃、十二ヶ年の間、所々の合戦勝負を決せず年を送るの処、遂に件の厨河の柵において、貞任らの首を獲る。曩時《のうじ》の佳例によって、当所に到り、泰衡を討ち、その頸を獲るべきの由、内々思案せしめ給ふと云々。

と記す。「祖父の将軍」とは頼朝の祖先である陸奥守兼鎮守府《ちんじゅふ》将軍の源頼義、「十二ヶ年の間、所々の合戦勝負を決せず年を送る」とは、頼義がその子義家とともに、永承《えいしょう》六年（一〇五一）から康平《こうへい》五年（一〇六二）という十二年の歳月をかけて、奥州で起きた安倍貞任《さだとう》らの反乱を鎮圧した前九年《ぜんくねん》合戦のことをさす。河内源氏が飛躍的に勢力を伸ばす契機となった重要な戦いである。頼義は苦戦を重ねたが、最終的には勝利を得て、「厨河の柵」で「貞任らの首を獲」ってさらしたのであった。頼朝はこれを「佳例」とみなし、厨河で「泰衡を討ち、その頸を獲」ろうと心に決めていたというのである。

九月四日、頼朝はさらに進んで、陣岡《じんがおか》（現、岩手県紫波《しわ》郡紫波町宮手字陣ヶ岡付近）に陣を敷いた。六日、そこに泰衡の数代にわたる郎従河田次郎《かわだのじろう》が、主人を裏切って獲った首を持参した。首実検をさせたところ、泰衡の首に間違いないということであった。河田次郎は恩賞に与《あずか》れると考えたのであろうが、頼朝は「譜代の恩を忘れ、主人の首をさらす」罪は「八虐《はちぎゃく》」の罪にあたるとして、みせしめのために斬罪《ざんざい》に処した。

「源氏将軍観」の起点

泰衡の梟首《きょうしゅ》（晒《さら》し首）の儀も行われた。『吾妻鏡』九月六日条は儀礼の様子を次のように記す。

康平五年九月、入道将軍家頼義、貞任の頸を獲るの時、横山野大夫経兼の奉として、門客の貞兼を以て件の首を請け取り、郎従惟仲をしてこれを懸けさしむ長さ八寸の鉄の釘を以てこれを打ち付くと云々件の例を追ひ、経兼の曽孫小権守時広に仰せ、々々（時広）子息の時兼を以て景時の手より泰衡の首を請け取らしめ、郎従惟仲の後胤七太広綱を召し出し、これを懸けさしむ釘彼の時の例に同じと云々

前九年合戦の際、「入道将軍家頼義」すなわち鎮守府将軍の頼義が「横山野大夫経兼《つねかね》」つまり小野姓横山氏の経兼に貞任の梟首を命じ、経兼は「門客の貞兼《さだかね》」に貞任の首を請け取らせ、「郎従惟仲《これなか》」に首を懸けさせた。「長さ八寸（約二十四センチメートル）の鉄の釘」を用いて打ち

付けた。頼朝はこの先例に倣い、経兼の「曽孫」「小権守時広」つまり小野姓横山氏の権守時広《ときひろ》に泰衡の梟首を命じ、時広は「子息の時兼《ときかね》」に梶原「景時」から「泰衡の首」を請け取らせ、郎従惟仲の「後胤《こういん》」「七太広綱《ひろつな》」に首を懸けさせた。釘は「彼《か》の時の例」と同じであったという。ほとんど同内容の記述が『小野系図』の「経兼」の箇所にもみえる。貞任の梟首を命じたのが「八幡殿《はちまんどの》」すなわち八幡太郎義家とされているが、経兼から貞任の首を請け取ったのは「親者定兼《さだかね》」、首を懸けたのが「郎等維長《これなが》の子」、用いた釘も「八寸」であったという。

川合康氏は、前九年合戦や奥州合戦に関するこれらの史料から、頼朝の「政治的演出」を導き出した。氏は、まず前九年合戦後、頼義によって京都に運ばれた貞任らの首が都大路《みやこおおじ》を渡され、獄門《ごくもん》の木に懸けられた点に注目する。これは朝敵の首を検非違使《けびいし》が鉾《ほこ》に刺して都大路を練り歩き、獄門の木に懸ける「大路渡《おおじわたし》」という儀式の起源となった。頼義の武名が高く評価されたのも、この「大路渡」が人々に強く印象づけられたことと関係するという。その頼義が厨河で行った貞任の梟首の儀礼を頼朝は泰衡の首で再現し、全国から動員した御家人たちに追体験させたのである。これは、自分を鎮守府将軍頼義の「正統的後継者」と位置付けることにより、「唯一の武家の棟梁」としての地位と権威を確立しようとする頼朝の「政治的演出」であったというのである。

確かに、これ以後、足利・新田・平賀・大内・武田・安田などの河内源氏諸氏や、摂津源氏諸氏ではなく、頼朝だけが「鎮守府将軍」頼義の「正統的後継者」、「源氏の嫡流」とする意識が徐々に御家人社会に浸透し始める。頼朝は別格の存在と意識されるようになっていくのである。やがてこうした意識と頼朝が任官する「征夷大将軍」という官職が結びつく。そして、将軍には頼朝の血を引く源氏がなるという「源氏将軍観」が生まれていくと考える。奥州合戦における「政治的演出」はその起点であったと評価できよう。

秩序の回復と天下落居の達成

九月八日、頼朝は「合戦次第」を記した書状を都の権中納言《ごんのちゅうなごん》・大宰権帥《だざいごんのそち》吉田経房《つねふさ》に送った。経房は頼朝にとって一条能保とともに朝廷の窓口の役を果たす公卿であった。九日は、近くにある高水寺《こうすいじ》の僧侶が御家人の従僕らの乱入を訴えてきたことを受け、処罰を断行した。十日には中尊寺の経蔵《きょうぞう》別当心蓮《しんれん》の訴えを容れて寺領安堵と諸役免除を決め、逐電した住民らの帰還も指示した。こうした『吾妻鏡』の叙述は、反逆を鎮圧した新たな君主が秩序を回復するという軍記物語の類型に沿っている。ただ、内容的にみて史実と認めていいであろう。

また、頼朝は「清衡・基衡・秀衡三代の間に建立するところの寺塔の事」を心蓮に尋ねた。

九月十七日条には、これに応えて心蓮・源忠《げんちゅう》ら平泉の僧侶が提出した「寺塔已下《じとういか》の注文」がみえる。そこには初代清衡が建立した中尊寺の「寺塔四十余宇、禅坊三百余宇」、二代基衡の建立にかかる毛越寺《もうつうじ》の「堂塔四十余宇、禅房五百余宇」、三代秀衡建立の無量光院《むりようこういん》の寺塔などが列挙されている。泰衡の館は焼失したものの、寺々の堂塔は無傷だったのである。「上下四壁内殿皆金色也、堂内三壇を構ふ、悉く《ことごと》螺鈿《らでん》也」と記された「金色堂《こんじきどう》」も無事であった。中でも頼朝を驚嘆させたのは「大長寿院《だいちようじゆいん》」と号する「二階大堂」であった。高さ「五丈」つまり約十五メートルに及ぶ二階建ての巨大な堂であり、「三丈」（約九メートル）の本尊「金色阿弥陀像《こんじきあみだぞう》」と、「丈六」（五メートル弱）の脇侍《きようじ》九体が安置されていたという。鎌倉帰還後、頼朝はこれを模した大寺院永福寺《ようふくじ》の建立に着手することになる。

かくして頼朝は念願の完全なる天下落居を達成した。しかし、奥州合戦は朝廷が泰衡追討の宣旨を出す前に強行された。元木泰雄氏は、勅許《ちよつきよ》なき追討を家人討伐の論理にすり替え、正当化しようとする意図が頼朝にはあったのではないかと指摘する。結局、朝廷は鎌倉進発の七月十九日に日付を遡らせて宣旨を発給したが、後白河との関係をどのような形で収拾するか、それが頼朝の次の課題となった。いよいよ上洛の時期が熟してきたのである。

第二節　征夷大将軍任官へ

戦勝報告と永福寺建立

文治五年（一一八九）十月二十四日、頼朝は鎌倉に帰着した。『吾妻鏡』同日条によれば、座を温める間もなく吉田経房と一条能保に宛てて戦勝報告の書状を出したという。十一月三日条は、同じ十月二十四日付で経房が奏者《ほうじや》となった後白河の院宣（院が発給する命令書）が鎌倉にもたらされたと記している。使者を送ってきたのは能保であった。院宣には後白河が追討に「感じ思し食《おぼめ》」していることや「降人《こうにん》」の扱い、頼朝の「勧賞《けんじよう》」について書かれていた。

院宣の内容は他の史料からみて史実と考えられる。ただ、頼朝の鎌倉帰還と院宣発給の日付が同じである点に『吾妻鏡』の作為を感じないでもない。無論、十月二十四日付の戦勝報告をみた朝廷が同じ日付で院宣を発給した可能性もある。とはいえ、京・鎌倉往復九日は早馬でギリギリの日数であり、院宣発給の審議や手続きを考えるとやや難しい感がある。ともあれ十一月六日、頼朝は帰洛する能保の使者に勧賞の辞退を伝える経房宛ての返書を託した。

十二月九日、永福寺の「事始」すなわち造立《ぞうりゅう》を始める儀式が行われた。『吾妻鏡』同日条は、「奥州に於て泰衡管領《かんれい》の精舎《しょうじゃ》」をみた頼朝が、「且《かつ》は数万の怨灵《おんれい》を宥《なだ》め、且は三有《さんぬ》の苦果を救はんがため」つまり戦乱で命を落とした数万の人々の怨霊を鎮め慰め、この世の苦しみを救うために寺院の建立を企図したと記す。さらに、平泉に「二階大堂有り大長寿院と号す、専らこれを模さるるによって、別して二階堂と号するか」とも記し、永福寺が中尊寺の二階大堂大長寿院を模した寺院であると明記する。巨大・壮麗な宗教的モニュメントの造立によって、戦没者の鎮魂という為政者の責務を果たそうとしたのである。また、御所《ごしょ》の丑寅《うしとら》（北東）の方角いわゆる鬼門《きもん》を造立場所に選んだことから、邪気・怨霊の侵入から御所を防ぐ役割も期待したことがうかがえる。さらに、完全なる天下落居を成し遂げ上洛を視野に入れた頼朝は、都の大寺院にも比肩《ひけん》する寺院の造立によって「唯一の武家の棟梁」の権威・権力を示し、文化的にも精神的にも都に劣らないという誇り・自負を身にまとおうとしたとも考えられる。

文治六年（一一九〇、四月に建久《けんきゅう》と改元）正月六日、奥州で大河兼任《おおかわかねとう》を中心とした泰衡残党が蜂起した。『吾妻鏡』同日条によれば、兼任は「古今の間、六親《ろくしん》もしくは夫婦の怨敵に報ゆるは尋常の事也。未だ主人の敵《かたき》を討つの例あらず。兼任一人その例を始めんがため、鎌倉に赴く所也」つまり今も昔も親族や夫婦の怨敵を討つのは尋常のことであるが、主人の敵《かたき》を討った例はない。その先例を作るため鎌倉に赴くのだと豪語したという。頼朝はただちに軍を派遣し、二月十二日、兼任らを破った。逐電した兼任は樵夫《しょうふ》に斧《おの》で斬殺された。

頼朝上洛

かくして建久元年（一一九〇）十月三日、頼朝は上洛の途につく。『吾妻鏡』同日条には、鎌倉進発前の頼朝と八田知家との説話的なやり取りがみえる。遅参した知家に頼朝は機嫌を損ねるが、行列の先陣・後陣、乗る馬について下問した。すると知家は悪びれることなく、先陣は頼朝の決めた畠山重忠で問題ない、後陣には宿老の千葉常胤がふさわしいと進言して容れられた。入洛の際に頼朝が乗る馬も知家が用意した八寸余の黒馬になったという。

史実とするにはできすぎた話である。類話が鎌倉後期に無住《むじゅう》が著した仏教説話集『沙石集《しゃせきしゅう》』巻三にみえる。三代将軍実朝が上洛を企画したが、経費負担が大きいことから人々の意見を聴く評定《ひょうじょう》が開かれた。誰も意見する者がいない中、遅参した宿老八田知家が「一切ノ獣ノ王たる「天竺《てんじく》ノ師子（獅子）」を例に挙げ、人々を悩まそうという心が将軍になくとも人の嘆きはあるものだと諫言した。これを聞いて実朝は上洛をやめ、万人が悦《よろこ》んだという。

上洛経験がなかった実朝を用いて上洛中止の話にしているが、遅参した知家の進言が採用された点は同じである。ただ、実朝期に活躍していたのは知家ではなくその子の知重《ともしげ》（朝重）であった。恐らく鎌倉後期には、一族の基礎を築いた知家を称揚する伝承が八田氏を中心に形成されていたのであろう。『吾妻鏡』はあえてそれを記事に取り込み、頼朝の度量の大きさや賢臣との信頼関係を晴れの上洛前に示そうとしたのだと思われる。

鎌倉を出た頼朝一行は一ヵ月程かけて東海道《とうかいどう》を上り、十一月七日に入洛《じゅらく》した。『吾妻鏡』同日条によれば、申の刻（午後四時頃）、黒糸威《くろいとおどし》の鎧を着た先陣の畠山重忠が家子《いえのこ》一人、郎等十人を従えて都に入り、次いで張替《はりかえ》の弓を持った従者と小舎人童《こどねりわらわ》を連れた先陣の随兵《ずいひょう》の御家人が三騎一列に並び、一番から六十番まで総勢百八十騎進んだ。引馬《ひきうま》・小具足持《こぐそくもち》・弓袋差《ゆぶくろさし》・甲《よろい》着《ぎ》が続き、その後に折烏帽子《おりえぼし》に青丹《あおに》色のつやのある水干袴《すいかんばかま》、紅衣を着た頼朝が黒馬を歩ませた。次いで水干を着て野矢を背負った八田知家以下の十騎、後陣の随兵の御家人が三騎一列で四十六番まで百三十八騎進み、後陣は勘解由判官《かげゆほうがん》、郎従数十騎を伴った梶原景時、最後尾は子息・親類らを従えた千葉常胤が務めた。まさに「唯一の武家の棟梁」の入洛にふさわしい堂々たる行列であった。幕府に残された交名を原史料とした記述であろう。賀茂川《かもがわ》の河原には行列を一目みようと牛車《ぎっしゃ》が並び、好奇心旺盛な後白河もお忍びで見物した。灯《ひ》ともし頃になり、頼朝は故平頼盛《よりもり》の旧跡を増改築した六波羅《ろくはら》の新邸に到着した。

『愚管抄』は「七日イリケルヤウハ、三騎〳〵ナラベテ武士ウタセテ、我ヨリ先ニタシカニ七百余騎アリケリ。後ニ三百余騎ハウチコミテアリケリ」と記し、頼朝は『吾妻鏡』を超える千騎を従えていたとする。ただ、郎従らを加えれば総勢はゆうに千人を超えたであろう。頼朝については「コムアヲニノウチ水干ニ夏毛ノムカバキマコトニトヲ白クテ、黒キ馬ニゾノリタリケル」とほぼ『吾妻鏡』と同様に記す。「トヲ白クテ」は雄大な姿という意であり、慈円は頼朝を「ヌケタル（抜群の）器量ノ人ナリ」と絶賛する。一方、慈円の兄、摂政九条兼実《くじょうかねざね》は、日記『玉葉《ぎょくよう》』同日条に「源二位頼朝卿入洛、申の刻、六波羅新造亭に着すと云々」「院已下洛中諸人見物すと云々、余これを見ず」と素気《そっけ》なく記し、「日昼の騎馬の入洛、存ずる旨ありと云々」と付け加えている。兼実の立場、政治姿勢が表れているように思われる。

頼朝・兼実の会談

在京中の頼朝の動静についても『吾妻鏡』と『玉葉』の記事を照合しつつみていきたい。十一月九日、まず頼朝は後白河の院御所六条殿《いんのごしょろくじょうどの》に参上した。六条殿は、文治四年（一一八八）三月の焼失後、頼朝が再建を請け負って造営した御所である。『吾妻鏡』によれば、会談は日が暮れて暗くなるまで続いたという。ただ、残念ながらその内容を伝える史料はない。退出した頼朝は参内し、天皇の昼の居所である昼御座《ひのおまし》で十一歳の後鳥羽《ごとば》天皇に拝謁した。
次いで昼御座の西隣にある鬼間《おにのま》で兼実に会った。『玉葉』同日条によれば、頼朝は「八幡の御託宣により、一向君に帰し奉る事、百王を守るべし」、源氏の氏神である「八幡」のご託宣により、自分は専ら「君」天皇に従い、百代に至るまで守るつもりだと述べたという。天皇は百代まで続くという「百王思想」を念頭に置いた発言であろう。続けて頼朝は、
当時法皇、天下の政《まつりごと》を執り給ふ。よって先ず法皇に帰し奉るなり。天子ハ春宮《とうぐう》が如きなり。法皇御万歳の後、又主上に帰し奉るべし。当時モ全く疎略にあらず。
「当時（現在という意）」は「法皇」後白河が天下の政治を主導しているので、まず後白河に従うのである。「天子」後鳥羽は皇太子の如きであるが、後白河の「御万歳《ごばんぜい》」つまり崩御の後は天皇に従うつもりでいる。現在も粗略に思っているわけではないと語ったという。頼朝が治天の君後白河に従いつつも、天皇である後鳥羽を尊重していたことがみてとれる。
また、兼実のことについては、外面的には疎遠であるかのように振る舞っているが、後白河への聞こえを恐れているからに過ぎないと述べ、続けて頼朝は、
当今《とうぎん》、幼年の御尊下、又余算猶遥か、頼朝又運有らハ、政何ぞ淳素《じゅんそ》に反《かえ》らざらんや、当時ハ偏《ひとえ》に法皇に任せ奉るの間、万事叶ふべからず。

「当今」後鳥羽は幼年である上、兼実の「余算」余命もまだたっぷりある、頼朝にまた運があるならば、政治がどうして「淳素」飾り気のないまっすぐな形に戻らないことがあろうか、現在はすべて法皇にお任せしているので、万事思い通りにいかないと語ったという。これに対し兼実は「示す所の旨、はなはだ甚深也」と頼朝への期待感を書きつけている。

ただ、この言葉からも頼朝が院政を主宰する後白河に遠慮しつつも、後鳥羽による天皇親政を待望していることが読み取れる。兼実は摂政であるから顔を立てておいたという程度であろう。というのも、『玉葉』の翌建久二年（一一九一）四月五日条に「或人云はく、頼朝卿の女子、来る十月入内《じゅだい》すべしと云々」という記事がみえるからである。頼朝はすでに娘大姫《おおひめ》の後鳥羽入内を意識していたらしい。兼実の娘任子《にんし》は、頼朝上洛前の建久元年（一一九〇）四月二十六日、後鳥羽の中宮《ちゅうぐう》となっていた。頼朝にとって兼実は後鳥羽の後宮をめぐるライバルだったのである。

会談の最後に頼朝は「已《すで》に朝《ちょう》の大将軍《たいしょうぐん》たるなり」と述べたという。頼朝がその軍事力によって、後鳥羽天皇と治天の君後白河の朝廷を支える存在になったと自負していたことがわかる。元木泰雄氏は頼朝のこの立場を「唯一の官軍」と表現する。「唯一の武家の棟梁」頼朝は「唯一の官軍」となり、軍事力を全国に及ぼす正当性を得たといえる。これを如実に示すのが翌年三月二十二日付で発せられた後鳥羽天皇宣旨、いわゆる「建久二年新制」の第十六条「京畿諸国所部官司をして搦め進めしむべき、海陸盗賊放火の事」にみえる「自今已後《いご》、慥《たし》かに前右近衛大将源朝臣《あそん》、幷《なら》びに京畿諸国所部官司等に仰せ、件の輩を搦め進めしめよ」という一節である。これは「前右近衛大将《さきのうこんえのたいしょう》」の頼朝が、朝廷から正式に全国の治安維持を担当する軍事権門と認定されたことを意味している。

権大納言・右近衛大将

十一月九日、頼朝が六波羅に戻った時には深夜になっていた。そこに吉田経房を奉者とする院宣が届いた。院宣には、これまで頼朝は謙遜して勲功の賞を辞退していたが、すでに上洛を果たしたのであるから、臨時除目を行い、十一月九日付けで「権大納言《ごんのだいなごん》」に任じた、今回は辞退しないように、と記されていた。頼朝は正二位《しょうにい》の非参議《ひさんぎ》という散位《さんに》（位階のみを持ち、官職に就いていない者）から現任《げんにん》の公卿である権大納言になったのである。

さらに、十一月二十四日の臨時除目で、武官の最高職の一つ、右近衛大将（略して右大将《うだいしょう》）を兼任することになった。右大将を兼ねていた正二位・右大臣の藤原兼雅《かねまさ》に辞表を提出させての補任《ぶにん》であった。当時、正二位・権大納言だったのは藤原実宗《さねむね》、同隆忠《たかただ》、同良経《よしつね》、同頼実《よりざね》の四人である。このうち良経は兄良通《よしみち》の急死で摂政兼実の嫡子になっており、左近衛大将《さこんえのたいしょう》を兼ねていた。頼朝は摂関家の嫡子とほぼ肩を並べる地位に昇ったわけである。

在京中、頼朝は石清水八幡宮《いわしみずはちまんぐう》・清水寺《きよみずでら》などの寺社に参詣する一方、たびたび院参して後白河と会談を重ね、豪華な品々を献上した。院御所で一条能保とも面談した。また、右大将に任官した頼朝は、任命者に感謝し拝礼する儀式「拝賀の儀」を行うことになった。任命者は公式には天皇の後鳥羽、実質的にはその上に立つ治天の君後白河である。そこで、後白河は頼朝に対し、飾りつけをした牛車や高価な装束《しょうぞく》を下賜した。両者の間には様々な駆引きがあったろうが、治天の君の権威を誇る後白河、全国に軍事力を及ぼす頼朝が互いの存在と力を認めて利用し合い、良好な関係を築こうとしたことは確かであろう。

十二月一日、右大将拝賀のため院御所六条殿に参り、次いで内裏《だいり》に参上した頼朝は、二日、任官後に初めて直衣を着す直衣始《のうしはじめ》の儀を行うと、三日には、権大納言・右大将両職の辞状を提出した。そろそろ鎌倉に帰還する日が近づいていた。

十二月八日、頼朝は「半蔀車《はじとみぐるま》」に乗って院参した。半部車とは物見窓を引き戸ではなく半蔀にした摂関・大臣・大将が乗る牛車である。『吾妻鏡』同日条は「件の車、院より調《ととの》へ下さる所也」と記す。ただし、儀礼にうるさい兼実は『玉葉』同日条に「大将辞退以前に乗るべきか、教訓する人あってなきがごときか、前大納言・前大将、半蔀車に乗って出仕、いまだかつて聞かず」と不満を述べ、皮肉まじりに「これ院宣なり」と書き添えた。

朝廷の官職と頼朝

『吾妻鏡』十二月十一日条は、後白河が頼朝に対し、勲功の賞として御家人を官職に任じるので「廿人（二十人）」を推挙せよと命じ、頼朝は頻《しき》りに辞退したものの「十人」に絞って推挙したと記す。ところが、『玉葉』十二月十日条は「前大将、郎従の中、成功《じょうごう》の輩《ともがら》、交名を注進す」、十二日条は「成功の者廿五人、前大将交名を進む」、十三日条は「勲功賞衛庁十人、任ぜらるべきの由」後白河の仰せがあったと記す。『玉葉』は、頼朝が御家人二十五人の名簿を提出し、後白河が任官者を十人に絞ったとしているのである。摂政の兼実は手続きに深く関わっており、『玉葉』の記述の方が史実であろう。『吾妻鏡』には、朝廷の官職に執着せず、常に辞退する人物として頼朝を描こうとする意図がみえかくれする。

また『玉葉』によれば、朝廷は頼朝に「大功田百町《たいこうでん》」を「勲功の賞」として与えることを審議したという。「大功田」とは国家に功績のあった者に与える田地のことで、大・上・中・下田の等級があった。最上級の大功田は子々孫々に伝えることが許された。『玉葉』十二月十三日条は「院より宗頼を以て、大功田百町の宣旨を下すべきの由、ならびに勲功の賞、衛庁十人任ぜらるべきの由、仰せらる」、『愚管抄』は「（鎌倉下向の）前ノ日大功田百町宣下《せんげ》ナド給ケリ」と記している。ところが、『吾妻鏡』は全く触れていない。確かに、国名も地名も示されていないことから、実体のない単なる名誉付与に過ぎなかったかもしれない。しかし、たとえそうであったとしても、頼朝が朝廷から土地を与えられる存在だった、などとは書きたくなかった、それが『吾妻鏡』編纂者の意図だったのではないか。

ともあれ頼朝の推挙を受け、和田義盛・三浦義連《よしつら》・足立遠元《とおもと》が左衛門尉《さえもんのじょう》、小山朝政・比企能員が右衛門尉《うえもんのじょう》、葛西清重が右兵衛尉《うひょうえのじょう》に任じられ、千葉常秀《つねひで》・梶原景茂《かげもち》・八田知重が父の賞を譲られる形で左兵衛尉《さひょうえのじょう》に、三浦義村も父の賞を譲られて右兵衛尉に任官した。左右衛門尉・左右兵衛尉といった「侍」身分の官職であるが、彼らは朝廷の官制体系に位置づけられ、大いに面目を施した。かくして頼朝は、十二月十四日、鎌倉に向けて京都を発《た》った。

ところで、権大納言・右近衛大将をすぐに辞任したことから、頼朝がこの両職を重視していなかった、あるいは真に望んでいたのは征夷大将軍であったという説が長く唱えられてきた。しかし、元木氏によればそれは当たらないという。権大納言・右近衛大将は、在京して政務や儀式を務めるべき枢要な「京官《きょうかん》」すなわち中央官であり、鎌倉に帰還しなくてはならない頼朝は職に留まることができなかったからであるという。平家滅亡後の文治元年（一一八五）、頼朝が義経との関係を断つことを決めたのも、義経が後白河から勝手に左衛門尉に補任され、検非違使の宣旨を賜ったからではなく、鎌倉下向を命じたにもかかわらず、在京すべき京官である検非違使を辞さず、都に留まったからだと元木氏は指摘する。

京・鎌倉を頻繁に往還していた政所別当《まんどころべっとう》の中原広元《なかはらのひろもと》（後の大江《おおえの》広元）も、在京中の建久二年（一一九一）四月一日、明法博士《みょうぼうはかせ》・検非違使・左衛門大尉《さえもんのだいじょう》に任官したが、鎌倉帰還前の十一月五日に明法博士を辞した。翌三年（一一九二）二月十三日に再び入京した広元は、二月二十一日、検非違使・左衛門大尉を辞し、五月三日、京都を発った。広元も鎌倉に帰る前に京官を辞したのである。このように、頼朝は京官の在京義務を御家人たちに求め、自らも遵守《じゅんしゅ》した。ただ、頼朝の死後、この義務は急速に弛緩《しかん》し、やがて守られなくなっていく。

征夷大将軍

建久三年（一一九二）三月十三日、後白河が死去した。前権大納言・前右近衛大将の頼朝のもとに報《しら》せが届いたのは三月十六日であった。享年六十七。久寿《きゅうじゅ》二年（一一五五）七月、中継ぎの天皇として践祚《せんそ》した後白河は、保元の乱、平治の乱、治承・寿永の乱を乗り切り、幾度か略取・幽閉などの危機を経験しながらも、清盛、頼朝、義仲、義経らと渡り合い、最後まで治天の君の地位を守り通した個性的な帝王であった。頼朝は、自分が「唯一の官軍」として支え、擁護してきた朝廷の最高権力者の死を悼み、鎌倉で仏事を催した。

七月二十六日、頼朝を征夷大将軍に任ずる除書《じょしょ》（辞令のこと）を携えた勅使二人が鎌倉に到着した。七月十二日の補任であった。勅使は先例に従って鶴岡八幡宮の庭に並び立ち、使者を通じて除書を進上する由《よし》を申し上げた。頼朝は、治承四年（一一八〇）の挙兵に際し、頼朝を守るために命を捧げた三浦義明《よしあき》の勲功に報いるため、義明の次男で三浦氏の惣領《そうりよう》義澄を受け取りの使者に選んだ。義澄は比企能員・和田宗実《むねざね》と甲冑を着した郎従十人を連れて八幡宮に参り、除書を受け取ると、御所に参上し、束帯《そくたい》を着して威儀を正した頼朝に恭《うやうや》しく進上した。

『吾妻鏡』同日条は、「将軍の事、本より御意に懸けらるると雖《いえど》も、今にこれを達せしめ給はず。しかるに、法皇崩御の後、朝政の初度、殊に沙汰あり、任ぜらる」、すなわち頼朝はもともと征夷大将軍を望んでいたが、後白河死後の朝廷政務を始めるにあたってとくに審議があり、任じられたのだと記している。

この『吾妻鏡』の記事と、頼朝上洛時の『玉葉』建久元年（一一九〇）十一月九日条にみえる「当時ハ偏に法皇に任せ奉るの間、万事叶ふべからず」と頼朝が語ったという記事から、

「征夷」つまり都を遠く離れた東国の地で大権を行使できる征夷大将軍への補任を頼朝は熱望していたが、それを察知した後白河があえて征夷大将軍ではなく、枢要な京官である権大納言・右近衛大将に任じた。その後白河が死去したことで、頼朝はついに念願を叶えたのだという解釈が生まれた。頼朝が築こうとしたのは、朝廷からほぼ独立して権力を行使し得る東国の政権だったとする学説「東国国家論」と密接に関連する解釈である。

ところが、二〇〇〇年代の初頭、国文学の研究者である櫻井陽子氏によって『三槐荒涼抜《さんかいこうりょうぬき》書要《がきのかなめ》』と呼ばれる新出史料が学界に紹介され、この解釈は修正を迫られることになった。『三槐荒涼抜書要』は、内大臣中山忠親《ただちか》の日記『山槐記《さんかいき》』（『三槐記』）と、藤原資季《すけすえ》の日記『荒涼記』の記事を抜書した史料である。その中の『山槐記』建久三年（一一九二）七月九日条・十二日条に、頼朝の征夷大将軍任官に関わる記事がみえる。九日条には「前右大将頼朝、前大将の号を改め、大将軍を仰せらるべきの由を申す」とある。ここから、頼朝が望んだのは「征夷大将軍」という官職ではなく、単に「将軍」を超える「大将軍」の号であったことが明らかになった。「将軍」とは源頼義や、その子の八幡太郎義家、奥州藤原氏の秀衡が任官し、東国で大きな権威を発揮してきた「鎮守府将軍」を意味する。頼朝は、その「将軍」よりもさらに大きな権威を持つ「大将軍」の号を求めたのである。

さっそく朝廷は、「大将軍」の上に冠する候補を「征東」「征夷」「惣官」「上」の四つに絞り、どれが最も適切であるか審議した。十二日条によれば、「征東」は木曽義仲、「惣官」は平宗盛《むねもり》の先例があるが、いずれも滅亡したことから不吉、「上将軍」は日本には先例がない、「征夷」のみが坂上田村麻呂《さかのうえのたむらまろ》の「吉例」があるので適切であろうとの結論に達したという。要するに「征夷」「大将軍」は、朝廷がいわば消去法によって選んだ官職だったのである。以上のことから、都から遠く離れた東国で大権を振るうために、頼朝は「征夷大将軍」を熱望したという先の解釈は成り立たないことになる。

とはいえ、後白河死去後の建久三年七月、「征夷」「大将軍」に補任され、頼朝が大いに喜んだことは確かである。頼朝はこの後しばらく「将軍」を超える権威を持つ「征夷大将軍」として東国社会に臨み、確固たる権力基盤を築いていったからである。

第三節　建久年間前半の頼朝政権

戦時体制から平時体制へ

治承四年（一一八〇）八月、反乱軍として出発した頼朝は、武力によって東国を制圧し、寿永二年（一一八三）十月には東国における実効支配を後白河の朝廷に公認させた。次いで、寿永三年（一一八四、四月に元暦と改元）一月に源義仲、元暦二年（一一八五、八月に文治と改元）三月に平家、文治五年（一一八九）九月に奥州藤原氏を滅ぼし、完全なる「天下落居」を成し遂げた。奥州合戦では、動員した御家人たちに対し「曩祖将軍」源頼義の「正統的後継者」であることを印象づける政治的演出を行い、「唯一の武家の棟梁」となった。そして、建久元年（一一九〇、四月に改元）十一月、多数の御家人を率いて入洛し、後白河から権大納言・右近衛大将に任じられ、朝廷を守護する「唯一の官軍」という地位も手に入れた。さらに、後白河死後の建久三年（一一九二）七月には、「鎮守府将軍」より大きな権威を持つ「征夷大将軍」にも任官した。

しかし、追討戦の終結により、没収した敵方所領を新恩地として御家人に与え、それを朝廷に認めさせてきた戦時下の政策は行えなくなった。と同時に、朝廷を守護し支える唯一の軍事権門として、治天の君以下、王家・公家・寺家・社家の権益をも守らなくてはならなくなった。頼朝政権は、戦時体制から平時体制へと移行する段階に入ったのである。

その中で頼朝が力を入れたのは、組織・文書・官位を用いた政治運営の方式であったと考える。組織として最初に作られたのは治承四年の侍所《さむらいどころ》であるが、元暦元年（一一八四）には公《く》文所《もんじょ》・問注所《もんちゅうじょ》が整備された。頼朝が従二位に叙せられ公卿に列すると、公文所は政所《まんどころ》と改称され、右近衛大将任官・辞任後は前右近衛大将家政所（略して前右大将家政所）、征夷大将軍任官後は将軍家政所として政務の中心機関に位置づけられた。

また、戦時下でも頼朝は自分の花押《かおう》（本人であることを示す自署、いわゆるサイン）を記した「源頼朝袖判下文《みなもとのよりともそではんくだしぶみ》」を発給していた。ただ、それは頼朝と御家人たちとの人格的な主従結合を文書の形に表したものともいえた。建久二年（一一九一）一月十五日、前右大将家政所吉《きっ》書始《しょはじめ》を行うと、頼朝は組織が命じる文書、すなわち政所職員の署判（署名と花押）のみで頼朝の花押が記されていない「前右大将家政所下文」への更改を試みた。ただ、この様式の下文はほとんど伝来していない。三月四日に鎌倉を襲った大火からの復興に力を注いだためとも考えられるが、この段階での更改がうまくいかなかったのは確かである。しかし、一年半後の建久三年八月五日、将軍家政所始を行った頼朝は、今度は征夷大将軍の権威を前面に押し出し、「将軍家政所下文」への更改を御家人たちに認めさせた。

もっとも、挙兵以来の有力御家人千葉常胤や小山朝政らは、政所職員の花押だけでは不安だと訴え、頼朝の花押を記した文書を同時に発給してもらった。平時になっても、御家人たちには頼朝という個人を主君に仰ぐ意識が強かったのである。一方、頼朝が意識したのは組織と文書による平時体制の政治運営であった。両者の間に微妙な懸隔《けんかく》が生じていたことがわかる。この種の意識の懸隔は頼朝に対する不満・反発を惹起《じゃっき》する危険性を秘めていた。

官位挙任権による御家人統制

頼朝は御家人たちの統制のために朝廷の官位を効果的に活用した。平安期から武士たちは朝廷の官位を欲する傾向が顕著であった。官位は、いわば全国共通の公式な肩書であり、京官（中央官）である衛門尉《えもんのじょう》や馬允《めのじょう》はもちろん、下官《げかん》（地方官）である国衙《こくが》の介《すけ》・掾《じょう》なども武士の社会では権威を発揮した。そこで武士たちは上洛して貴族たちとの人脈作りに精を出し、地元では在庁官人となって、都から下向してくる国司《こくし》の目代《もくだい》と姻戚関係を築こうと努めた。頼朝挙兵後も、官位に対する武士たちの欲求が減退することはなかった。

　しかし、頼朝からすれば、せっかく配下に組み込んだ御家人たちが、官位の誘惑に負けて朝廷に取り込まれるのはゆゆしき問題であった。そこで、頼朝の推挙がなければ朝廷から官位の叙任を受けてはならない、というルールを内乱期のうちから打ち出した。朝廷への官位推挙権を頼朝が一元的に掌握することによって御家人を統制しようとしたのである。

　無論、これは頼朝が勝手に作ったルールであり、たとえば後白河を拘束するものではない。そのため現実には頼朝の推挙のない任官事例もあった。ただ、ルール違反には強硬姿勢で臨み、逆に推挙を受けた官位については堂々と表明することを許した。建久元年（一一九〇、四月に改元）の上洛で、勲功の賞として挙任された和田義盛・小山朝政・八田知重・比企能員らの衛門尉・兵衛尉はその典型である。さらに頼朝は、京官には基本的に在京を義務付け、自分自身もこれを守った。こうして戦時体制から平時体制への移行は徐々に進められていった。

実朝の誕生と頼家の位置

　建久三年（一一九二）八月九日、征夷大将軍任官から一ヵ月後、「浜御所《はまのごしょ》」と呼ばれる名越《なごえ》の館で政子《まさこ》が男児を出産した。幼名「千幡《せんまん》（千万）」、後の三代将軍実朝である。乳付役《ちつけやく》には政子の妹阿波局《あわのつぼね》が参上した。阿波局は頼朝の異母弟阿野全成《あのぜんじょう》の妻であり、千幡の乳母夫《めのと》には父と母の弟・妹がなったわけである。さらに、時政が全面的にバックアップし、十二月二十九日の「五十日百日《いかもももか》の儀」など様々な祝賀儀礼を差配した。政子が最初の男児頼家（幼名「万寿《まんじゅ》」）を産んだのは寿永元年（一一八二、五月に改元）八月十二日、十年も前である。子供の成育条件が整っていない中世初頭、頼家が幼くして命を落とす危険もないとはいえず、千幡は待望の二人目の男児であった。『愚管抄』が「千万御前トテ頼朝モ愛子ニテアリシ」と記すように、四十六歳にして授かった千幡に頼朝が深い愛情を注いだことは間違いない。

一方、家督を継がせようと考えていたのは頼家であった。政子の懐妊がわかると頼朝は歓喜し、養和二年（一一八二、五月に寿永と改元）三月九日、千葉常胤の妻が献じた腹帯を手ずから結んだ。同月十五日には、安産祈願のため、由比浦《ゆいのうら》から鶴岡八幡宮社頭に至る道を真っ直ぐな参道に造り直す工事に着手した。頼朝自ら指示を出し、時政以下が土石を運んだ。その甲斐あってか政子は八月十二日、無事に男児を出産した。当時は挙兵二年後、義仲や平家、他の源氏諸氏も勢力を維持していた。こうした中、御台所《みだいどころ》の政子が家督を継ぐべき男児を産んだ意義は大きかった。

頼朝の乳母《めのと》である比企尼《ひきのあま》の次女が乳付役に、尼の甥で養子の比企能員が乳母夫に選ばれた。

比企氏関係系図①

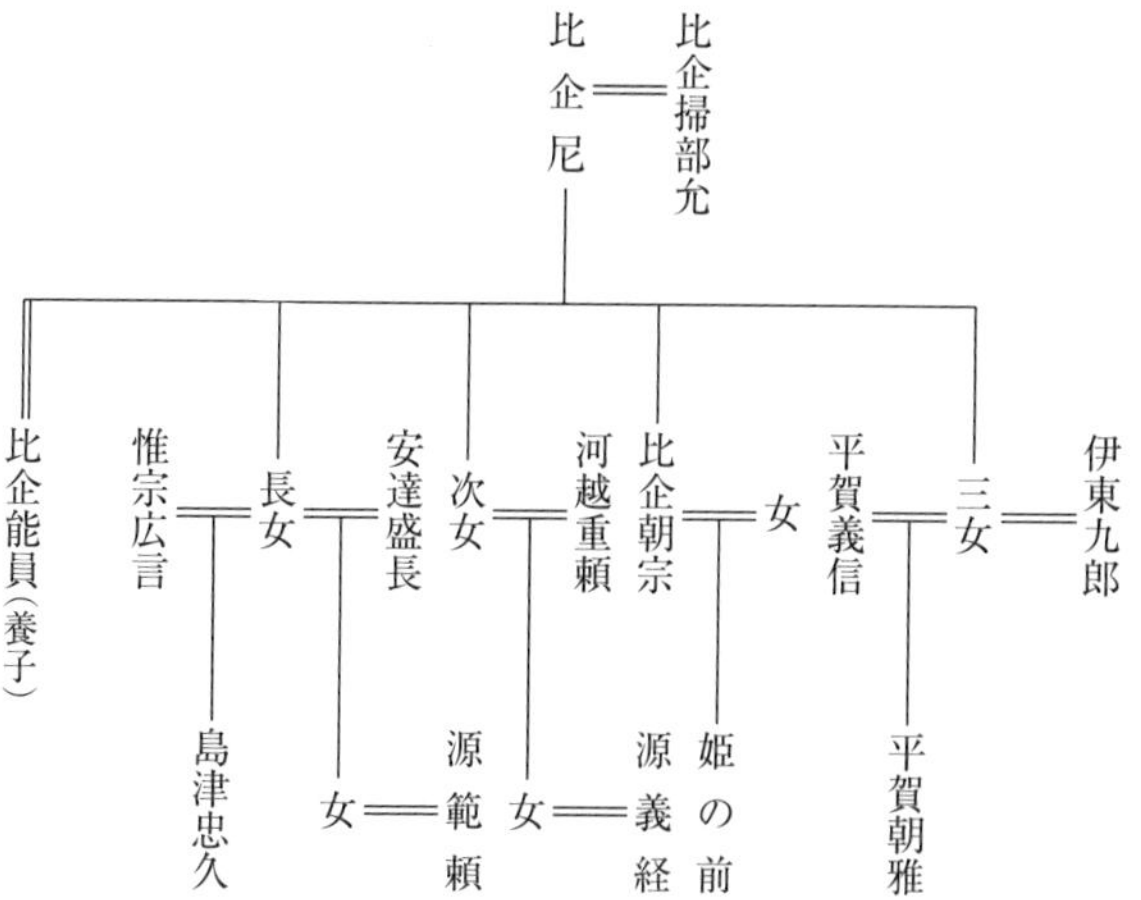

産所も鎌倉における比企氏の館、比企《ひき》谷殿《がやつどの》であった。比企尼は、平治の乱後、夫の比企掃部允《かもんのじょう》とともに武蔵国比企郡に下り、伊豆の頼朝に生活物資を送るなどの支援を続けた恩人である。頼朝は、流人時代に自分を支えてくれた恩に報いる姿勢を示したのである。

先述したように、征夷大将軍の除書を勅使から受け取る名誉な役に三浦義澄を起用したのも、義澄の父義明の恩に報いるためであった。冷徹・酷薄な独裁者というイメージの強い頼朝であるが、受けた恩を忘れず、できるだけ報いようとする一面もあった。

〈大切な子〉と〈可愛い子〉

乳付役に指名された比企尼の次女は、武蔵

国の御家人河越重頼《かわごえしげより》の妻であった。伊東祐親の子伊東九郎祐清《すけきよ》に嫁した三女は、祐清が平家に加わるため伊東を去った後、信濃源氏の平賀義信に再嫁した。また、一番年上で、在京中には二条天皇に仕えて丹後内侍《たんごのないし》と呼ばれた嫡女《ちゃくじょ》は、惟宗広言《これむねのひろとき》との間に島津忠久《ただひさ》を産み、坂東《ばんどう》に下った後は頼朝の側近安達藤九郎盛長《あだちとうくろうもりなが》の妻となった。比企尼の娘たちはそろって坂東の有力者の妻になっていた。

比企氏の本拠は、東山道《とうさんどう》武蔵路と鎌倉街道上道《かみつみち》に挟まれた丘陵地、現在の埼玉県東松山市岩殿《いわどの》付近と推定されている。武蔵から上野・信濃・北陸道に通じる交通の要衝である。武蔵国は挙兵当初から頼朝が重視してきた地であり、大恩ある比企尼の一族にして武蔵の御家人たる比企氏を乳母夫に選んだのは絶妙な人事であった。尼の甥で養子の能員は活躍の場を与えられ、第一節でみたように奥州合戦では北陸道の大将軍を任された。

さらに頼朝は、文治四年（一一八八）以前に、尼の三女の夫平賀義信を乳母夫に加えた。義信は平治の乱で義朝に忠誠を尽くした功臣であり、元暦元年（一一八四、四月に改元）六月、頼朝が初めて御家人を国守《くにのかみ》に推挙した際にも、範頼の三河守《みかわのかみ》、広綱の駿河守《するがのかみ》と並んで武蔵守に任じられた。また、文治元年（一一八五、八月に改元）九月三日、父義朝の遺骨と鎌田正清《まさきよ》の首を勝長寿院《しょうちょうじゅいん》の御堂《みどう》に納めた際には、義信とその子の大内惟義、毛利頼隆の三人だけを郭内に入れ、他の御家人たちは郭外に留め置いた。『吾妻鏡』同日条は「旧好の跡を思《おぼ》し食《め》すによって、これを召し抜かる」と記す。『平治物語』は義信と、頼隆の父義隆《よしたか》が敗走する義朝に最後まで付き随《したが》い忠誠を尽くした話を載せている。「旧好の跡」とはこれを指すものであり、頼朝はその恩に報いたのである。中でも有能で人望のあった年長者の義信には、源氏一門最上首の地位を与えて重んじた。その義信を乳母夫に加えたということは、頼家を後継者として大切に育てるという姿勢を明確に打ち出したものだったと考える。

ただ、頼朝がこよなく愛した子はやはり実朝であった。征夷大将軍任官の四ヵ月半後、十一月二十五日、造立に二年をかけた永福寺の落慶供養の儀が、園城寺《おんじょうじ》の高僧本覚院僧正公顕《ほんがくいんそうじょうこうけん》を導師に招いて盛大に挙行された。御堂供養に群参した御家人たちがまだ鎌倉に残っていた十二月五日、頼朝は生後四ヵ月の千幡（実朝）を抱きかかえ、御所の侍所に参集した御家人たちの前に現れた。『吾妻鏡』同日条によれば、頼朝は「この嬰児《みどりご》への鍾愛《しょうあい》ことに甚だし、おのおの意《こころ》を一《ひとつ》にして将来を守護せしむべきの由」「慇懃《いんぎん》の御詞を尽し」、盃酒《はいしゅ》をふるまったという。面々は若公《わかぎみ》を懐に抱き、引出物を献じ、頼朝の言葉を謹んで承った由を述べて退出した。『愚管抄』が「頼朝モ愛子ニテ」と叙述した通りである。頼朝にとって、頼家がいわば〈大切な子〉だったとすれば、実朝は〈可愛い子〉だったのである。

一連の狩猟行事

建久四年（一一九三）三月、後白河の一周忌の喪が明けると、頼朝は多数の御家人を率いて信濃国三原野《みはらの》、下野国那須野《なすの》、駿河国富士野《ふじの》で立て続けに狩猟行事を主催した。狩猟は武士にとって遊興であると同時に軍事訓練でもあり、一連の狩猟行事は征夷大将軍の権威・権力を東国の武家社会に誇示し、浸透させる一大イベントであった。残念ながら『吾妻鏡』以外に同時代の史料はないが、これ程の公式行事であるから、幕府が作成・保存し、あるいは御家人に提出させた文書類・記録類は豊富であったと考えられる。そこで、『吾妻鏡』の記事をもとに一連の狩猟行事についてみていきたい。

『吾妻鏡』建久四年三月二十一日条は、三原野・那須野に向けて進発する頼朝が、「狩猟に馴《な》るるの輩」のうち「弓馬に達せしめ、また御隔心なきの族」すなわち弓馬の芸に秀でた忠誠心のある御家人「二十二人」を選んで弓箭《きゆうせん》を携帯させ、他は弓箭を許さず、獲物の鳥獣を追い出す役の「踏馬衆《ふみうましゆう》」としたと記す。その特別扱いの「二十二人」とは、

江馬四郎（北条義時《よしとき》）、武田五郎（信光）、加々美《かがみ》二郎（長清《ながきよ》）、里見太郎（義成《よしなり》）、小山七郎（朝光）、下河辺庄司（行平）、三浦左衛門尉（義連）、和田左衛門尉（義盛）、千葉小太郎

（胤正《たねまさ》）、榛谷《はんがや》四郎（重朝《しげとも》）、諏訪《すわ》大夫（盛澄《もりずみ》）、藤沢二郎（清親《きよちか》）、佐々木三郎（盛綱《もりつな》）、渋谷二郎（高重《たかしげ》）、葛西兵衛尉（清重）、望月太郎（重義《しげよし》）、梶原左衛門尉（景季）、工藤小二郎（行光）、新田四郎（忠常《ただつね》）、狩野介《かのうのすけ》（宗茂《むねもち》）、宇佐美三郎（祐茂《すけもち》）、土屋兵衛尉（義清《よしきよ》）であり、弓箭を用いて狩りを行うことが許された。頼朝のいわば親衛隊である。

また、頼朝は鎌倉街道上道の宿々で武蔵・上野両国の御家人たちに警備を命じ、信濃の三原野、下野の那須野の狩りが終わると、わざわざ上野の新田氏の館に寄り、奥大道《おくのおおみち》・東山道・鎌倉街道上道を通って鎌倉に帰還した。こうした行程から木村茂光氏は、頼朝に鎌倉中心の交通路として東山道と鎌倉街道上道を整備・再編しようとする政治的意図があったと指摘する。弓箭の携帯を二十二人に絞った点と兼ね合わせれば、征夷大将軍の権威・権力の誇示だけでなく、北関東情勢の視察という意味もあったと考えられよう。

頼家の初鹿獲り

次いで五月には駿河国富士の裾野《すその》（富士野）の巻狩《まきがり》が催された。巻狩とは、狩場《かりば》にいる鹿・猪などを勢子《せこ》や追出犬によって取り囲み、徐々に巻き込んで射取る狩猟法である。今回は弓箭の携帯が許され、多数の御家人が射手《いて》として参加した。御家人の数といい、狩場の広さといい、富士野の巻狩は空前の規模を誇る晴れやかな狩猟イベントとなった。征夷大将軍の権威・権力を誇示するには最高の舞台である。ただ、頼朝の「狙い」はそれだけではなかった。千葉徳爾氏は、「以前には計画されたこともなく、この後も類例がないほどに大規模」な富士野の巻狩は、「狩によって神を祭り、神意を占うことを目的」としていたのではないかと指摘する。そして、ここにこそ北関東の狩猟にはない独自の意義があったと考える。

五月二日、富士野に下向した北条時政は、狩野宗茂とともに伊豆・駿河の御家人たちを指揮し、井出《いで》（現在の静岡県富士宮市内）に屋形を設営した。頼朝は五月八日に鎌倉を進発し、十五日に富士野に入った。翌十六日、十二歳の頼家が初めて鹿を射獲るというめでたい出来事があった。弓の名手である相模の御家人愛甲季隆《あいこうすえたか》が近侍《きんじ》し、鹿を巧みに追い合わせたのである。頼朝は大友能直《よしなお》を通じて季隆を褒め称えた。狩りはすぐに中止され、晩になると頼家が鹿を射た場所で「山神・矢口祭」が行われた。これは千葉氏によれば「生まれてはじめて野獣をしとめた男子が、山神に対する感謝の意をあらわす」狩猟神事である。

同時に、「神意を占うことを目的」とした頼朝にとっては、山神が頼家に獲物を与え祝福しているという「神意」、神々の「啓示」を御家人たちに知らしめる重要な意義を持っていた。いいかえるならば、頼家には家督を継ぎ、幕府の頂点に立つ資格があることを神々も認めた、とアピールする頼朝お得意の「政治的演出」である。

　第一節で述べたように、奥州合戦で頼朝は、自分こそ「曩祖将軍」頼義の「正統的後継者」、源氏の嫡流であると御家人たちに意識させた。そして、頼義の鎮守府「将軍」を超える征夷「大将軍」に任官することで、その意識を官職としての征夷大将軍に結びつけた。ただし、文治五年（一一八九）の奥州合戦から建久四年（一一九三）の巻狩までは四年足らずである。頼朝の血を引き、家督を継ぐ者が将軍になるという「源氏将軍観」が御家人社会に浸透・定着しているとはいえなかった。御家人たちにとって頼家は有力な後継候補の一人に過ぎなかったのである。そこで頼朝は、頼家が鹿を射獲るとすぐさま狩猟神事を行い、神々も頼家を「源氏将軍」と認めていることを御家人たちに浸透させようとしたのだと考える。

『吾妻鏡』が描く「山神・矢口祭」

『吾妻鏡』五月十六日条は「山神・矢口祭」について詳述する。頼朝と頼家、「上総介《かずさのすけ》」足利義兼、「江間殿」義時、「三浦介」義澄ら御家人たちが居並ぶ中、梶原景季、工藤祐経《すけつね》、海野《うんの》幸《ゆき》氏《うじ》の三人によって並べられた矢口餅が、工藤景光《かげみつ》、愛甲季隆、曽我祐信《すけのぶ》という「然《しか》るべき射手三人」に与えられた。「一口」の景光、「二口」の季隆は作法に則《のっと》って餅を食した。山神との

〈共食〉によって謝意を示し、神を祝す儀式である。「三口」の祐信になった時、頼朝はその役を自分に譲るようそれとなく促した。ところが、祐信は頼朝の意図を理解することができず、さっさと餅を食べてしまい、頼朝は「頗《すこぶ》る無念」だと漏らしたという。

一見してわかる通り、この記事は極めて説話的である。しかも、餅の陪膳役《ばいぜんやく》の三人、餅を食す射手の三人は、後述する曽我兄弟の敵討ちを描いた『曽我物語』において重要な位置づけを与えられた人物である。こうしたことから、この記事は、『曽我物語』のもとになった「曽我記」とでも呼ぶべき説話を原史料にしたのではないかと想定したことがある。この想定自体は現在も変更の必要を感じていない。ただ、『吾妻鏡』編纂者の意図という点では付け加えるべき点がある。

小林直樹氏は、十一歳の金剛《こんごう》（北条泰時の幼名）が初めて「伊豆国に於て小鹿一頭を射獲」った同年九月十一日条と比較し、興味深い指摘をしている。この日、金剛が御所に参入すると、父の義時は「箭祭餅《やまつりもち》」を備え、将軍頼朝も西侍《にしのさむらい》（侍の詰所）に出御して箭祭神事が挙行された。「一口」は小山朝政、「二口」は三浦義連、頼朝は「三口」について思い悩む様子をみせたものの諏訪盛澄に任せた。三人はそれぞれ伝え用いてきた作法に則り餅を食し、頼朝から「珍重の由、御感《ぎょかん》の仰《おおせ》を蒙《こうむ》」ったと『吾妻鏡』は記す。頼家の時に「頗る無念」と落胆した頼朝が、泰時の場合には「御感の仰」を下すほど満足したというのである。

さらに、頼家の矢口祭で陪膳・射手を務めた六人中五人は、神事に「不吉の影」を落としているという。工藤祐経は実父の敵《かたき》として曽我兄弟に討たれ、その際に愛甲季隆・海野幸氏も負傷したとされる。祐信は兄弟の養父であり、工藤景光は敵討ちの前日、山神の駕《が》とされる大鹿に矢を射かけ、山神の怒りを受けて発病した。ほぼ同い年の頼家と泰時、同じ初鹿獲りに関する記事でありながら、著しい対照性がみられるのである。小林氏は「『吾妻鏡』の編纂者によって積極的に対比が意図されている可能性が高い」とする。

頼家に対する意図的低評価

同様のことは、頼家の鹿獲りの六日後、五月二十二日条からも読み取れる。頼朝は喜びのあまり梶原景高を使者に立て、鎌倉の政子に頼家の快挙を伝えた。ところが、政子は「武将の嫡嗣として、原野の鹿鳥を獲ること、強《あなが》ちに希有となすに足らず、楚忽《そこつ》の専使、頗るその煩ひあるか」、つまり武将の嫡子が原野の鹿や鳥を獲ることは珍しいことではない、軽々しく特別な使者をよこすとは大変な煩いであろうと答えて取り合わず、使者の景高はかえって面目を失ったという。親馬鹿の頼朝をたしなめる賢女政子というイメージを作り出した有名なエピソードであるが、多くの歴史学者は頼朝の「政治的演出」の意味を政子が理解できなかったからだとの解釈を示している。ただ、それだけではないと考える。

頼家は愛甲季隆の導きがあったとはいえ、十二歳の若さで鹿を射とめた。この若さで御家人たちも感心する射芸を身につけていたわけである。『愚管抄』も「太郎頼家ハ又昔今フツニナキ程ノ手キヽニテアリケリ、ノクモリナクキコエキ」、つまり頼家が古今に並びなき腕前の持ち主だとは、隠れもない評判であったと記しているほどである。十二歳の我が子の快挙を知らされて喜ばない、誇りに思わない母親はそう多くはない。ところが、『吾妻鏡』は、政子は喜ぶどころか「原野の鹿鳥を獲ること、強ちに希有となすに足らず」と答えたと記すのである。

さらに、使者梶原景高の扱いである。『吾妻鏡』正治二年（一二〇〇）六月二十九日条によれば、景高の妻は有力御家人小野成綱《なりつな》の娘で、政子の御所の官女だったという。頼朝はこうした関係から景高を使者に選んだのであろう。ところが、政子は「楚忽の専使」と表現して頼朝の気遣いを台無しにした上、景高の面目もつぶした。

なぜ『吾妻鏡』は政子がこんな行動を取ったとわざわざ記したのか。思うに、それは政子が泰時と同じく「北条氏」を代表する人間だったからではないか。しかも景高は、頼家の代に御家人たちから糾弾されて滅亡する梶原景時の次男、いわば不吉な存在である。とすれば、政子の返答の記事にも、頼家が受けるべき名誉に疵《きず》をつけ、頼家の価値を貶めようとする『吾妻鏡』編纂者の意図が働いている可能性があると考えられよう。

憶測ではあるが、実際の政子は頼家の快挙を知り、『吾妻鏡』とは逆に大喜びしたのではないか。「強ちに希有となすに足らず」とは、征夷大将軍の嫡子たる我が子にとってそれぐらいはいとも容易《たやす》いこと、と鼻を高くする母の姿である気がしてならない。その方が、豊かな感情と熱い愛情を示す逸話をいくつも残した政子の人物像と矛盾しないように思われる。

曽我事件

ともあれ、多数の御家人が射手として参加した富士野の巻狩で、頼家が初めて鹿を射とめたことは事実だったと考える。そして、即座に山神・矢口祭を催した頼朝は、源氏の嫡流たる自分の血を引く者が「征夷大将軍」を継承する、という「源氏将軍観」を御家人たちに認知させることに成功したと確信したに違いない。晴れやかな大規模狩猟イベントは、頼朝の「狙い」通りに進行していたのである。ところが、ここで事件が起きた。

最終日に近づいた五月二十八日の深夜、伊東祐親の孫にあたる曽我十郎祐成《そがのじゅうろうすけなり》、同五郎時致《ときむね》という二十二歳・二十歳の兄弟が、実父河津三郎祐泰《かわづのさぶろうすけやす》（祐通《すけみち》とも）の敵として、伊東荘の地頭《じとう》で頼朝側近の有力御家人工藤祐経を斬殺する事件が起きたのである。富士の裾野の敵討ちとして知られる「曽我事件」である。

事の発端は平安末期、頼朝の挙兵前に遡る。工藤一族内で起きた伊東荘をめぐる所領相論《そうろん》（訴訟）の果てに、伊東祐親・祐泰父子の殺害を図った工藤祐経によって祐泰が三十一歳で横死したことである。五歳・三歳の幼児であった祐泰の遺児は、相模の中小武士である曽我祐信と再婚した母に連れられて曽我荘に移り、曽我兄弟として成長する。伊豆の豪家の嫡孫から相模の中小武士の継子《ままこ》の庶子《しょし》に転落したわけである。

その後、石橋山合戦で頼朝に敵対して捕らえられた伊東祐親は、養和《ようわ》二年（一一八二、五月に寿永と改元）二月、自害する。一方、工藤祐経は豊富な在京経験と特異な能力を頼朝に認められ、有力御家人にのし上がる。成長した曽我兄弟は、継父曽我祐信を烏帽子親にして兄が十郎祐成と名乗り、弟は北条時政を烏帽子親に頼んで五郎時致の名を賜った。そして、苦難の末に建久四年（一一九三）五月二十八日、ついに祐経を討ち、護衛の武士たちと戦って壮絶な死を遂げたのであった。

富士野の巻狩という晴れの場で、若く貧しい兄弟が父の敵の有力御家人を討ったことは人々を驚かせ、同情と共感を呼んだ。事件後ほどなくして、女性の語《かた》り部《べ》たちが兄弟の敵討ちを親の恩に報いる美談として語り始める。「曽我語り」である。次いで、箱根権現《はこねごんげん》・伊豆権現の僧侶が仏教の唱導《しょうどう》の要素を取り入れて書記化した。その後、増補・改変を経て、鎌倉後期、真《ま》名《な》（漢字のこと）で記された文学作品「真名本《まなぼん》」の『曽我物語』が成立する。命を懸けて敵討ちを敢行した若者への同情と共感が語り物や文学を生み出したのである。

ただ、「曽我事件」は単なる親思いの若者による敵討ちではなかった可能性が高い。富士野の現場で討たれたのは祐経だけではなかった。多数の御家人が死傷し、頼朝の身にも一時危険が迫ったと考えられるからである。さらに、直後の六月、事件に連動するかのように常陸国《ひたちのくに》で政変が起こり、名門武士団である大掾《だいじょう》氏の惣領多気義幹《たけよしもと》が失脚、八月になると謀叛《むほん》を疑われた頼朝の実弟範頼が、無実の陳弁もむなしく伊豆に流された後に殺され、曽我兄弟の異父兄原小次郎（京の小次郎とも）が範頼の縁坐《えんざ》で誅殺された。その直後、挙兵以来の相模の御家人大庭景義と岡崎義実《よしざね》が突然の出家を遂げた。他の記事から、鎌倉追放に処されたと考えられる。十一月になると、遠江守《とおとうみのかみ》と遠江守護を兼ねる源氏一門の有力者安田義定の嫡子義資《よしすけ》が、永福寺薬師堂供養の際に聴聞所《ちょうもんどころ》にいた女官に艶書《えんしょ》を投げ入れたといういいがかりに近い咎《とが》で誅殺、十二月には、失脚した多気義幹の弟下妻弘幹《しもつまひろもと》が、時政の命を狙った咎で、頼朝に指示された常陸の有力御家人八田知家によって誅殺された。このように、建久四年は「曽我事件」の直後から頼朝による粛清の嵐が吹き荒れたのである。その総仕上げは、翌建久五年（一一九四）八月、義資の父安田義定を謀叛の咎で梟首したことであった。

「北条時政黒幕説」と「クーデター説」

「曽我事件」を境とする政情の急変、しかも平時体制になってからみられなくなった武断的な制裁が続いたことは、「曽我事件」が頼朝にとって無視し得ない重大な事件であったことを意味していよう。しかし、奇妙なことに、事件の前後に関する記事は比較的豊富であるのに対し、事件当日の核心部分に関しては「曽我語り」から発展した「真名本」と、百年以上後の編纂物である『吾妻鏡』以外に史料が残されていない。この奇妙な史料の残存状況は事件の核心が「何らかの理由」で伏せられ、文字として伝えられなかった可能性を示唆する。その「何らかの理由」とは何か。これについてはいくつかの説が提示されている。

一つは三浦周行《ひろゆき》氏が唱えた「北条時政黒幕説」である。頼朝生存中、時政は幕府の主要な役職に就けず、官位の推挙も受けられず、意外なほど不遇であったという。そこで、老獪《ろうかい》な時政は祐経を敵と狙う曽我兄弟に、頼朝も祖父祐親の敵だと吹き込み、祐経だけでなく頼朝をも討たせようとしたというのである。五郎時致の烏帽子親になったのも、時政が守護同様の権能を行使していた駿河国、しかも屋形設営の責任者であった富士野で敵討ちが起きたのもそれ故であるという。長期間、中世史学界で高い評価を受けてきた説である。

　しかし、時政と同じ伊豆の有力御家人工藤祐経の排除を目的に兄弟を利用しただけならともかく、頼朝まで討たせようとしたという点には無理がある。時政と曽我兄弟が烏帽子親子の関係にあることは周知の事実であり、頼朝を討ち損ねた場合、時政にも嫌疑が及ぶ。「老獪な」時政がそうした危険な賭けに出るとは考えにくい。

　また近年、伊藤邦彦氏は、時政が狙ったのは頼朝と頼家の同時殺害であり、自分が乳母夫となった千幡（実朝）を擁立する計画だったとする説を提示した。ただ、警備の厳しい中、頼朝・頼家二人を同時に殺害するには相当な武力と周到な準備が必要である。時政にそうした動きがみられないばかりか、一歳に満たない千幡を擁立するというのは現実的ではない。そもそも、時政を千幡の乳母夫に選んだのは頼朝である。この時点での時政は、頼朝「鍾愛《しょうあい》の嬰児」千幡を養育して頼朝の期待に応え、幕府内での自分の地位を上昇・安定させることに注力していたとみる方が現実的である。一方、頼朝も、池禅尼の姪牧《まき》の方《かた》を後妻に持ち、京都に人脈を持つ時政に利用価値をみいだしていたと考える。

　ともあれ頼朝は殺害されなかった。「北条時政黒幕説」からすれば計画は失敗に終わったわけである。ところが、事件後、頼朝が時政に嫌疑の目を向けたり、処罰したりした形跡はない。時政は千幡の乳母夫の地位を保持し続けるのである。以上のことから、建久四年（一一九三）当時、両者は対立関係にあったとみるべきではなく、「北条時政黒幕説」は成り立たないと考える。

いま一つの学説は「クーデター説」である。頼朝は戦時体制から平時体制への移行を進めていたが、「将軍家政所下文」への更改一つを例にとっても、頼朝と御家人たちの間に意識の懸隔が生じていたことがわかる。挙兵以来の歴戦の勇士の中には、平時体制で力を発揮できず、不満・反発を募らせる御家人がいたと考えられる。鎌倉追放に処された大庭景義・岡崎義実などはその代表的存在である。さらに、追討戦が終結したことで新恩給与は激減し、武士団相互および武士団内部における確執・対立が水面下で進行していた。常陸大掾氏と八田氏の対立、惣領の地位をめぐる大掾氏内部の確執などもその一例である。

「クーデター説」は、こうした不満分子が曽我兄弟の敵討ちの混乱に乗じて頼朝を倒し、たとえば範頼を擁立するクーデターを起こした、あるいは暴発を起こした事件とする。本書は、クーデターというより、敵討ちの混乱に刺激された不満分子の暴発だったのではないかとみている。直後に頼朝が実弟の範頼を誅殺し、源氏一門の有力者安田義定・義資を滅ぼすという強硬策に出たのも、クーデター勢力あるいは不満分子に対する危機感の表れであろう。

建久四年という転機

この危機に頼朝は迅速・果断に対応した。次々と粛清を断行し、不満・反発を抱く勢力を圧伏・一掃することに成功したのである。そして、頼朝自身の征夷大将軍の地位を守るとともに、将軍を継ぐのは実の弟でも源氏一門の有力者でもなく、頼朝の血を引く嫡子の頼家であることを、力によって御家人たちに認めさせるに至った。

さらに頼朝は、騒然たる情勢の中で果たせないでいた頼家の元服を建久四年（一一九三）末までに行ったと思われる。ところが、『吾妻鏡』には頼家の元服記事がない。翌建久五年（一一九四）二月二日条に、頼家より一歳年少の「江間殿の嫡男」金剛の元服記事があるにもかかわらず、である。同日条によれば、金剛の元服の儀は「幕府」の「西侍」で、平賀義信、足利義兼、山名《やまな》義範《よしのり》ら源氏一門、千葉常胤、畠山重忠、三浦義澄、小山朝政、結城朝光、比企能員、足立遠元ら有力御家人が参列して行われ、頼朝が加冠役を務めたという。烏帽子親頼朝から偏諱《へんき》（貴人の名の一字）「頼」を賜った金剛は「太郎頼時《よりとき》」と名乗ることになった。『吾妻鏡』は頼家を無視し、頼朝死後に「泰時」と改名する金剛をあたかも頼朝の後継者であるかのごとく描くのである。

しかし現実には、頼朝の後継者の地位を確立したのは頼家であった。これにより「源氏将軍観」が御家人社会に浸透・定着するようになったと考える。ピンチをチャンスに変えた頼朝は、再び上洛して朝廷と新たな関係を築くという次なるステージに進むことになる。そうした意味で、建久四年は晩年の頼朝にとって最大の転機の年となったといえる。

第二章

源氏将軍の継承

第一節　将軍継承に向けての動き

二度目の上洛

建久六年（一一九五）二月十四日、頼朝は御台所政子、長女大姫、嫡男頼家を伴って鎌倉を進発し、上洛の途についた。この二度目の上洛に関する『吾妻鏡』の記述は極めて詳細である。一方、『玉葉』の記事はわずかであり、藤原定家《さだいえ》の日記『明月記《めいげつき》』はこの時期の記事を欠いている。他には『愚管抄』にやや詳しい記述がみられるぐらいである。そこで、『吾妻鏡』の記事を中心に据《す》えつつ、必要に応じて『愚管抄』など他の史料を参照することにしたい。

今回の上洛は、東大寺大仏殿の落慶供養の儀に列席することが一つの目的であった。聖武《しょうむ》天皇が建立した東大寺は、治承四年（一一八〇）十二月、平家の焼打ちによって大仏殿もろとも灰燼《かいじん》に帰した。王法と仏法が互いに支え合うことで国家の繁栄と安寧がもたらされると考えていた当時の人々にとって、これは大きな衝撃であった。後白河はほどなく再建事業に着手し、頼朝も尽力を惜しまなかった。こうして再建された大仏殿の落慶供養の儀に、頼朝は王法・仏法の護持者として多数の御家人を引き連れ参列したのである。

　三月四日の日暮れ時、頼朝は六波羅亭に入った。初度の上洛時と同様、見物の牛車が集まり、ほとんど身動きが取れないほどであった。次いで三月九日、石清水八幡宮と左女牛《さめうし》若宮の臨時祭に赴いた頼朝は、石清水の宝前《ほうぜん》で夜を明かすと、三月十日、石清水から南都《なんと》（奈良）に下向し、東大寺東南院《とうなんいん》に入った。『吾妻鏡』同日条には供奉人《ぐぶにん》の行列次第が載っている。先陣が畠山重忠と和田義盛、続いて甲冑を身につけ三騎ずつ並んだ随兵が百二十騎、次いで牛車に乗った将軍頼朝、その後に源氏一門の大内惟義、源頼兼《よりかね》、足利義兼以下、狩装束の十六騎、さらに三騎ずつの随兵が百二十三騎、後陣が梶原景時と千葉胤正、最末は水干を着た中原親能《ちかよし》、三善康清《みよしのやすきよ》、平盛時《もりとき》ら文士の御家人十一人が務めた。それぞれが家子・郎従を従えていたので、総勢は初度の上洛時とほぼ同じだったと思われる。

　三月十二日、後鳥羽天皇と国母《こくも》七条院殖子《しちじょういんしょくし》臨席のもと、大仏殿の落慶供養が挙行された。折あしく激しい雨が降り、大風が吹き荒れた。『愚管抄』は、頼朝を「ウチマキテアリケル」「武士等ハレ（我カ）ハ雨ニヌル、トダニ思ハヌケシキニテ、ヒシトシテ居カタマリタリケルコソ、中〳〵物ミシレラン人ノタメニハヲドロカシキ程ノ事ナリケレ」、つまり頼朝を警護する武士たちは自分が雨に濡れるとも思わぬ様子でしっかりと居住まいを正して控え、物事が理解できる人にとっては驚くべきことであったと記している。武士の強靭さ、主従関係の強固さに圧倒され、畏怖《いふ》する都人の姿を髣髴《ほうふつ》させる有名な一節である。

陳和卿をめぐる頼朝・実朝の対比

『吾妻鏡』によれば、翌十三日、頼朝は大仏を鋳造した宋人《そうひと》の工匠陳和卿《ちんなけい》を値遇結縁《ちぐけちえん》のために招いたという。ところが、和卿《わけい》は頼朝を「国敵退治の時、多く人命を断つ、罪業深重也」として対面を固辞した。それでも頼朝は、奥州合戦で自らが着た甲冑、鞍を置いた馬三頭、金銀などを贈った。和卿は造営に必要な釘の料足として甲冑を伽藍《がらん》に施入し、鞍は手掻会《てがいえ》のために寄進したが、馬以下は受け取れないとして悉く返却したという。

珍しく頼朝が批判の対象にされたかのような記事である。しかし、ここにも例によって『吾妻鏡』編纂者の意図が隠されていると考える。陳和卿は後に三代将軍実朝に拝謁する。建保《けんぽう》四年（一二一六）のことである。第四章で述べるが、『吾妻鏡』はこの対面を機に実朝が渡宋を思い立って和卿に巨大な唐船《とうせん》を建造させたものの、由比浦《ゆいのうら》からの進水に失敗し、「彼の船は徒《いたずら》に砂頭に朽ち損ず」と記す。実朝の治世後半における失政、不吉さの象徴といった書きぶりである。そして『吾妻鏡』は、こうした不吉な事象が打ち続いた末、実朝暗殺という最悪の凶事が発生したという展開をとるのである。

この実朝と比較すると、頼朝は陳和卿から対面を拒絶されたことで不吉な運命を免れたとも読める。しかも、頼朝が贈った甲冑と鞍は、和卿を通じて東大寺伽藍の造営や手掻会の振興に役立っている。一見、頼朝に対する批判的な記事のようであるが、実朝との対比によって頼朝が不吉な運命から守られていることを暗示しているのである。前章でみた頼家と金剛（泰時）の対比と同根である。『吾妻鏡』には同様の仕掛けが随所に潜んでいる。

もう一つの重要な目的

頼朝は三月十四日、南都から帰洛すると、二日後の十六日、宣陽門院《せんようもんいん》覲子《きんし》内親王《ないしんのう》を訪れた。覲子内親王は後白河の第六皇女で、建久三年（一一九二）一月、病床にあった父院から長講堂《ちょうこうどう》領《りょう》をはじめとする広大な王家領荘園を譲られていた。母親は後白河の寵妃丹後局《たんごのつぼね》（高階栄子《たかしなえいし》）である。平家が安徳《あんとく》天皇を奉じて都落ちした際、後白河は彼女の進言に従って高倉院《たかくらいん》の第四皇子尊成《たかひら》（後鳥羽天皇）の践祚を決めたともいわれている。建久六年（一一九五）当時、丹後局は村上源氏の源通親《みちちか》と手を結んで関白の九条兼実（建久二年十二月までは摂政）に対抗し、宣陽門院も女院《にょ（う）いん》別当となった通親の後見を受けていた。

通親は、僧侶の夫能円《のうえん》が平家とともに都落ちして独り身となった後鳥羽の乳母《めのと》刑部卿三位《ぎょうぶのきょうさんみ》藤原範子《はんし》を妻に迎え、範子と能円の娘在子《ざいし》を養女とした上、後鳥羽の後宮に送り込んでいた。頼朝にとって丹後局・宣陽門院母子や通親と親しい関係を築くことは、後鳥羽とその後宮に近づくことを意味した。建久二年（一一九一）の四月、頼朝の娘が入内するらしいという風聞を兼実が耳にしたことは前章第二節で触れた。こうしたことから、大姫の入内工作こそ今回の上洛の最も重要な目的だったことがわかる。『愚管抄』は「頼朝ガムスメヲ内（後鳥羽天皇）ヘマイラセンノ心フカク付テアル」とはっきり記している。

三月二十日、頼朝は貢馬《くめ》二十頭を後鳥羽に進上し、二十七日、参内《さんだい》した。二十九日には丹後局を六波羅亭に招き、政子・大姫を引き合わせた。銀作《しろがねづくり》の蒔絵《まきえ》の箱に納めた砂金三百両を、白綾《しろあや》三十端で飾った台に載せて贈り物とし、付き随った諸大夫《しょたいふ》・侍にも引き出物を渡す豪勢な接待ぶりであった。一方、兼実に対しては冷淡であった。『玉葉』四月一日条には「頼朝卿、馬二疋《ひき》を送る、甚だ乏少」とあり、頼朝からの進物が少ないことに兼実は驚いた。『愚管抄』も頼朝・兼実の会談について「コノタビハ萬《よろず》ヲボツカナクヤアリケム」と記している。四月二十一日、参内した頼朝は、兼実が廃止した長講堂領のうち七ヵ所を後白河の遺詔《ゆいじょう》に従って復活するよう申請した。宣陽門院も参内しており、露骨な入内工作といえる。この後も頼朝は何度も後鳥羽に拝謁し、丹後局や宣陽門院と対面した。また、洛中洛外の諸寺社に参詣し、政子・大姫を同道することもあった。五月二十日、鳥羽から乗船して天王寺《てんのうじ》に向かった際は、一条能保の用意した船を断り、わざわざ丹後局の船を借用した。

後継者頼家のお披露目

六月三日、頼家が四位・五位・中将・少将・侍従などの用いる網代車《あじろぐるま》に乗って参内し、弓場殿《ばどの》で御剣を賜った。頼朝後継者としてのお披露目であり、朝廷もこれを認めたのである。なお、『吾妻鏡』同日条は十四歳の頼家を幼名《ようみよう》で記している。ただ、いくら頼朝の正式な後継者とはいえ、元服前に網代車で参内し、天皇から御剣を賜るのは不自然である。前章第三節で述べたように、頼家は建久四年（一一九三）末までに元服を済ませていたと考える。

一方、朝廷へのお披露目が済んだことで初めて頼家は元服できたとする説、頼家が叙爵《じよしやく》されるのは建久八年（一一九七）であるから、同六年には元服していなかったとする説もある。しかし、元服は朝廷とは無関係の儀礼である。父頼朝の意向によって行われるもので、せいぜい御家人たちが賛同するか否かが問題になるぐらいである。また、叙爵については、頼朝との関係が良好ではなくなった関白の兼実が許容しなかった可能性もある。建久八年の叙爵は、後述するように兼実が失脚し、通親が実権を握った後のことである。

そもそも『吾妻鏡』には、これ以後にも頼家の元服記事がない。とすれば、金剛（泰時）との対比のため建久四年に元服記事を載せなかったことから、ここも幼名で記さざるを得なかったと解釈するのが妥当なのではないか。ともあれ目的を果たした頼朝は、六月二十四日、頼家とともに参内して関東下向の挨拶をし、翌二十五日、都を発った。

その後の朝廷

実は『吾妻鏡』の「頼朝将軍記」は建久六年（一一九五）十二月二十二日条が最後である。建久七〜九年（一一九六〜一一九八）の頼朝や幕府については日記、文書、系図、補任記、『愚管抄』に頼らざるを得ない。しかし、総じて記事の分量は少なく、それ故であろうか、頼朝晩年の研究は必ずしも進んでいるとはいえない。もっとも、『吾妻鏡』がなければ編纂者の作為・曲筆に惑わされる心配もなく、より客観的に頼朝晩年の姿を浮き彫りにすることも可能である。

ただ、その前に建久六〜九年（一一九五〜九八）の朝廷の動向に目を向けておく必要がある。まず注目すべきは後鳥羽の中宮である兼実の娘任子の出産である。頼朝からの進物が少なくて驚いた兼実であったが、さほど慨嘆する様子もなかったのは娘が懐妊している余裕からであろう。任子が皇子を産んで後鳥羽が譲位すれば、兼実は摂関にして天皇の外戚という揺るぎない地位を手に入れる。ただし、外戚になるには皇子の誕生が必須であった。無論、後鳥羽も世継ぎとなる皇子の誕生を望んでいた。『玉葉』は五月から八月末まで記事を欠いているため、この辺りの事情については、兼実の家司《けいし》三条長兼《ながかね》の日記『三長記《さんちょうき》』を参照することにしたい。

『三長記』八月十三日条によれば「日来《ひごろ》皇子降誕すべきの由、或《あるい》は霊夢あり、或は偏に天下一同によりこれを謳歌す、また御祈り等先御例を超過し、修法《しゅほう》卌《よんじゅう》壇に及ぶ御祈り等の目録別に在り」つまり皇子誕生の霊夢があって天下一同これを喜び、先例を超える祈りや修法が行われたという。後鳥羽・兼実の期待の程がわかる。ところが、この日、任子が産んだのは「皇女」（昇子《しょうし》内親王）であった。記主の長兼は「頗る以て遺恨に似たり」と記し、兼実は記事が復活した『玉葉』の九月十一日条で「皇女降誕、頗る御本意にあらざるか」と後鳥羽の心情を推しはかった。兼実も後鳥羽と同じ気持ちだったであろう。『愚管抄』は「御祈前代ニモスギタリケリ。サレド皇女ヲウミマイラセラレテ、殿ハ口ヲシクヲボシケリ」と記している。

十一月一日、兼実はさらに打撃を受ける。政敵通親の養女在子が皇子を出産したのである。為仁《ためひと》親王、後の土御門《つちみかど》天皇である。ただ、任子が再び懐妊し、皇子を産む可能性はあった。中宮の産む皇子の方が格上であり、通親も喜んでばかりはいられなかった。ところが、ここで頼朝が通親に書状を送ってきた。『愚管抄』によれば「ワガムスメマイラセムト云文」つまり娘大姫を後鳥羽に進上し后妃《こうひ》にしたいというのである。頼朝の意向を知った通親は動いた。建久七年十一月二十四日、中宮任子が内裏から退出させられ、二十五日に兼実が関白罷免《ひめん》、慈円も二十六日、天台座主《てんだいざす》・法務《ほうむ》権僧正《ごんのそうじょう》・護持僧を辞して籠居《ろうきょ》した。「建久七年の政変」である。『三長記』十一月二十八日条には「或人告げ示して云はく、九条殿に参るの人、関東の将軍咎を成す、用心すべしと云々」とあり、九条家に参る人は頼朝から処罰されるとの風聞が流れたという。大姫入内を果たすため、頼朝は通親を支持したのである。

娘の入内にみる頼朝の構想

ただ、入内話は進まなかった。兼実と中宮任子を排除した為仁親王の義理の外祖父通親が、頼朝の娘を入内させるはずもなかったからである。その上、建久八年（一一九七）、肝心の大姫が病死してしまった。『愚管抄』は「コノ年ノ七月十四日ニ、京へマイラスベシト聞《きこ》エシ頼朝ガムスメ久《ひさし》クワヅライテウセニケリ」と記す。弔問のため鎌倉に来た一条能保の子高能《たかよし》に頼朝は「コノ後《のちの》京ノ事ドモ聞《きき》テ、猶次ノムスメヲグシテノボランズト聞《きこ》ヘテ」つまりその後の京都情勢を聞き、なお次の娘乙姫《おとひめ》（大姫の妹三幡《さんまん》）を連れて上洛するつもりだと語ったという。

なぜ頼朝はそこまで娘の入内に拘《こだわ》ったのか。以前は、入内させた娘の産んだ皇子を将軍に推戴し、頼朝と頼家が補佐するという構想を抱いていたのではないかと考えた。しかし、頼朝は建久二年（一一九二）頃、すでに大姫の入内を画策していたと思われる。にもかかわらず、建久四年（一一九三）の富士野で御家人たちに頼家を将軍後継者と認めさせ、建久六年（一一九五）の上洛では後鳥羽の朝廷にお披露目した。大姫の産む皇子を将軍に推戴する気はなかったとみるべきであろう。

また、在子が為仁親王を産んだ後も頼朝は通親支持を変えなかった。通親は在子の義父、養父であり、実父は僧侶の能円であった。後述するように、僧侶の子孫が践祚した例はなかった。建久七年（一一九六）、兼実と中宮任子を排除する通親の策に乗れば、大姫が入内して皇子を産んだ場合、頼朝自身が天皇の外戚になる道が開けてくるのである。たとえ皇女であっても、王家の縁戚に連なり、「朝の大将軍」以上の特別な位置づけを得る。さらに、頼家が率いる幕府と、その姉大姫が后妃である朝廷とを、姻戚関係によって安定した良好な関係に導くことができる。これが頼朝の抱いた構想だったのではないか。だからこそ、大姫が死去した後も、妹乙姫の入内に意欲を示したのだと考える。

なお、元木泰雄氏は「御家人統制に王朝権威を利用し始めていた」頼朝にとって「朝廷の統制は不可欠で」、「自ら朝廷に強力な楔《くさび》を打ち込もうとした」、その方策が「娘の入内であり、外孫の即位だった」と述べる。確かに、その通りではある。ただ、建久七年、頼朝は五十歳になった。これまで築いてきた体制が自分の死後も揺るがないようにするにはどうすべきか、そろそろこうした点に力を入れる年齢である。建久四、五年の粛清を通じて強化した御家人統制より、むしろ朝廷の権威・権力を我が物とすることで朝幕関係を有利に導き、安定させることの方に重点を置いたのではないかと考える。

姻戚関係による環境作り

そのため頼朝は、父親としても娘が朝廷で孤立しないよう気を配った。その方策の一つが、実朝の乳母夫・乳母である自分の弟阿野全成と政子の妹阿波局、この二人の間に生まれた娘を、信頼のおける殿上人《てんじょうびと》三条公佐《きんすけ》に嫁がせることだったと思われる。また、これには頼朝だけでなく、大姫の母親政子をはじめとした北条氏も関わっていた可能性が高い。

洞院公定《とういんきんさだ》による系図集『尊卑分脈《そんぴぶんみゃく》』の全成の娘の傍注には「右馬頭《うまのかみ》公佐室」とある。また、同じく『尊卑分脈』の「高倉院の御笛の師」正二位・権大納言三条（滋野井《しげのい》）実国《さねくに》の孫、従三

北条氏関係系図

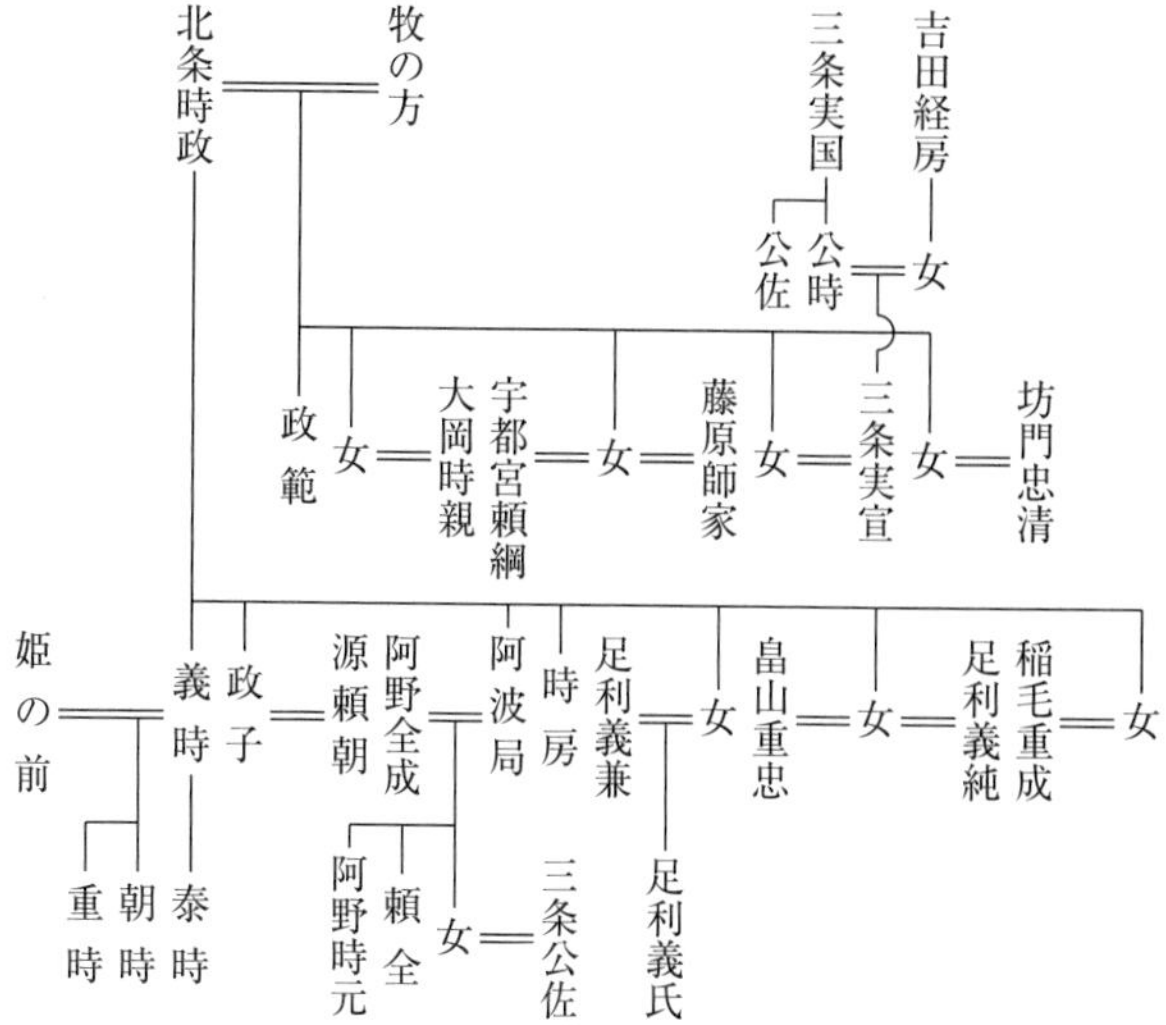

位・侍従の実直《さねなお》の傍注には「母悪禅師の女《むすめ》」という記載がみえる。「悪禅師」とは、建仁《けんにん》三年（一二〇三）六月、謀叛の咎で誅殺された全成の異名である。こうしたことから、全成の娘は公佐に嫁し、実直を産んだことがわかる。彼女が生まれたのは全成・阿波局の出会いの時期からみて寿永元年（一一八二、五月に改元）頃、建久八年（一一九七）には十六歳の適齢期になっていた。

一方の公佐は、『尊卑分脈』によれば実国の養子であり、実父は鹿ケ谷《ししがたに》事件で配流・誅殺された後白河の院近臣藤原成親《なりちか》、母は『千載《せんざい》和歌集』の撰者藤原俊成《としなり》の娘であったという。また、『吾妻鏡』文治元年

（一一八五、八月に改元）十二月七日条によれば、頼朝が「京都の巨細は、大略以て左典厩《さてんきゅう》ならびに侍従公佐等に示し合す」、つまり京都の事情についてはおおむね「左典厩」一条能保と「侍従公佐」に示し合わせていたという。当時、源義経の一件により頼朝の代官として上洛していた北条時政も、当然、公佐と親交を結んだことであろう。

さらに、公佐の兄で実国の実子公時《きんとき》は吉田経房の娘を妻に迎えていた。能保とともに頼朝にとって朝廷の窓口であった経房が、公佐の兄の義父だったのである。頼朝は九条兼実・源通親らを議奏公卿とするよう要求した文治元年十二月六日の後白河への奏状にも、「侍従」公佐を「右馬頭」に推挙する一項目をわざわざ設けている。公佐は能保・経房と並んで、頼朝が京都情勢を知るために重用した人物だったのである。その後、公佐は建久五年（一一九四）十二月二十六日、永福寺に新造された薬師堂の供養に、一条高能とともに「左馬権守《さまごんのかみ》公佐朝臣」として参列したことが『吾妻鏡』同日条によって確認できる。こうした信用に足る人物に、自分の弟と政子の妹の娘を嫁がせれば、入内する大姫の手足となり、頼朝や政子にも大姫の動静が伝わりやすくなるであろう。

しかし、頼朝の構想は大姫の死去で頓挫《とんざ》した。さらに、乙姫の入内も権謀術数に長《た》けた通親に打ち砕かれる。建久九年（一一九八）一月十一日、後鳥羽が為仁に譲位したのである。『玉葉』同年一月七日条は、「幼主甘心せざるの由、東方頻りに申さしむと雖も、綸旨懇切（中略）慭《なまじい》に承諾申す」つまり幼い天皇の践祚には賛同できないと頼朝は頻りに申し立てたが、後鳥羽の綸旨で強く求めてきたため承諾せざるを得なかったと記す。しかも、同日条は「桑門《そうもん》（僧侶）」の「外孫（娘の子）」が践祚した例はなかったが、複数の候補の中から為仁が選ばれたのは「通親卿外祖の威彼の外祖母に嫁しおはんぬの故也を振はんがため」、通親が外戚として威を振るうためであったとも記している。後鳥羽に院政への志向があったことは確かであるが、譲位を主導したのは明らかに通親であった。四歳の幼帝の践祚により、乙姫入内の実現も遠のいた。と同時に、全成の娘と公佐との婚姻話もいったん立ち消えになったことであろう。

鎌倉殿継承にみる頼朝の構想

頼朝が娘の入内と並行して力を入れたのが、子々孫々に鎌倉殿（後には将軍）を継承させる体制の確立であったと考える。奥州合戦で御家人たちに自らを源頼義の正統的後継者と認知させ、富士野の「山神・矢口祭」と曽我事件後の粛清を通じて頼家の後継者としての地位を固め、二度目の上洛で後鳥羽の朝廷に頼家を披露した頼朝である。鎌倉殿の地位を頼家に譲り、自由に振る舞える大御所《おおごしょ》として、娘の入内する朝廷をにらみつつ、嫡子と娘双方を後見しようと構想していたのではないか。頼家も建久七年（一一九六）には十五歳、妻を迎え、子をもうけてもいい年齢になった。構想実現のため頼朝は自ら頼家の妻選びに動いたと考える。

頼家の長子一幡《いちまん》（一万）は、『吾妻鏡』建仁三年（一二〇三）八月二十七日条や『尊卑分脈』によれば、建久九年（一一九八）、比企能員の娘「若狭局《わかさのつぼね》」を母として生まれたという。ここから頼家・若狭局の婚姻は建久七、八年頃だったと推定できる。頼朝は、まず乳母夫の娘を嫡子の妻に選んだわけである。ただ、『吾妻鏡』は同年九月二日条で「能員、息女将軍家の妾、若公の母儀也、元は若狭局と号すを以て」と記している。若狭局は頼家の「妾《しよう》（側室）」だったのである。

一幡の弟・妹には公暁、栄実《えいじつ》、禅暁《ぜんぎよう》、竹御所《たけのごしよ》がいる。『尊卑分脈』は公暁に「母一万に同じ」、栄実に「母昌実法橋《ほつきよう》の女《むすめ》」、禅暁に「母栄実に同じ」、竹御所に「母木曽義仲の女」という傍注を付す。ただし、公暁の母が一幡と同じであったとする根拠は不明である。

一方、『吾妻鏡』は承元《じようげん》四年（一二一〇）七月八日条で「金吾将軍の室辻殿と号す、善哉公の母也」、つまり「善哉公（公暁の幼名）」の母「辻殿《つじどの》」を左衛門督《さえもんのかみ》兼将軍頼家の「室（正妻）」、また建保七年（一二一九、四月に承久と改元）一月二十七日条では「金吾将軍頼家の御息、母賀茂六郎重長《しげなが》の女為朝孫娘也、公胤僧正に入室」と記し、公暁の母は源為朝の孫娘である賀茂重長の娘で、公暁自身は園城寺の高僧公胤《こういん》のもとに入室したとする。さらに、建仁二年（一二〇二）十一月二十一日条に「将軍家若君字は善哉、三歳」とあることから、公暁が正治二年（一二〇〇）に生まれたこともわかる。『吾妻鏡』の記事に従えば、側室の子である一幡より二歳年少の次男善哉、後の公暁こそ、頼家の正室賀茂重長の娘「辻殿」を母に持つ嫡男であったということになる。

なお、公暁が園城寺の高僧公胤の弟子になったことは諸史料から確認できる。園城寺には法名を漢音で読む慣例があった。公胤の師は公顕であるが、二人は「こういん」、「こうけん」と呼ばれていた。したがって、公顕・公胤の法流に属す公暁も「こうぎょう」または「こうきょう」と漢音読みされた可能性が極めて高い。僧侶の名は呉音《ごおん》読みが通例であるため「くぎょう」と読み慣わされてきたのであろうが、本書は「こうぎょう」の読みを採用したい。

ところで、賀茂重長は清和源氏の始祖源経基《つねもと》の子満政《みつまさ》の子孫である。満政曾孫《そうそん》の重宗《しげむね》は大納言藤原斉信《なりのぶ》の娘を母に持ち、従五位下・佐渡守《さどのかみ》に叙任された京武者で、満政の兄満仲《みつなか》の曾孫国《くに》房《ふさ》と美濃国で勢力争いを展開した。重宗の孫に重遠《しげとお》、重成《しげなり》、重貞《しげさだ》兄弟がいる。重成は、敗走する義朝につき従い、身代わりになって討ち取られたと『平治《へいじ》物語』が描く「佐渡《さど》式部《しきぶの》大夫《たゆう》重成」に他ならず、重貞は『尊卑分脈』の頭注に「鎮西八郎《ちんぜいはちろう》為朝を搦め進むるの賞によって筑後《ちくごの》守《かみ》に任ず」とあるごとく、保元の乱で豪傑為朝を捕らえる勲功をあげた。二人とも保元・平治の乱で義朝に尽くした武士であり、京官や国守に補任される諸大夫であった。さらに、長兄の

公暁関係系図

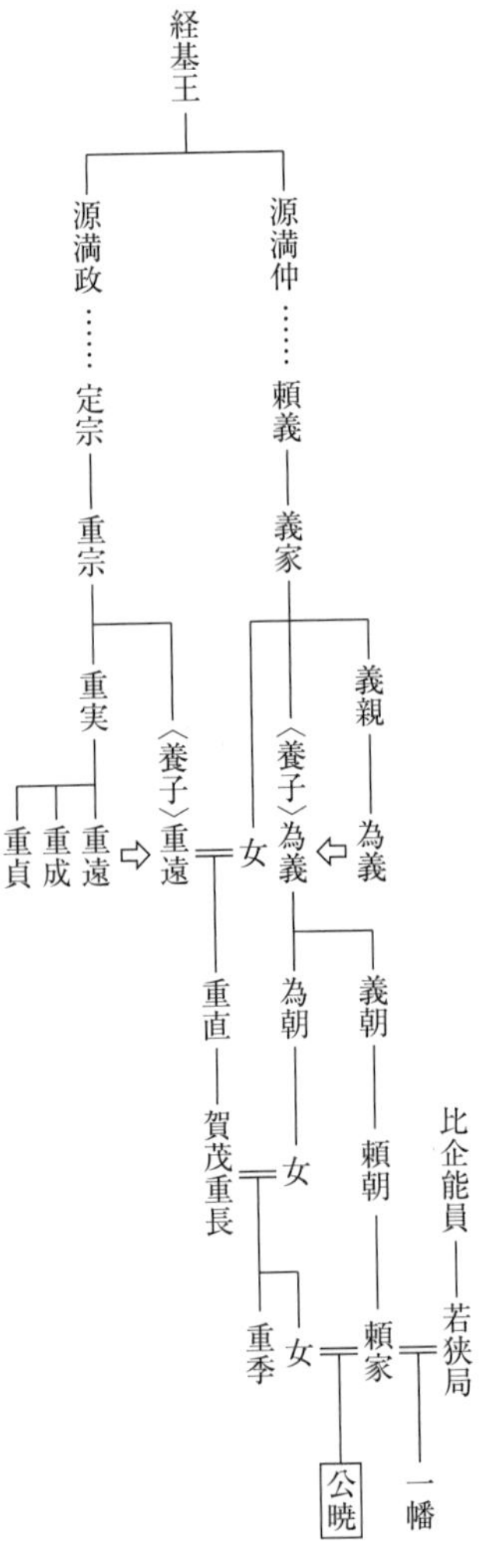

重遠は祖父重宗の猶子《ゆうし》となり、義家が年老いてからもうけた娘を妻に迎えた。晩年の義家はかつての威勢を失っていたから、国房流と確執のある重宗側からの婚姻の申し出に応じたのかもしれない。この重遠の孫である賀茂重長が、義家の跡を継いだ為義の孫娘すなわち為朝の娘を妻に迎えたわけである。年齢的にも家格的にも不自然ではない。

もっとも重長自身は、『尊卑分脈』によれば治承五年（一一八一、七月に養和と改元）四月の墨俣《すのまた》合戦で源氏側として戦い、討死したという。娘の誕生は治承五年以前ということになる。父の死後は一族の間で養育されたのであろう。頼家より年上であるが、婚姻に支障が出る程の差ではない。公暁の出産も彼女が二十歳を少し超えた頃であり、問題はない。また、重長は名字を賀茂または足助《あすけ》と称し、三河国賀茂郡足助荘《あすけのしょう》を本拠としていた。この地は東海道の要衝矢作宿《やはぎのしゅく》にも近く、京・鎌倉の往還を意識する頼朝にとっては好都合であった。

ともあれ背景にどのような事情があったか不明であるが、建久八、九年頃、頼朝は父祖の義家、叔父の為朝、父の義朝と関係が深く、若狭局より家格の高い重長の娘を頼家の正室に選んだ。これは鎌倉殿を継承する頼朝家の嫡流を、頼家とその子孫に確定する構想といえる。

頼朝急死

なお、この構想に頼家の弟実朝は入っていない。以下は単なる想像にすぎないが、頼朝は愛児実朝が兄の頼家から敵視され、排除されないよう別の道を用意していたのではないか。たとえば、鶴岡八幡宮の別当に入室させ、幕府の宗教面を代表する人材に育てるという道である。王法・仏法が支え合うことで国家の繁栄・安寧がもたらされると考えられていた時代である。兄弟を鎌倉の政治・宗教のトップに立たせ、幕府の繁栄・安寧を築かせようとしたのかもしれない。ところが、やがて政治のトップ将軍になったのは実朝であり、宗教のトップである鶴岡八幡宮別当に就任したのが頼家の子公暁であった。皮肉な話である。

かくして五十歳を超えた頼朝は自分の死後をみすえた構想を思い描き、人生の総仕上げにかかっていた。しかし、大姫は死去し、後鳥羽は幼帝に譲位してしまった。賀茂重長の娘もすぐには頼家の子を産むことができなかった。次々と構想が頓挫する中、頼朝は嫡孫の顔をみることなく、建久十年（一一九九、四月に正治と改元）一月十一日に出家、十三日に死去する。『尊卑分脈』によれば、前年十二月二十七日、武蔵の御家人稲毛重成《いなげしげなり》が亡き妻（時政の娘）の追善のため建立した相模川橋の落成供養に列席した帰路、落馬して病を得たことが死につながったという。『吾妻鏡』も建暦《けんりやく》二年（一二一二）二月二十八日条で「重成法師、これ（相模川橋）を新造す、供養を遂ぐるの日、これに結縁《けちえん》せんがため、故将軍家渡御《とぎよ》す、還路に及び、御落馬あり、幾程を経ず薨《こう》じ給ひ畢《おわんぬ》」と、ほぼ同じ内容を記している。

『愚管抄』は、頼朝が兼実に「今年必《かならず》シヅカニノボリテ世ノ事サタセント思ヒタリケリ。萬ノ事存ノ外ニ候」、今年は必ず静かに上洛して世のことを処理しようと思っていた、万事は思いの外になっていると伝えていたと記している。なすべきこと、みとどけたいことが頼朝にはまだまだあったのである。自分でも思いも寄らない急死だったのではないか。

「頼朝将軍記」未完の謎

　さて、先に述べたように、『吾妻鏡』「頼朝将軍記」は建久六年（一一九五）十二月二十二日条が最後である。頼朝死去前の三年間の記事がなく、未完に終わった感が強い。そのため、完成前に鎌倉幕府自体が滅亡したとする説、「頼経将軍記」「宗尊将軍記」が頼経・宗尊の京都送還で終わっていることから、「頼朝将軍記」もあえて頼朝上洛の年で終わらせたとする説などが出され、様々な解釈がなされてきた。しかし、定説と呼べるものはなく、謎に包まれたままである。そこで、本書も一つの解釈を提示し、この謎に一石を投じることにしたい。

　本節では日記、系図、『愚管抄』など、『吾妻鏡』編纂者の作為・曲筆と無関係の史料をもとに、頼朝晩年の行動と構想を浮き彫りにしてみた。そこで明らかになったのは、娘の入内構想にみられる朝廷への急接近、頼家とその子孫を嫡流に確定するという構想であった。

　しかし、前者は北条氏ら東国武士を率いて木曽義仲、平家、奥州藤原氏を倒し、征夷大将軍となって全国の武士を従えた「唯一の武家の棟梁」、幕府の偉大な創業者たる頼朝の姿とは大きく異なる。また後者からは、北条氏によって将軍職を追われ、殺害された頼家こそ、頼朝が嫡流と位置付けた「正統な後継者」だったことが判明する。どちらも、頼朝の「正統な後継者」は北条泰時に他ならず、その子孫である得宗専制期の北条貞時《さだとき》は、それ故にこそ支配の正当性を有しているという『吾妻鏡』の主張とは相容れない。『吾妻鏡』編纂者にとって、朝廷に働きかけ、天皇の外戚になろうとした頼朝、にもかかわらず貴族たちに翻弄され挫折した頼朝では困るのである。晩年の頼朝は朝廷に取り入り、失政を重ねたとみなす歴史学の評価にも相通ずる。さらに、頼朝が認める「正統な後継者」が頼家であったとなれば、その頼家を葬り去った北条氏にとっては極めて都合の悪いことになる。

『吾妻鏡』は、十三世紀末から十四世紀初頭にかけて、北条氏の支配の正当性を主張する目的で編纂されたとされる。当然こうした不都合な事実を載せるわけにはいかない。そこで、記事自体の作成を行わない選択をしたと考えられるのではないか。逆にいえば、頼朝の晩年には、個々の記事を曲筆・改変するだけでは済まされないレベルの事態が続いていたということでもある。無論、これは本書の解釈である。異論もあろう。とはいえ、「頼朝将軍記」未完の謎に一石を投じることにはなったと思う。

次節では、頼家こそ頼朝の「正統な後継者」であったという視点から、「暗君」とされてきた頼家像について再検討し、源氏将軍の継承がどのように行われたのかみていきたい。

第二節　若き鎌倉殿頼家

二代鎌倉殿としての始動

『吾妻鏡』「頼家将軍記」の記事は建久十年（一一九九、四月に正治と改元）二月六日条から始まる。そこで、まず京都側の史料によって頼朝急死後約一ヵ月の政情を明らかにしておこう。

摂関家近衛家実《いえざね》の日記『猪隈《いのくま》関白記』は、同年一月十八日条に「前右大将頼朝卿、飲水《いんすい》の重病によって、去る十一日出家の由、世以て風聞す」、次いで二十日条に「前右大将頼朝、去る十三日早世すと云々」と記す。『明月記』の一月二十日条にも「前将軍去る十一日出家、十三日入滅大略頓病歟」とみえる。『愚管抄』には「関東将軍所労不快トカヤホノカニ云シ程ニ、ヤガテ正月十一日ニ出家シテ、同十三日ニウセニケリト、十五・六日ヨリキコヘタチニキ」とある。これらから、都には頼朝の異変が十五、六日頃に伝わり始め、「飲水の重病」今でいう糖尿病で重体となり、十一日に出家、十三日に入滅《にゅうめつ》したと十八日頃には認識されていたことがわかる。いずれも病死であるとし、落馬がもとであったとは書いていない。「前右大将」たる頼朝が落馬したとは、さすがに幕府も公表できなかったのであろう。

『猪隈関白記』『明月記』一月二十日条によれば、この日の臨時除目で源通親が右近衛大将に昇任、正五位下・讃岐権介《さぬきのごんのすけ》の頼家が左近衛中将を兼任したという。ただ、『明月記』は「喪に遭ふの人、本官猶服を以て解す、今薨ずる由を聞き任官を行はる、頗る人倫の儀に背くか」、つまり喪に遭った人は本《もと》の官職すら辞すのに、頼朝が薨じたことを知りながら、その子頼家の任官を行ったのは頗る人の道に背くと疑問を呈している。にもかかわらず任官が行われたのは、建久七年（一一九六）の政変後、権力を掌握した通親が除目を主導したからである。

また、頼家は「五位」の位階で「近衛中将」を兼任することになった。「五位中将《ごいのちゅうじょう》」は摂関家の子弟にのみ許される特別待遇である。『公卿補任《くぎょうぶにん》』正治二年（一二〇〇）の頼家の尻付《しづけ》（叙位・除目の新任者の経歴を列記した部分）によれば、建久八年（一一九七）十二月十五日、頼家は通常の従五位下ではなく従五位上に叙爵されたという。従五位上での叙爵は摂関家の庶子待遇である。通親は頼朝の嫡子を摂関家と同格に遇していたわけである。

さらに、諸記録を原史料にした歴史編纂物『百錬抄《ひゃくれんしょう》』一月二十五日条は、「故頼朝卿の家人、右近中将頼家に随ひ、諸国守護を奉仕すべきの由宣下」があったと記す。ほぼ同じ内容の記事が『吾妻鏡』にもみえる。二月六日条によれば、「前征夷将軍源朝臣の遺跡《ゆいせき》を続《つ》ぎ、よろしく彼の家人郎従等をして旧の如く諸国守護を奉行せしむべし」という「同廿六日宣下」があったというのである。日付が一日違いであるとともに、『百錬抄』が「右近中将頼家に随ひ」と明記するのに対し、『吾妻鏡』が「前征夷将軍源朝臣の遺跡を続ぎ」という点を前面に押し出している点が興味深い。ただ、ともに頼家が継承した地位の内容を「諸国守護」としている点は重要であろう。宣旨を下した朝廷からすれば、鎌倉殿とは「唯一の武家の棟梁」「唯一の官軍」であり、全国を守護する「唯一の軍事権門」だったのである。

宣旨を受け幕府は政所で「吉書始」を行った。『吾妻鏡』二月六日条は、頼朝死後、二十日も経っていないが、天皇の命令は厳重であるから審議を重ね、日並《ひなみ》を選んで行ったと記す。なお、頼家は三位に達していないので正式に政所を開くことはできない。この政所は文書を発給する幕府の政務機関の意である。参上したのは以下の有力御家人十三人であった。

北条殿（時政）、兵庫頭《ひょうごのかみ》広元朝臣、三浦介義澄、前大和守《やまとのかみ》（源）光行《みつゆき》朝臣、中宮大夫属《ちゅうぐうたいふのさかん》入道善信《にゅうどうぜんしん》、八田右衛門尉知家、和田左衛門尉義盛、比企右衛門尉能員、梶原平三《侍別当》景時、藤民部丞《みんぶのじょう》（二階堂）行光、平民部丞盛時、右京進（中原）仲業《なかなり》、文章生《もんじょうしょう》（三善）宣衡《のぶひら》

善信（三善康信《やすのぶ》）が草案を作成し、仲業が清書を加え、広元が持参した吉書を頼家が御所の寝殿《しんでん》で披覧した。かくして二代鎌倉殿頼家の治世が始まった。

『吾妻鏡』が描く「暗君」頼家

さて、『吾妻鏡』が描く「暗君」頼家像に再検討が加えられていることはすでに述べた。『吾妻鏡』は頼家をどのように描いているのか、代表的な記事を挙げてみよう。

①後藤基清《もときよ》の讃岐守護職罷免（建久十年三月五日条）

後藤左衛門尉基清、罪科あるによって讃岐守護職を改められ、近藤七国平《こんどうしちくにひら》を補《ぶ》さる。幕下《ばつか》将軍（頼朝のこと）の御時定め置かるる事を改めらるるの始也と云々。

②頼家による訴訟の直接の聴断《ちょうだん》停止（同年四月十二日条）

諸訴論の事、羽林《うりん》（近衛中将、頼家のこと）直《じき》に決断せしめ給ふの条、これを停止せしむべし。

③いわゆる「十三人の合議制」発足（同年四月十二日条）

向後《きょうこう》大少の事に於て、北条殿（時政）、同四郎主《ぬし》（義時）、兵庫頭（中原）広元朝臣、大夫属入道善信、掃部頭《かもんのかみ》（中原）親能在京、三浦介義澄、八田右衛門尉知家、和田左衛門尉義盛、比企右衛門尉能員、藤九郎入道蓮西（安達盛長）、足立左衛門尉遠元、梶原平三景時、民《みん》部大夫《ぶのたゆう》（二階堂）行政等、談合を加へ、計《はから》ひ成敗せしむべし。その外の輩《ともがら》、左右《そう》無く、訴訟の事を執り申すべからざるの旨、これを定めらるると云々。

④頼家の近習《きんじゅ》五人に対する特別扱い（同年四月二十日条）

梶原平三景時・右京進仲業等奉行として、政所に書き下して云《いは》く、小笠原弥太郎（長経）、比企三郎、同弥四郎（時員）、中野五郎（能成）らの従類は、鎌倉中に於て、たとひ狼藉《ろうぜき》を致すと雖も、甲乙人《こうおつにん》敢て敵対すべからず。若《も》し違犯《いぼん》の聞えあるの輩に於ては、罪科せんがため、慥《たし》かに交名を尋ね注進すべきの旨、村里に触れ廻らすべきの由。かつ彼の五人の外、別の仰せにあらずんば、諸人輙《たやす》く御前に参昇すべからざるの由と云々。

⑤絵図の中央に線を引くという境相論への対応（正治二年五月二十八日条）

大夫属入道善信に付きてこれを挙げ申す。仍《よっ》て今日羽林、彼の進む所の境の絵図を召覧し、御自筆を染め、墨をその絵図の中央に曳《ひ》かしめ給ひ訖《おはんぬ》。所の広狭、その身の運否に任すべし（中略）の旨、仰せ下さると云々。

⑥政所に諸国の田文《たぶみ》調進を命じ、五百町以上の余剰分を「無足の近士等」に与える策に対し、広元以下の宿老が批判して抵抗（同年十二月二十八日条）

昨日施行せしむべきの旨、広元朝臣に仰せ下さる。已《すで》に珍事也。人の愁《うれひ》、世の謗《そしり》、何事かこれに如《し》かんやの趣、彼の朝臣以下の宿老殊に周章。

⑦蹴鞠に没頭して政治に無関心（建仁元年九月二十日条）

御所の御鞠也。凡《およ》そこの間政務を抛《なげう》ち、連日この芸を専らにせらる。人皆当道に赴く。北条五郎以下参集す。

他にも頼家を批判する記事は多々ある。『吾妻鏡』の記事、とくに傍線を付した箇所を文字通りに読めば、頼家は「暗君」以外の何ものでもない。以前は、従来の諸研究と同様、『吾妻鏡』をもとに、若くて経験が浅く性格的にも問題のある頼家は宿老と対立し、失政を繰り返したと理解していた。しかし、藤本頼人氏、森幸夫氏、小林直樹氏、藪本勝治氏らの研究により、『吾妻鏡』編纂者の意図や曲筆の方法が明らかにされた。とすれば、当然、別の解釈が必要になってこよう。本書も諸氏の研究に学びつつ再検討を加えてみたい。

頼家像の再検討1―宿老十三人の合議制―

まず①である。後藤基清の守護罷免は波線部で示したように罪科があったからである。一条家にも仕えていた後藤基清・小野義成《よしなり》・中原政経《まさつね》による源通親襲撃未遂事件（「三左衛門《さんざえもん》の事件」）が二月に発生し、朝廷が三人を処罰した。守護罷免はこれに応じた処置に過ぎない。同様の例は正治二年（一二〇〇）八月二日条にもみえる。この時は、京都で騒擾《そうじょう》を起こして後鳥羽院の逆鱗《げきりん》に触れた淡路《あわじ》・阿波《あわ》・土佐《とさ》三ヵ国の守護佐々木経高《つねたか》が、朝廷からの要請で三ヵ国の守護職、所領などを没収された。こうした朝廷の要請に基づく守護職・地頭職の停止は頼朝期からみられた。頼家が頼朝の時に定め置かれたことを改めた最初の事例でも何でもない。

②・③は同じ日の記事である。②で訴訟における頼家の「直《じき》の決断」を禁止し、③はこれを受けて有力御家人十三人による「談合」と「計ひ成敗」、つまり合議による裁決に方式を変更したかのように記事が作られている。しかし、『吾妻鏡』の写本の一つ「吉川本《きっかわぼん》」は「直に決断」の部分を「直に聴断」としており、頼家が禁止されたのは訴訟の裁決ではなく、直接、訴えを聴くことであったと考えられる。それは波線部で、十三人以外の者が特段の理由もなく訴訟案件を頼家に取り次いではならないと定めていることとも照応する。

実際、頼家が裁決を下したと考えられる文書は現存する。たとえば、長沼宗政《むねまさ》に美濃国大《おお》榑《くれの》庄地頭職を安堵した正治二年十一月九日付の袖判下文である。また、⑤の波線部のように、十三人の一人「大夫属入道善信」が訴訟の取次ぎを行っている。他にも十三人の誰かしらが奉行や取次ぎをしている例は多数みられる。一方、十三人が一堂に会して合議したという史料は一件もない。とすれば、研究史上「十三人の合議制」と呼ばれてきたが、その実態は頼家の親裁権を禁止した上での有力御家人の合議ではなく、訴訟案件の取次ぎを十三人に限定するという訴訟制度の整備と捉えるべきであろう。

これと関連するのが、十日ほど前の四月一日条である。

問注所を郭外に建てられ、大夫属入道善信を以て執事として、今日始めてその沙汰あり。

問注所を御所の外に新設し、善信を執事（長官）に任じたという記事である。同日条によれば、頼朝の時代、訴訟の対決（口頭弁論）は御所内の一所で行っていたが、久下直光《くげなおみつ》との対決に敗れた熊谷直実《くまがいなおざね》が西の侍所で髻《もとどり》を切るという騒動を起こしたため、対決の場を善信の家に移した。それをこの日から新設の問注所で行うようになったというのである。いわば問注所の拡充・整備である。③もこうした訴訟制度の整備の一環とみなすことができよう。

そもそも、頼朝の死を悼んで出家した有力御家人は安達盛長（法名蓮西《れんさい》）、佐々木盛綱（法名西念）、天野遠景《あまのとおかげ》（法名蓮景）ら数名であった。逆にいえば、多くの御家人が、頼朝の急死によって跡を継いだ若い鎌倉殿頼家を盛り立てていかなければならないと考えたということである。②も③も四月一日条も、鎌倉殿になったばかりの十八歳の頼家を補佐し、有力御家人の力で補完する制度を構築しようとした記事と捉えるべきである。

頼家像の再検討2—頼家主体の諸施策—

次いで④である。従来は合議制メンバーの宿老に対抗するため、頼家が近習を特別扱いした事例と理解されてきた。しかし、傍線部をみればわかるように、近習五人の「従類（従者や親族）」に敵対してはならないとされたのは「甲乙人」すなわち一般庶民であり、違犯した者の交名（名簿）注進の布達も「村里」に対してなされている。近習に甘すぎる点は問題であるが、宿老への対抗措置とは到底いえない。さらに、波線部では「彼の五人」としながら、名前を挙げられた近習は四人である。誰が抜け落ちているかというと、当時「時連《ときつら》」と名乗っていた北条時房《ときふさ》なのである。時房を除外したのは北条氏を憚《はばか》る『吾妻鏡』のみえすいた作為といえよう。

訴訟関連では⑤も著名な記事である。近年の研究によれば、頼朝から頼家への代替わりに伴い、土地の権利関係を清算・改変しようとする訴訟が増加しており、頼家は頼朝時代の決定を覆そうとする動きに否定的であったという。⑤はそうした頼家の方針と心情を象徴的に示す記事と考えられる。しかも、実際には現地に使者を派遣し、権利関係の調査を命じていた。この記事も文字通りに読むべきではないということである。

政策という面で重要なのは⑥である。田文とは国単位で荘園・公領の田地面積、所有関係などを調査した土地台帳である。御家人役の賦課《ふか》台帳ともなった。頼家は何度も田文調進を命じており、土地政策に積極的であった。⑥は有力御家人の広大な土地を中小御家人に再配分するという思い切った政策である。ある意味で合理的な経済政策ともいえる。ただ、既得権益を侵される宿老は抵抗した。「珍事」「人の憂」「世の謗」とは抵抗勢力の主観的主張に過ぎず、頼家の治世全般に敷衍《ふえん》すべきではない。ちなみに『吾妻鏡』は、善信が頻りに諫言したため頼家はしぶしぶ延期したと記す。宿老の抵抗により実現が遠のいたのである。

最後に⑦である。確かに頼家は蹴鞠を好んだ。それ故、為政者失格の烙印が押されてしまった。しかし、そこには蹴鞠を単なる遊戯とみなす現代人の先入観が潜んでいる。院政期・鎌倉初期にあって、蹴鞠は単なる遊戯を超えた、時には政治のツールともなる重要な芸能、教養であった。後白河は今様《いまよう》だけでなく蹴鞠にも秀で、これを朝廷の晴儀《せいぎ》（晴れがましい公的な儀式）の芸能に格上げした。その孫である後鳥羽、すなわち頼家期の多芸多才な治天の君は蹴鞠にも抜群の才を発揮し、承元二年（一二〇八）には蹴鞠の家を継ぐ難波宗長《なんばむねなが》・飛鳥井雅経《あすかいまさつね》らから蹴鞠の長者号を奉呈されるまでになる。幕府のトップとして朝廷のトップと渡り合う上で、蹴鞠は必須の芸能であり、教養だったのである。実際、『吾妻鏡』正治二年（一二〇〇）九月七日条によれば、後鳥羽は頼家の求めに応じて蹴鞠の名人紀行景《きのゆきかげ》を鎌倉に下向させている。また、宿老の広元も京都から鞠を取り寄せ、頼家に献上したことが正治二年六月十六日条にみえている。波線部にもあるように、芸達者な北条時房も頼家が主催する鞠会に頻繁に出席していた。

さらに、注意すべきは⑦が泰時称揚の記事とセットになっている点である。⑦の二日後の九月二十二日条によれば、泰時は頼家の近習中野能成《よしなり》に次のように語ったという。八月の大風で「鶴岡の宮門転倒」し、「国土飢饉《ききん》に愁」うという時である。月星の如きものが天から降る変異もあった。建久年中、頼朝は「百箇日」の浜遊びを行うと決めたが、天変によって断念し、世の平穏無事を願う祈禱を始めた。今の状況で蹴鞠を続けるのはいかがなものか。能成から頼家に諫言してほしい。頼朝を引き合いに出して頼家の蹴鞠を批判したわけである。

能成から話を聞いた頼家は機嫌を損ねたらしい。心配した近習の僧が、病気と称してほとぼりがさめるまで伊豆に在国するよう泰時に助言した。ところが、泰時はもともと伊豆に下向する用があったと答え、十月三日、鎌倉を発った。五日、北条に着いた泰時は、六日には飢饉のため出挙米《すいこまい》五十石が返済できず困窮する者たちの前で證文《しょうもん》を焼き捨ててみせた。その上、食事や酒、一人当たり一斗の米を与えて「民の愁」を救ったという。頼家と対照的である。

ひょっとすると、泰時は本当に撫民《ぶみん》の沙汰《さた》を行ったのかもしれない。しかし、三日に鎌倉を発ち、五日に伊豆の北条に着くといった不自然な記述もみられる。『吾妻鏡』は泰時、そして頼朝の姿と頼家を対比し、あえて頼家を貶める操作をした可能性が高い。⑦の「政務を抛ち、連日この芸を専らにせらる」も文字通りに解釈すべきではないと考える。

宿老の十三人

次に、頼家を補佐する宿老十三人についてみてみたい。武士の御家人が北条時政、同義時、三浦義澄、和田義盛、梶原景時、比企能員、安達盛長、足立遠元、八田知家の九人、吏僚である文士の御家人が中原親能、同広元、善信、二階堂行政《ゆきまさ》の四人、文武のバランスが取れた構成である。このうち政所吉書始にも出仕した八人が頼家を補佐する主要メンバーといえよう。吉書始に出なかったのは盛長、遠元、義時の三人と、吏僚の行光の父行政である。

武士たちの本貫地をみると、伊豆が二人（時政・義時）、相模が四人（義澄、義盛、景時、盛長も鎌倉の甘縄《あまなわ》を本拠とみなせばここに入る）、武蔵が二人（能員、遠元）、常陸が一人（知家）である。初期の頃から頼朝を支えた伊豆・相模・武蔵の有力御家人を中心とした陣容といえる。下総の千葉氏ではなく常陸の八田知家が入ったのは、頼朝の側近だったこともあるが、下野の宇都宮朝綱の弟として北関東の御家人を代表する役割を期待されたのではないか。

年齢は三浦義澄が大治《だいじ》二年（一一二七）生まれで最年長、足立遠元、安達盛長、北条時政、恐らく二階堂行政も一一三〇年代生まれ、一一四〇年代生まれは善信、中原親能、同広元、梶原景時、比企能員、和田義盛、八田知家、七十三歳の義澄を筆頭に六十代、五十代がそろっている。宿老と呼ぶにふさわしい。これに対し、長寛《ちょうかん》元年（一一六三、三月に改元）生まれの義時は格段に若く、頼朝と同じ久安三年（一一四七）生まれの義盛より十六歳も年少であった。

職務は頼家への訴訟取次ぎであるが、頼家が下した命令の執行責任者「奉行」も重要であった。義澄、盛長、遠元、義時を除く九人は、頼家期の『吾妻鏡』や文書に取次ぎもしくは奉行を務めた記録がある。義澄は正治二年（一二〇〇）一月二十三日に七十四歳、盛長はその三ヵ月後の四月二十六日に六十七歳で死去する。高齢故に務めなかったとも思われる。ただ、盛長は流人時代以来の頼朝の側近にして比企尼の聟という関係で十三人に加えられたと考えられ、吉書始にも顔を出していないように、主要メンバーと同格ではなかった可能性がある。同じく吉書始に出仕しなかった遠元は、在京経験豊富で文事に長け、頼朝期には公文所寄人《くもんじょよりうど》にも選ばれており、奉行を務める能力は十分にあった。とすれば、盛長同様、主要メンバーとはみなされていなかったと考えられよう。

問題は義時である。他の宿老よりはるかに若い上、政所吉書始にも出ず、取次ぎや奉行を務めた形跡がないとなれば、本当に十三人の一員だったのかという疑問すら浮上してくる。ただ、伊豆・相模・武蔵の武士団に派閥の力学が働いたとすれば話は別である。伊豆は北条、相模は三浦、武蔵は比企が派閥の代表である。とくに頼家の乳母夫である比企能員と、実朝の乳母夫である北条時政は強烈に相手を意識したであろう。能員が比企尼の聟盛長と遠元を引き入れる多数派工作を成功させたのに対し、時政一人では北条が不利である。そこで、若すぎるという難はあるが、子の義時を強引に押し込んで対抗したのではなかったか。頼朝の後家、頼家の生母、義時の姉である政子が後押しした可能性もある。政子の推薦であれば、能員も他の宿老たちも受け入れざるを得なかったであろう。

派閥の力学の中で完全に孤立していたのが相模の梶原景時である。頼朝の右腕として秘密警察的な役割を担ってきた景時は、多くの御家人から恨みを買っていた。同じ相模の有力者で三浦一族の和田義盛は、『吾妻鏡』正治二年二月五日条によれば、建久三年（一一九二）の服喪を機に侍所別当の地位を所司《しょし》である景時に奪われてしまったという。憤懣《ふんまん》を募らせていたことは想像に難くない。かくして十三人の宿老の中で、景時は最初に失脚することになる。次節では時系列的に頼家政権で起きた主要な事件を追っていこう。

第三節　二代将軍頼家の悲劇

梶原景時の滅亡

　発端は『吾妻鏡』によれば、正治元年（一一九九、四月に改元）十月二十五日条にみえる些細な出来事であった。頼朝の乳母寒河尼《さむかわのあま》を母に持つ結城朝光が亡き頼朝を偲《しの》び、侍所で傍輩《ほうばい》に対し「忠臣二君に事《つか》へず」と語ったことを、景時が謀叛心ありと讒訴《ざんそ》したのである。政子の妹で御所の女房阿波局から報せを受けた朝光が、「断金《だんきん》の朋友」三浦義村に助けを求め、事態は急展開する。義村が宿老の和田義盛・安達盛長に相談すると、二人は連署状で頼家に訴えようと主張した。訴状は景時に怨みを持つ吏僚の中原仲業が執筆した。二十八日、景時を糾弾する六十六人の御家人たちの連署状を義盛・義村が広元のもとに持参し、頼家に披露するよう求めた。十一月十日、取次ぐべきかどうか迷っていた広元に、義盛が「眼を瞋《いか》らせ」「殆《ほとん》ど呵責《かしゃく》に及ぶ」体《てい》で迫ったため、十二日、広元は連署状を頼家に披露した。頼家は景時に「是非を陳ずべし」と命じたが、景時は弁明できず、十三日、所領のある相模国一宮《いちのみや》に下向した。十二月十八日、審議の結果、景時は鎌倉追放となった。奉行を務めたのは義盛と義村であった。

　翌正治二年（一二〇〇）一月二十日、景時が一族とともに上洛を図ったとの報が届く。時政、広元、善信らが御所で審議し、三浦義村、比企兵衛尉、糟屋有季《かすやありすえ》、工藤行光以下の軍兵を派遣した。同日、景時らは駿河国清見関《きよみがせき》で駿河の武士廬原《いおはら》小次郎、吉香《きっか》（吉川《きっかわ》）友兼《ともかね》、渋川次郎、矢部小次郎・同平次、相模の武士飯田家義《いえよし》らと遭遇し、狐ヶ崎《きつねがさき》で合戦を遂げて討ち取られた。二十三日、合戦記録が御所に献上され、広元が頼家の御前で読み上げた。

　二十四日、幕府は景時を誅殺したこと、在京する伴類《ばんるい》の捜索を大内惟義、佐々木広綱《ひろつな》に命じたことを御教書《みぎょうしょ》で朝廷に伝えた。『玉葉』一月二十九日条は「梶原景時上洛を企て、駿河国高橋（鎌倉より京方へ五ケ日の路也と云々）に於て、上下に向ふ（ママ）武士、併（丼カ）土人等がために伐り取られ了《おはんぬ》、景時、景茂自殺、景季、景高等討伐され畢」という伝聞記事を載せる。二十四日に発した御教書が五日後の二十九日には京都に届いていたことがわかる。また『明月記』一月二十九日条は「梶原景時、頼家中将の勘当を蒙り、逐電の間、天下警衛すべきの由これを沙汰す、又院に申すと云々」つまり景時が頼家の「勘当」を受けて逐電したため、幕府が「天下警衛」を命じ、後鳥羽「院」に報告したと記す。二月七日条には景時の「余党等追捕《ついぶ》の間、京幷びに辺土多く以て事あり」とみえる。在京する伴類の討滅が実行に移されたのである。

その後、播磨国《はりまのくに》守護職など、景時の所職と所領、一族・朋友の所領が没収され、論功行賞が行われた。二月五日には和田義盛が侍所別当に還補《げんぽ》された。かくして頼朝の右腕だった切れ者、十三人の宿老の一人、梶原景時は一族もろとも滅亡した。

比企と北条

景時の滅亡、義澄・盛長の死去により、正治二年（一二〇〇）、宿老の勢力図に異変が生じた。頼家の乳母夫比企氏と実朝の乳母夫北条氏の確執が次第に表面化してきたのである。ただ、もともと比企と北条は、頼朝が頼家と実朝の乳母夫に選んだ一族であった。子孫に源氏将軍を継承させ、頼朝の血統による体制を盤石《ばんじゃく》なものとするには、比企と北条が協力して頼家・実朝を盛り立てていくことが必須である。そこで、頼朝は両氏の提携に努めた。

たとえば、『吾妻鏡』建久三年（一一九二）九月二十五日条にみえる婚姻の仲介である。比企朝宗《ともむね》の娘に、容姿が美しく頼朝お気に入りの「姫の前《ひめのまえ》」と称する幕府の官女がいた。彼女に恋をした「江間殿」義時は一、二年頻りに恋文を送ったが、受け入れてもらえなかった。話を聞いた頼朝は、離別しないという「起請文《きしょうもん》」つまり誓約書を取った上で義時のもとに行くよう姫の前に命じる。義時から起請文をもらった姫の前は「嫁娶《かしゅ》の儀」を定め、この日、義時亭

比企氏・北条氏関係系図

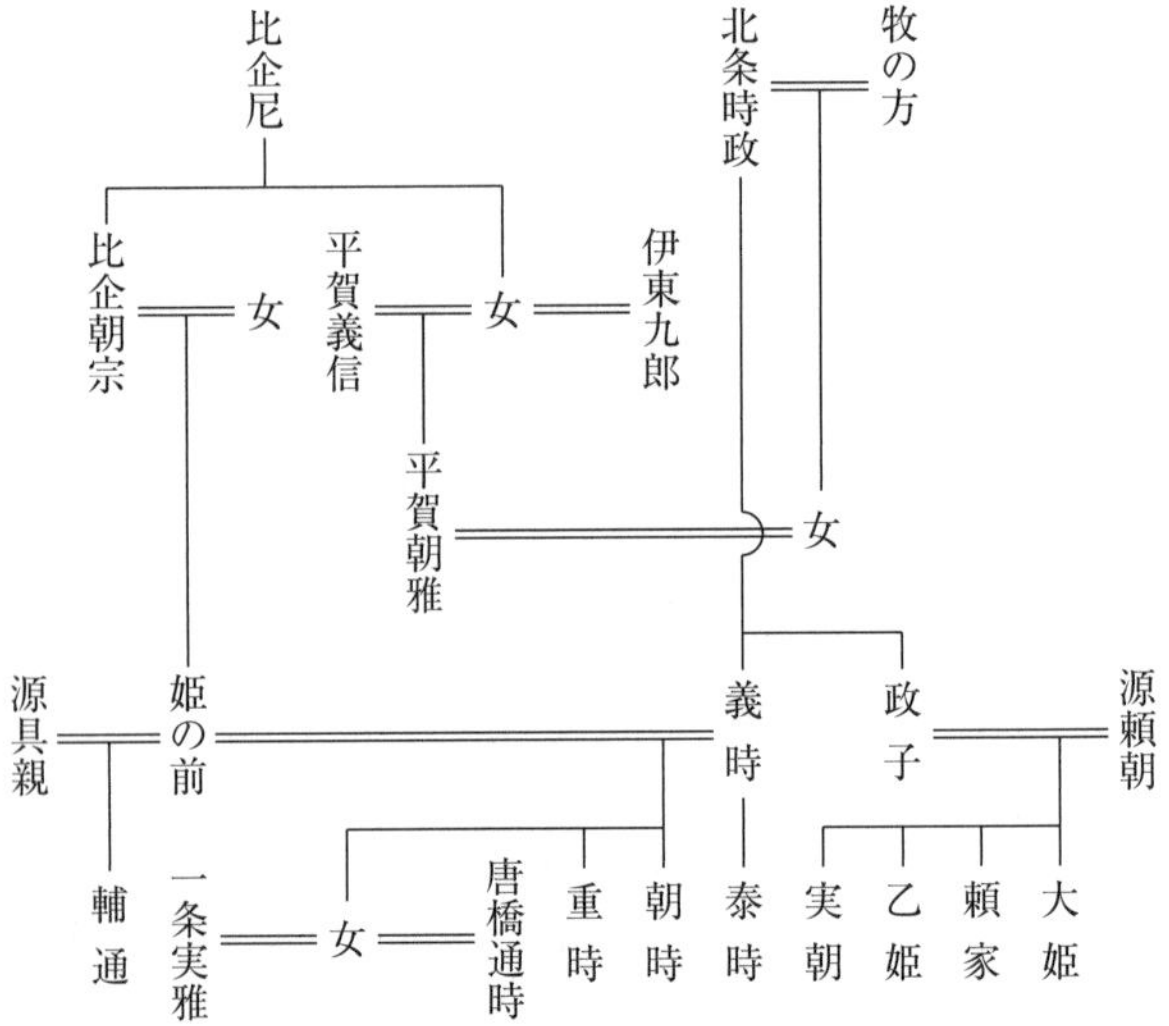

に渡った。義時「室」となった姫の前は、翌建久四年（一一九三）に朝時《ともとき》、同九年（一一九八）に重時《しげとき》を産む。

注目すべきは、この婚姻が千幡（実朝）誕生の一ヵ月半後だったという点である。姻戚関係を築いて比企と北条を提携させるという頼朝の狙いがうかがえる。朝時・重時の誕生により、事は狙い通りに進んだかのように思われた。ところが、頼朝の死後、比企と北条はそれぞれの思惑に従って行動し始めた。比企能員は乳母夫という立場を活かして子の三郎、弥四郎時員《ときかず》を頼家の近習に送り込み、鎌倉殿の権威・権力を最大限に利用した。さらに、頼朝の構想も意図的に無視した。本章第一節でみたように、頼朝は賀茂重長の娘を頼家の「室」に迎え、彼女の産んだ子、後の公暁を頼家の嫡子とする構想を抱いていたと思われる。しかし、能員は自分の娘の「妾」若狭局が産んだ一幡を嫡子にするよう頼家を導いたのである。

着実に地歩を固める能員に、北条時政は家格の上昇で対抗した。まず、正治二年正月、元旦の垸飯《おうばん》（埦飯）を勤仕した。垸飯は鎌倉殿を饗応《きようおう》する儀式であるが、御家人の序列を可視化するものでもあった。元旦の垸飯は時政が御家人筆頭となったことを意味する。また『吾妻鏡』同年四月九日条は、時政が四月一日、遠江守に補任され、従五位下に叙されたと記す。『武家《ぶけ》年代記《ねんだいき》』の時政の項も「正治二　四　一　任遠江守」としている。頼朝期には源氏一門に限られていた国守に任官し、一般御家人の「侍」より格上の「諸大夫《しよたいふ》」になったのである。こうして家格を上昇させ、北条氏は比企氏を脅かす存在になってきた。

頼朝の後家、源家家長の政子

なぜ時政は元旦の垸飯、遠江守任官を果たせたのか。そこには時政の娘、頼朝の後家政子の力があったと考える。武士の家では前当主の後家が若い現当主に家長として影響力を行使した。本書冒頭で、平清盛に、前当主忠盛の後家池禅尼が頼朝の助命を嘆願し、政治的な事情があったにせよ死罪を流罪に変えさせたことをみた。池禅尼は清盛の継母であるが、政子は頼家の生母である。家長としての影響力はより大きかった。政子の進言により頼家は元旦の垸飯に時政を指名し、朝廷に遠江守の推挙をしたのではないか。そもそも当時の時政は、文書の署判などからみて政所別当にも就任していない。あくまで頼家の外祖父に過ぎない。政子の力なくして御家人筆頭、国守の地位を得ることは難しかったであろう。

また、頼朝死去後の正治元年(一一九九、四月に改元)、幕府は大姫の妹乙姫(三幡)の後鳥羽入内を模索した。ここにも頼朝の遺志を継いだ後家、源家家長の政子、三幡の生母である政子の意向が強く働いていたと考える。不幸なことに病に冒された三幡は、京都から名医を呼び寄せた甲斐もなく、同年六月三十日、十四歳の短い生涯を閉じた。三幡の乳母夫である中原親能は悲嘆のあまりその日のうちに出家した。政子が嘆き悲しんだことはいうまでもない。

また、政子は鎌倉殿の権力の根幹である所領給与についても、一定の権限を有していたと思われる。『吾妻鏡』正治二年(一二〇〇)三月十四日条によれば、挙兵当初から頼朝に臣従していた三浦一族の長老、八十歳を超えた岡崎義実が愁訴《しゅうそ》のため政子亭に参上したという。義実は第一章第三節で触れたごとく、曽我事件に関与した反頼朝勢力の一人であり、大庭景義とともに鎌倉追放に処されていた。景義は頼朝の二度目の上洛前に直訴して許されたが、義実にそうした記事はなく、いまだに逼塞《ひっそく》していたらしい。政子に対し義実は、わずかな恩地も石橋山合戦で討死《うちじ》にした我が子義忠《よしただ》を弔うため仏寺に施入する志があり、残る所領だけでは子孫の安泰を保証することができないと泣いて訴えた。政子は挙兵以来の大功を認め、二階堂行光を使者に立てて「一所を宛《あ》て賜ひ給ふべきの由」頼家に求めたという。

さらに『吾妻鏡』正治元年八月十九日・二十日条は、頼家が安達盛長の子景盛《かげもり》の妾を奪った上、景盛の誅殺を図って近習の長経《ながつね》を盛長の甘縄亭に向かわせた事件を載せている。ただちに盛長亭に入った政子は、行光を使者として頼家を諌め、景盛には野心なしとの起請文を書かせて事を収めた。頼家の暴虐を諌める賢母政子を象徴するエピソードである。もっとも、『吾妻鏡』は広元が、源仲宗《なかむね》の妻「祇園女御《ぎおんのにょうご》」を鳥羽院（正しくは白河院）が院御所に召した上、仲宗を隠岐島《おきのしま》に配流した例を挙げ、「かくの如き事、先規なきにあらず」と述べたとも記している。頼家の行動自体もその是非も、文字通りには受け取れないわけである。とはいえ、政子に事態を収拾するだけの力と存在感があったことは確かである。

頼家の親裁

では、頼家は実際にどのような政治を行ったのか、そこにどのような特徴・方向性を認めることができるのか。藤本頼人氏は、訴訟の聴断と守護・御家人に対する政策に着目する。

まず訴訟の聴断である。前節で明らかにしたように、頼家は宿老たちの取次ぎを受けて親裁を行ったと考えられる。たとえば、正治元年（一一九九、四月に改元）のものと推定される五月十九日付の「源頼家書状」（『鎌倉遺文』補遺三二一号、以下『遺』と略記）では、法華堂領美濃国富永庄の訴訟において、頼家が「領家申さるる次第、その謂《いわ》れ候」つまり訴人《そにん》（今でいう原告）である領家の主張の正しさを認め、「（中条カ）家長《いえなが》」の地頭職を停止している。逆に、高野山領備後国《びんごのくに》大田庄の訴訟に関する正治元年九月八日付の「関東御教書写」（『遺』一〇七八）では、大田庄が「平家没官領《もつかんりょう》」である上、地頭「（三善）康信法師」は「謀叛人の跡」に補任されたという正当な由緒を備えているとし、地頭改補を要求する領家の主張を退けた。頼家が幕府側にも荘園領主側にも偏することなく、論理的に公平に裁許を下したことがわかる。『吾妻鏡』編纂者の意図が介在しない文書史料であるだけに十分な説得力があると考える。

また守護に対しては、職務を大番催促、謀叛人・殺害人の検断（「大犯《だいぼん》三箇条」）に限定し、国司の業務に介入しないよう規制した。とくに、朝廷との関係を良好に保つ上で重要な京都大番役の催促と勤仕を厳命した。『吾妻鏡』正治元年九月十七日条は「京都大番役懈緩《けかん》の聞えあるによって、催促を加ふべきの旨、諸国守護人等に仰せらる」と記す。広元・景時が奉行した。それから半年も経たない正治二年（一二〇〇）一月十五日条でも、和田義盛を奉行として「京都大番を勤仕すべきの由、諸御家人に」命じた。旅費や滞在費を自弁する大番役は、御家人にとって名誉である一方、負担でもあり、忌避する傾向にあった。しかし、頼家は忌避を許さなかった。幕府のトップとして、朝廷と良好な関係を維持することに意を用いたのである。

さらに、頼家は田文の調進や荒野の開発も推進した。『吾妻鏡』正治元年四月二十七日条は、広元を奉行として「東国分の地頭等に仰せ、水の便の荒野を新たに開くべきの旨」沙汰したと記す。しかも「凡そ荒・不作等と称し、乃貢《のうぐ》減少の地に於ては、向後《きょうこう》領掌を許すべからざるの由」定めたという。鎌倉殿を継いで三ヵ月半、頼家の意欲が伝わってこよう。以上にみた諸政策は晩年の頼朝を継承したもので、次代の実朝に受け継がれていく、いわば三代にわたる源氏将軍の一貫した方向性である。頼家だけが突出していたわけではない。

二代将軍の狩猟行事

さて、頼家が蹴鞠と並んで得意にし、熱心に取り組んだものに狩猟がある。とくに狩猟行事の主催は、武家政権の首長たること、そして建久四年（一一九三）、富士野の巻狩を主催した初代将軍頼朝の正統な後継者であることを内外に示す意味を持っていた。

まず注目すべきは、頼家が鎌倉殿になって初めて正月を迎えた正治二年（一二〇〇）一月十八日の狩猟である。この年は代替わりを祝うため垸飯の回数が多く、元旦の時政から八日の結城朝光まで八日連続、さらに十五日には佐々木定綱が京都から垸飯を進上した。その三日後、『吾妻鏡』一月十八日条は、雪の積もる中、頼家が数十騎を率いて相模国の大庭野で狩猟をしたと記している。これは文治五年（一一八九）十一月十七日、奥州合戦から凱旋した頼朝が、雪の降った大庭野の鷹場に出かけ狩猟をした例に倣ったものと思われる。

正治二年十月二十六日に従三位、左衛門督に叙任されて散位《さんに》の公卿に列した頼家は、建仁二年（一二〇二）になると、一月二十三日に正三位、七月二十三日には従二位に昇叙、征夷大将軍に補任され、左衛門督と兼任することになった。正式に二代将軍となったのである。その約二ヵ月後の九月二十一日、頼家は数百騎を率いて伊豆・駿河の狩倉で狩猟行事を主催した。これもまた、頼朝が征夷大将軍に任官した翌年、後白河の服喪明けに信濃の三原野・下野の那須野・駿河の富士野で行った狩猟行事を継承したものといえる。富士野で頼家は初めて鹿を射獲り、頼朝に山神・矢口祭を催行してもらった。喜ばしく晴れがましい思い出である。父と同じく将軍となった今、是非とも主催したい狩猟行事だったに違いない。ただ、弓矢の所持を許されたのは射芸の名手十八人だけであったという。その点では頼朝が北関東の三原野・那須野で行った狩猟に近い。

年が明けて建仁三年（一二〇三）になると、『吾妻鏡』の頼家の狩猟記事は不可思議な様相を呈してくる。六月一日、伊豆の狩倉に到着した頼家は、伊東崎という山中に「大洞」があることを聞き、和田胤長《たねなが》に探索させた。数時間後に帰参した胤長は、穴の行程は数十里で、一匹の大蛇がおり、胤長を呑み込もうとしたため剣を抜いて切り殺したと報告した。

六月三日、頼家は駿河国富士の狩倉に移動した。この山麓にも「人穴《ひとあな》」という大きな谷があった。頼家は新田忠常《ただつね》主従六人に探索を命じ、忠常には重宝の剣を下賜した。翌四日、帰参した忠常は次のように語った。暗く狭い穴の中を水の流れに足を浸し、幾千万とも知れぬ蝙蝠《こうもり》が顔の前を飛ぶのを遮って進むと大河に出た。松明《たいまつ》の光に当たって対岸に奇特なものがみえた途端、郎従四人が死んだ。忠常はその霊の教えに従って恩賜の剣を河に投げ入れ、命を全うすることができたという。『吾妻鏡』同日条は、この穴は人がみることのできない浅間大菩薩《せんげんだいぼさつ》の在所で、今回の次第は恐るべきことだと語った古老の言葉を添えている。

その言葉通り一ヵ月半後の七月二十日、頼家は突然発病し、危険な状態に陥る。小林直樹氏は、富士の人穴の霊は浅間大菩薩、伊東崎の大洞の大蛇も山神と考えられ、「頼家没落の原因を富士の山神の怒りに求めようとする『吾妻鏡』の歴史叙述の姿勢は明瞭」と指摘する。また、新田忠常は比企の乱直後に殺され、和田胤長は建暦三年（一二一三、十二月に建保と改元）の泉親平《いずみちかひら》の乱に関与して配流・誅殺される。頼家に探索を命じられた二人も悲惨な最期を遂げるのである。

阿野全成誅殺

六月の狩猟記事の前後には、阿野全成の拘禁・配流・誅殺の記事がみえる。全成は頼朝の異母弟であり、すでに述べたように政子の妹阿波局を妻に迎え、千幡（実朝）の乳母夫となっていた。『吾妻鏡』五月十九日条によれば、「謀叛の聞え」があったため御所中に拘禁されたという。武田信光が生け捕り、下野の御家人宇都宮（塩谷）朝業《ともなり》が身柄を預かった。その後どのような審議があったのか『吾妻鏡』は記していないが、二十五日、全成は常陸国に配流された。常陸には朝業の大叔父（朝業の父成綱《なりつな》＝業綱《なりつな》の叔父）にあたる宿老八田知家の所領がある。六月二十三日、知家は頼家の命を受け、下野国で全成を誅殺した。さらに、七月二十五日条によれば、京都の東山延年寺《えんねんじ》にいた全成の子播磨公頼全《はりまのきみらいぜん》も誅殺されたという。

全成を拘禁した翌日の五月二十日、頼家は比企能員の子時員を使者に立て、阿波局を尋問するので身柄を引き渡すよう政子に要求した。政子は、女性に謀叛の企てを話すはずもなく、ま

比企氏関係系図②

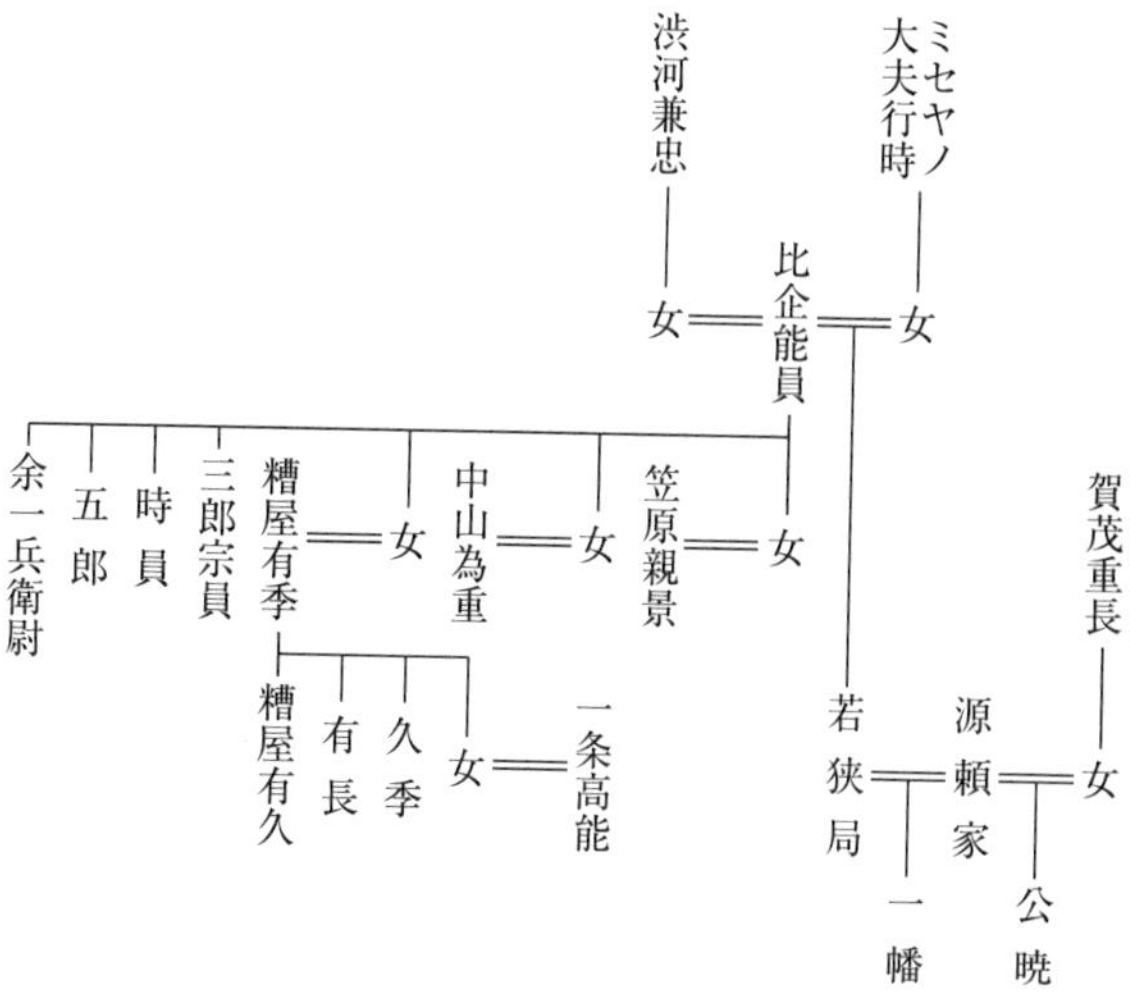

た全成は「去る二月比《ころ》駿州に下向の後、音信を通はさず」、つまり本拠の駿河国阿野庄《あののしょう》に下向していて、二月以来連絡をとっていないと答え、妹の引き渡しを峻拒《しゅんきょ》した。

以上の『吾妻鏡』の記述を信じるならば、実朝擁立を図った全成と阿波局ら北条氏の謀叛計画を頼家と比企氏がいちはやく察知し、全成を誅殺して謀叛を未然に防いだということになる。ただ、「謀叛の聞え」があってから拘禁・配流・誅殺に至る展開は極めて素早い。頼家が伊豆の狩猟に出発したのも、全成の常陸配流をみとどけた翌日であった。こちらの方こそ周到に用意された計画だったことを感じさせる。また、事件後、阿波局も政子も時政も、北条氏は誰も処罰されていない。

謀叛計画に関与していたとすればただではすまなかったはずである。無論、全成一人で事を起こせるわけもない。とすれば、謀叛計画の存在自体が疑われることになろう。

そこで、注目したいのが頼家の立場と比企能員の思惑である。建仁三年（一二〇三）、頼家は二十二歳になった。鎌倉殿として親裁を始めて五年、二代将軍に任官してから十ヵ月程になる。『吾妻鏡』編纂者の頼家を貶める作為を排して客観的にみれば、堂々たる青年将軍に成長したといえよう。そろそろ家督を継ぐ嫡子、すなわち後継将軍を決めてもおかしくない時期である。候補は一幡、後の公暁、そして実朝である。比企能員の娘で、頼家の「妾」となった若狭局所生の一幡が六歳、公暁は四歳、実朝は十二歳であった。

本章第一節で述べたように、頼朝は比企氏より家格の高い源氏一族の賀茂重長の娘を頼家の「室」とし、彼女が産む子公暁を頼家の嫡子にしようと考えていた節がある。しかし、頼朝という強力な後ろ盾の死後、重長の娘の立場は危うくなったと想像される。代わりに力を得たのが、能員の娘若狭局とその子一幡であった。恐らく頼家も一幡を嫡子に望んだのであろう。となると、問題は実朝とその乳母夫全成および北条氏である。

全成は頼朝の弟という血統であり、北条氏は家格上昇によって比企氏を脅かす存在になってきた。そこで、頼家と能員は、頼朝が弟の範頼を粛清したように、まず全成を排除し、それに連動する形で北条氏に圧力を加えようとしたのではないか。これに対し、政子や時政ら北条氏側は阿波局を守るのが精一杯で、全成は切り捨てざるを得なかったのだと思われる。何といっても頼家は頼朝が定めた後継者、朝廷が補任した二代目の征夷大将軍だからである。また、比企と北条の宿老としての勢力も、北条が家格を上昇させたとはいえ、将軍の乳母夫である比企の方が依然として上であった。

さらに重要なのは、建仁三年五月の時点で、誰ひとり頼家が七月下旬に危篤になるとは想像もしていなかったことである。現代の我々はもちろん、『吾妻鏡』編纂者も頼家発病の事実を知っている。しかし、比企も北条も頼家自身も発病は想定外だったに違いない。そこで、将来をみすえた頼家と比企は、一幡を後継者に立てる布石として全成の排除と北条氏への圧迫・牽制に動いたのだと考える。また、北条も将軍頼家・比企との全面対決は自重した、いや自重せざるを得なかった。ところが、歴史には往々にして想定外のことが起きる。

比企の乱

『吾妻鏡』は、全成誅殺後の六月三十日条、七月四日条、九日条と、立て続けに八幡の神使である鳩が鶴岡八幡宮境内で変死するという不吉な記事を載せる。そして、七月十八日条の蹴鞠記事に「今日以後この御会なし」と注記した後、二十日条で「将軍家俄《にわ》かに以て御病悩、御心神辛苦、直なる事にあらず」と、頼家が病に倒れたことを記す。さらに二十三日条によれば、「御病悩既に危急」となったため祈禱が始められたが、卜筮《ぼくぜい》は「霊神の祟り」という結果を示したという。『吾妻鏡』は頼家が霊神の怒りを買ったと述べ立てるのである。

約一ヵ月後の『吾妻鏡』八月二十七日条は「将軍家御不例、縡《こと》危急の間、御譲補の沙汰あり」つまり頼家が危篤になったので、譲与の措置があったと記す。その措置とは、「関西三十八ヶ国の地頭職」を「舎弟千幡君（実朝）」に、「関東二十八ヶ国の地頭」と「惣守護職」は「御長子一幡君」に与えるという将軍権力の分割譲与であった。さらに『吾妻鏡』は、これに不満を抱いた「家督の御外祖」比企能員が「叛逆を企て、千幡君幷びに彼の外家已下」を滅ぼそうとしたと続ける。その後の動きは九月二日条に詳しい。

まず、能員は娘の若狭局を通して、家督の一幡以外に地頭職を与えると、時政一族に「家督の世」が奪われる危険があると頼家に訴えた。驚いた頼家は能員に時政追討を許可した。ところが、この密談を政子が「障子を隔て、潜《ひそか》に」聞き、時政に急報した。時政は広元亭に赴いて相談したが、広元は賛否を明確にしなかった。座を起《た》った時政は天野遠景と新田忠常に能員誅殺を命じる一方、能員には「仏像供養の儀」に列席してほしいと伝え、少数の従者を連れて平服で現れた能員を遠景・忠常に殺させた。従者たちが逃げ帰ると、比企の一族・郎従らは「小《こ》御所《ごしょ》」と号する「一幡君の御館」に立て籠もった。『吾妻鏡』はこれを「謀叛」と記し、「尼御台所（政子）の仰せ」を受けて、北条義時・泰時父子、平賀朝雅、小山朝政・長沼宗政・結城朝光兄弟、畠山重忠、榛谷重朝、三浦義村、和田義盛・常盛《つねもり》父子、尾藤知景《びとうともかげ》、工藤行光、金窪《かなくぼ》行親《ゆきちか》、加藤景廉《かげかど》・景朝《かげとも》父子、新田忠常らが追討に向かった。比企側は能員の子の三郎・四郎時員・五郎、猶子の河原田次郎、聟の笠原親景《ちかかげ》・中山為重《ためしげ》・糟屋有季らが必死に防戦したが、最後は館に火を放って一幡の前で自殺した。一幡もこの災いを逃れることはできなかった。かくして九月十日、「千幡君を吹挙《すいきょ》し、将軍に立て奉ら」れ、千幡が将軍に擁立された。以上が『吾妻鏡』の描く「比企の乱」である。

一方、京都に逃れた者たちが、在京する糟屋有季の縁者に語った情報をもとに叙述されたとみられる『愚管抄』には、『吾妻鏡』と異なる記述がいくつもある。たとえば「頼家ガヤミフシタルヲバ、自リレ元広元ガモトニテ病セテソレニスエテケリ」という記述である。これによれば、頼家は広元亭で倒れ、そのままそこで病臥《びょうが》していたことになる。とすれば、頼家と能員の時政追討の密談を政子が「障子を隔て、潜に」聞くことなどあり得ない。

また、頼家は「八月晦日ニカウニテ出家シテ、広元ガモトニスエタル程ニ、出家ノ後ハ一萬

（幡）御前ノ世ニ成ヌトテ、皆中ヨクテカクシナサルベシトモヲモハデ有ケルニ」という記述もある。ここから、頼家が八月晦日《みそか》の二更《にこう》（午後十時頃）に出家したこと、一幡の世となって皆仲良くしているだろうと考え、安心していたことがわかる。頼家は一幡への家督譲与がうまく運んで安堵し、出家して死に備えていたのである。これは、頼家が「一萬御前ト云ケル、ソレニ皆家ヲ引ウツシテ、能員ガ世ニテアラントシケル」という、他の箇所の記述とも合致する。とすれば、頼家に「能員ガ世」を認められた能員があえて時政追討を企てる必然性はない。実際、『愚管抄』には能員が時政追討を画策したという記述は一つもない。

逆に時政については、「頼家ガヲト、千萬（幡）御前トテ頼朝モ愛子ニテアリシ、ソレコソト思テ」と記し、能員を呼び出して遠景・忠常に殺させた上、家督一幡のいる「本体ノ家」を攻め、「カスヤ有末」「笠原ノ十郎左衛門親景」「渋河ノ刑部兼忠《ぎょうぶかねただ》」「ヒキガ子共」「ムコノ児玉党」を討ったと記す。そして「祖父ノ北条ガ世ニ成テ、イマダヲサナク若キ実朝ヲ面《おもて》ニ立テ」たとする。要するに、『愚管抄』はこの事件を千幡すなわち実朝の擁立を図った時政のクーデター、つまり「比企の乱」ではなく「北条の乱」とみているのである。

なお、政子が積極的に関与したかどうか『愚管抄』は記していない。とはいえ、頼朝の後家、頼家の生母たる源家家長の政子が何もしなかったとは考え難い。頼家の危篤および死は、比企対北条という御家人同士の対決に帰着するからである。父の時政が比企打倒に走った以上、政子も同調するしかなかったであろう。政子が動けば御家人たちも動く。少なくとも小御所への攻撃は、政子の同意のもとで行われた可能性が高いと考える。

頼家・一幡・忠常の最期

『吾妻鏡』と『愚管抄』が異なる点は他にもある。たとえば一幡の最期である。『吾妻鏡』は小御所合戦で死んだとするが、『愚管抄』は「母イダキテ小門ヨリ出ニケリ」と記し、母とともに脱出したとする。さらに「ソノ年ノ十一月三日、ツイニ一萬（幡）若ヲバ義時トリテヲキテ、藤馬ト云郎等ニテサシコロサセテウヅミテケリ」つまり二ヵ月後、一幡を探し出した義時が郎等に命じて刺し殺させ遺骸を埋めたとするのである。『吾妻鏡』は、泰時の父である義時が、生き延びた一幡をわざわざ探し出して殺させたと書きづらかったのではないか。

一方、頼家であるが、瀕死の状態から奇跡的な復活を遂げた。『吾妻鏡』九月五日条によれば、「若君幷びに能員滅亡の事」を知った頼家は悲しみ憤り、時政誅殺を和田義盛・新田忠常に命じたという。しかし、これは義盛が時政側についたため失敗に終わる。九月七日、政子の計らいで心ならずも出家した頼家は、九月二十九日、伊豆国修禅寺《しゆぜんじ》に下向した。『吾妻鏡』は翌元久《げんきゅう》元年（一二〇四、二月に改元）七月十九日条で、「昨日十八日、左金吾禅閤《さきんごぜんこう》年廿三、当国修禅寺に於て薨じ給ふ」、頼家が七月十八日に修禅寺で死去したと簡潔に記す。享年二十三であった。

『愚管抄』は「出家ノスナハチヨリ病ハヨロシク成タリケル」と記し、八月晦日の出家後、病状が回復に向かったとする。出家は政子の計らいではなかったという点が『吾妻鏡』と異なる。続けて『愚管抄』は「九月二日カク一萬御前ヲウツト聞テ、コハイカニト云テ、カタハラナル太刀ヲトリテフト立ケレバ、病ノナゴリ誠ニハカナハヌニ、母ノ尼モトリツキナドシテ、ヤガテ守リテ修禅寺ニヲシコメテケリ」と記す。九月二日、一幡が討たれたことを知った頼家は、「これはどうしたことか」といって傍らの太刀を取って立ち上がったが、病み上がりではどうすることもできず、「母ノ尼」政子もすがりついて止め、そのまますぐに修禅寺に押し込めたとする。さらに「次ノ年ハ元久元年七月十八日」、「トミニヱトリツメザリケレバ、頸ニヲヲツケ、フグリヲ取ナドシテ」、「頼家入道ヲバサシコロシテケリ」、つまり急には厳しく攻めつけることができなかったので、頸に紐《ひも》をつけ、陰嚢《いんのう》を取るなどして刺し殺したと記す。武芸に長じた頼家を殺すのに手間取り、残忍な方法が取られたことを『愚管抄』は克明に叙述するのである。伝聞情報であり誇張もあろうが、妙に生々しい。

また、能員殺害の実行犯新田忠常も誅殺された。『吾妻鏡』は、時政亭に呼び出された忠常の身を案じ、弟や従者たちが義時を攻めたので、忠常も戦いに加わり加藤景廉に討たれたとする。『愚管抄』は「義時ト二人アリケルガヨキタ、カイシテウタレニケリ」義時と戦って討たれたと記す。義時の武勇が忠常を凌駕《りょうが》するとは思えず、にわかには信じ難いが、『吾妻鏡』と考え合わせれば、忠常誅殺に義時が関与していたことは確かであろう。

頼家・比企滅亡の歴史像

以上、いわゆる比企の乱から一幡・頼家・忠常の最期までを『吾妻鏡』と『愚管抄』によって追ってみた。その結果、幕府しか知り得ない情報を含んではいるものの、『吾妻鏡』が北条氏の立場から事実に潤色を加えていることが明らかになったと考える。伝聞情報が多いとはいえ、同時代性・客観性のある『愚管抄』を重視すべきであろう。

その上で、忘れてはいけないことがもう一つある。それは建仁三年（一二〇三）八月から九月にかけて、誰ひとり頼家が死ぬことを疑っていなかった点である。先にみた六月の全成誅殺では、一ヵ月後の七月に頼家が発病し、危篤に陥るとは誰も想像していなかった。そして今度は危篤状態からの奇跡的な回復である。これもまた人々にとっては想定外の事態だったであろう。とすれば、人々は頼家の死を前提に動いていたといえよう。この観点に立てば、比企能員や北条時政、政子、義時らが何を考え、どう行動したかを炙《あぶ》り出すことも可能であると考える。

まず能員である。全成を誅殺して北条氏に圧力を加え、一幡を頼家後継に据える布石を打つことには成功した。頼家が健在であれば慌てることはない。しかし、頼家が死ぬとなると一幡への継承を急いで確定させなくてはならない。時政はより深刻である。後継には弟より長子がふさわしいと考える方が自然だからである。形勢逆転は容易ではない。

頼家の発病から譲与の沙汰までの約一ヵ月、比企と北条の間で熾烈《しれつ》な駆引きが展開されたものと想像される。結果的に、『吾妻鏡』は千幡が関西三十八ヵ国の地頭職を、一幡が関東二十八ヵ国の地頭職と惣守護職を継承することになったと記す。しかし、全成誅殺では八田知家や宇都宮朝業が頼家・比企方として行動していた。三浦義澄・安達盛長・梶原景時亡き後、十三人の宿老の中で武士の宿老は六人である。格段に若い義時の力は限定的だったと思われることから、頼家と能員が宿老の八田、北関東の宇都宮を味方につけた意義は大きい。八田知家は頼朝の有力な側近であったし、宇都宮朝業も次の将軍実朝と和歌を通じて親密な関係を結ぶ。八田氏、宇都宮氏には将軍家と結び、支えようとする傾向が認められる。さらにまた、足立遠元は比企郡の東に隣接する足立郡を本拠とする武蔵の御家人である。『吾妻鏡』が記す小御所合戦に八田・宇都宮・足立の諸氏は一人も参加していない。

一方、時政が味方につけたのは、小御所合戦の参加者からみて伊豆・相模の武士が中心であり、武蔵武士では時政の女婿の平賀朝雅と畠山重忠、同じく女婿の稲毛重成の弟榛谷重朝ぐらいである。また、牧の方が産んだ時政八女は宇都宮朝業の兄頼綱《よりつな》に嫁していた。この婚姻は、平賀朝雅に嫁した牧の方所生の五女が治承二、三年（一一七八、九）頃の生まれと推定できるので頼朝死後と考えられる。頼家期における時政の派閥形成策の一環であろうが、その頼綱も小御所合戦には加わらなかった。とすれば、これまでの力関係から考えて多数派工作は比企が北条を上回った可能性が高い。したがって、分割譲与自体がなかったか、たとえあったとしても、千幡の継承した分は『吾妻鏡』が記すよりはるかに少なかったとみるべきである。ここに時政が決死の行動に踏み切った動機があると考える。

一方、頼家と能員は「出家ノ後ハ一萬（幡）御前ノ世」「能員ガ世」になったと勝ち誇り、思わず油断したのではなかったか。そうでなければ能員もそう易々《やすやす》と殺されはしなかったであろう。追い込まれた時政は一瞬の油断を突き、強引に逆転勝利を収めたわけである。

無論、政子も義時もそれぞれの立場で勝利に貢献した。ただ、政子の心情は複雑だったと推測する。比企氏攻撃に同意したのは、頼家が死ぬと信じて疑わなかったからに違いない。ところが、頼家は蘇生した。病み上がりの身体で太刀を取って立ち上がった我が子に、「母ノ尼モトリツキナドシテ」という『愚管抄』の叙述は、政子の苦悩を伝えて余りある。とはいえ、千幡を擁立する選択をした以上、千幡を守り通さなくてはならない。頼家を修禅寺に押し込めるのも辛かったのではないか。ましてや殺害までは望んでいなかったであろう。

義時にも政子と同じ気持ちはあったと思われる。義時は頼朝の仲介で、離縁しないという起請文を書いた上、比企朝宗の娘姫の前と結婚し、朝時・重時をもうけた。しかし、時政や政子に従って比企氏追討に向かい、千幡を守るため一幡を探し出して殺させた。姫の前とは別れるしかなかった。比企滅亡の直後に上洛した姫の前は、後鳥羽院歌壇で活躍中の歌人源具親《ともちか》と再婚し、元久元年（一二〇四、二月に改元）に輔通《すけみち》（資通）を産んだことが、『明月記』嘉禄《かろく》二年（一二二六）十一月五日条や『公卿補任』宝治《ほうじ》二年（一二四八）源輔通の尻付からわかる。しかし、三年後の『明月記』建永《けんえい》二年（一二〇七、十月に承元と改元）三月三十日条は、前日の二十九日に「具親少将の妻」すなわち姫の前の死去を伝えている。朝時・重時らを授かった十一年に及ぶ義時との幸せな結婚生活に突然終止符が打たれ、その四年後に姫の前は、恐らく様々な思いを残しつつこの世を去ったのである。義時もまた、苦渋の思いを味わったと想像する。

かくして二代将軍頼家と乳母夫の一族比企氏は滅亡し、北条氏に擁立された千幡すなわち三代将軍実朝の世が始まる。章を改めてその歴史像をみていこう。

第三章

源氏将軍の確立

第一節　将軍擁立

従五位下・征夷大将軍叙任

近衛家実の日記『猪隈関白記』建仁三年（一二〇三）九月七日条は次のように記す。

関東征夷大将軍従二位行《ぎょう》左衛門督源朝臣頼家、去る朔日薨去《こうきょ》□□の由、今朝院に申すと云々。日は所労と云々。生年廿二と云々。故前右大将頼朝卿の子也。件の頼家卿の一腹の舎弟○《童》年十二と云々、今夜征夷大将軍に任じ、従五位下に叙す。名字実朝と云々。院より定めらると云々。

これによれば、朝廷は九月七日、頼家が「朔日（一日）」に「薨去」したという幕府の報告を「院」すなわち後鳥羽院に申し上げ、頼家「舎弟」の「年十二」の「童」に後鳥羽が定めた「実朝」という名を賜い、「従五位下」「征夷大将軍」に叙任したという。頼家は九月一日には存命で、比企滅亡が九月二日であるから、時政らは頼家の死を織り込み済みで、九月二日か遅くとも三日早朝には千幡の鎌倉殿継承を伝える急使を発遣したものと思われる。これを受け、後鳥羽は千幡に実朝という名を与えて臨時除目を開き、三代目の鎌倉殿を従五位下・征夷大将軍に叙任した。鎌倉殿の継承と征夷大将軍の任官が初めて直接結びついた瞬間である。

『吾妻鏡』によれば、九月十五日、位記と宣旨が鎌倉に到着し、十月八日、実朝は時政の名越亭で元服した。中原広元、小山朝政、安達景盛、和田義盛ら多数の御家人が参列する中、時政が理髪役、平賀義信が加冠役を務めた。翌九日、将軍家政所始があった。頼家の時と同様、この政所は文書発給の機関である。万事を差配したのは別当に就任した時政であった。

『公卿補任』承元三年（一二〇九）の実朝の尻付によれば、建仁三年十月二十四日、実朝は頼朝が十三歳で任じられた右兵衛佐に任官し、元久二年（一二〇五）一月五日に正五位下、同月二十九日には権中将《ごんのちゅうじょう》に任じられた。実朝も摂関家のみに許される「五位中将《ごいのちゅうじょう》」になった。朝廷が代々の将軍を摂関家とほぼ同等に遇したことがわかる。

北条時政の権力掌握

建仁三年（一二〇三）九月から元久二年（一二〇五）閏《うるう》七月までの二年弱、幕政は北条時政が主導した。比企氏の滅亡、幼き将軍実朝の擁立に成功した時政は、武力行使という剛腕によって御家人筆頭の地位を勝ち取り、政所別当にも就任して権力を掌握したのである。政子に対しても優位に立った、少なくとも時政はそう感じていたであろう。

　この時期の幕府発給文書は、菊池紳一氏の分析によれば、ほとんどが時政単署の関東下文《くだしぶみ》か関東下知状《げちじょう》であるという。時政が奉者となった関東御《み》教書《ぎょうしょ》も二通ある。下文は実朝が三位に達していないため正式の将軍家政所下文ではないが、将軍の意を奉じた下知状や御教書と同様、将軍の命令を下す文書である。ただ、この時期の実朝は十二歳から十四歳である。将軍の命令と称して、実質的には政所別当時政の決定を御家人に命じた文書とみなせよう。

　内容は地頭職など所職の補任、所領の宛行《あてがい》、譲与安堵、相論の裁許である。相論では荘園領主側の主張を認め、地頭の狼藉《ろうぜき》・守護使《しゅごし》の乱入の停止を命じた裁許が多く、地頭御家人たちを贔屓《ひいき》してはいない。『吾妻鏡』元久元年（一二〇四、二月に改元）二月二十二日条も、「遠州（遠江守時政）の下知」によって、備後国御調《みつぎ》本北条の地頭四方田左近将監《さこんしょうげん》の支配を停止し、国衙に付けたと記す。時政も、頼家と同様、朝幕関係に十分な配慮をしていたことがわかる。

　また、時政は将軍権力の根幹に関わる恩賞の決定・給与も行った。建仁三年十二月から翌元久元年四月にかけて平氏の残党が伊賀・伊勢で蜂起した「三日平氏の乱」では、「遠州」が無実の罪で捕らえられた伊勢員弁郡司《いなべぐんじ》の進士行綱《しんしゆきつな》を厚免し、本領安堵の下知を下したことが『吾妻鏡』元久元年五月八日条に、また恩賞に漏れた加藤光員《みつかず》に、「遠州」が謀叛人の所領・散在名田《みようでん》を恩賞として与えたという記事が六月八日条にみえる。『愚管抄』が「祖父ノ北条ガ世ニ関東ハ成テ、イマダヲサナク若キ実朝ヲ面ニ立テ」と記したように、時政が幼き将軍実朝の名のもとに幕政を動かしたのである。

他方で、池禅尼の姪にあたる牧の方を後妻に迎えていた時政は、京都政界での人脈形成にも努めた。『愚管抄』は「時正（政）ワカキ妻ヲ設ケテ、ソレガ腹ニテ子共設ケ、ムスメ多クモチタリケリ」「ムスメノ嫡女ニハ、トモマサトテ源氏ニテ有ケルハコレ義（惟義）ガ弟ニヤ、頼朝ガ猶子トキコユル、コノ友正（朝雅）ヲバ京ヘノボセテ、院ニマイラセテ」「コトムスメ共モ皆公卿・殿上人ドモノ妻ニ成テスギケリ」と記している。「ワカキ妻」とは牧の方であり、彼女が産んだ「嫡女」（時政の五女）は「源氏」の「コレ義」（大内惟義）の「弟」「友正」（平賀朝雅）に嫁し、「コトムスメ」つまり他の娘も「公卿・殿上人ドモノ妻」になったというのである。『尊卑分脈』や『明月記』などから、牧の方所生の七女は三条（滋野井《しげのい》）実宣《さねのぶ》の妻となり、宇都宮頼綱に嫁していた八女は藤原師家《もろいえ》に再嫁し、九女も後には坊門忠清《ぼうもんただきよ》に嫁したことが判明する。

将軍実朝の御台所選定

『吾妻鏡』元久元年（一二〇四、二月に改元）八月四日条の「将軍家」実朝の「御嫁娶」すなわち御台所選定も、時政の京都志向を考慮に入れて捉えるべきであろう。同日条によれば「日来は上総前司《ぜんじ》の息女たるべきかの由、その沙汰ありと雖も、御許容に及ばず、京都に申され、已に訖」つまり「上総前司」足利義兼の娘を御台所に立てようかという審議があったが、実朝の「御許容」が得られず、京都に申し入れたという。『吾妻鏡』は実朝が義兼の娘を拒絶したと記す。確かに実朝が都の女性を望んだ可能性はあるとはいえ、まだ十三歳の少年である。実朝の意と称して時政が自分の意思を押し通したとみる方が現実的であろう。

そもそも足利義兼の娘が御台所の候補となったのは、義兼の母が頼朝の母と同じく熱田大宮司藤原季範の養女（実父は、季範の長男範忠）だったからであろう。つまり頼朝の母と義兼の母は伯母・姪の関係にあったのである。その母と、源氏一門で京武者として義朝とともに保元の乱を戦った足利義康《よしやす》との間に生まれた義兼は、一般の御家人より家格が高い。将軍の御台所を輩出する家としてふさわしいともいえる。

無論、足利氏が将軍家の外戚として力を持つ可能性はあった。しかし、『尊卑分脈』によれば、義兼は建久十年（一一九九、四月に正治と改元）三月八日に死去しており、実朝とその娘との間に子供が生まれても外戚になることはなかった。また、義兼にはすでに政子の妹が嫁して義氏を産んでいた。北条と足利は姻戚関係で結ばれていたのである。とすれば、時政は義兼の娘をさほど警戒して遠ざける必要はなかったであろう。にもかかわらず、都から御台所を迎えようとしたのは、やはり時政の京都志向のなせるわざとみるべきであると考える。それは『吾妻鏡』十月十四日条にみえる御台所来迎のための上洛メンバーに、十六歳にして従五位下・左馬権助《まごんのすけ》の官位を持つ時政・牧の方の愛息政範《まさのり》が含まれていたことからも首肯《しゅこう》できよう。

御台所に決まったのは、マルチな才能を開花させていた稀代の帝王、治天の君後鳥羽院の近臣坊門信清《のぶきよ》の娘信子《のぶこ》であった。信清は後鳥羽の母七条院殖子の弟であり、信子は後鳥羽の従兄妹《いとこ》にあたる。『明月記』元久元年（一二〇四）十二月十日条によれば、後鳥羽は、延勝寺《えんしょうじ》の増円法眼《ぞうえんほうげん》に命じて法勝寺《ほっしょうじ》の西大路《にしおおじ》鳥居の西に作らせた桟敷《さじき》で、華麗に装った信子一行の出立《しゅったつ》の様子を見物したという。自分が名付け親となった将軍実朝の御台所の選定に、後鳥羽自身が関与したことを想像させせるに足る記事である。坊門信子という御台所は、実朝にとっても幕府にとっても特別な存在であったといえる。

また、同日条には「来迎の武士廿人の中、二人死去馬助・兵衛尉」という記述がみえる。鎌倉を出立した使者の中で「馬助」の官職を帯するのは北条政範だけである。『吾妻鏡』十一月五日条にも「子の尅、従五位下行《ぎょう》左馬権助平朝臣政範卒《しゅっ》す年十六、時に在京」とあり、政範が十六歳の若さで死去したことがわかる。悲報は十一月十三日、鎌倉に届いた。『吾妻鏡』同日条は「去る三日京に着す。路次より病悩、遂に大事に及ぶ」と記す。慣れない旅路で病を得たらしい。時政・牧の方にとっては、ほんの一ヵ月前、御台所来迎の使者として晴れがましく送り出した愛息の早すぎる死である。「父母の悲歎、更に比ぶべくも無し」であったという。

畠山氏の滅亡

十一月二十日、悲嘆にくれる夫妻の心を逆なでする情報がもたらされた。娘婿である武蔵前司平賀朝雅の京都六角東洞院《ろっかくひがしのとういん》の邸宅で、酒宴の際に畠山六郎重保《しげやす》と朝雅が激しく口論し、同席した人々が宥《なだ》めたという風聞である。重保の父畠山重忠は、通説では時政の前妻が産んだ娘を妻とし、彼女との間に重保をもうけたとされている。近年、菊池紳一氏は『足立系図』や『中条家文書《なかじょうけもんじょ》』所収「桓武《かんむ》平氏諸流系図」から、時政の娘が産んだのは時重《ときしげ》で、重保は足立遠元の娘との間に生まれた子であるとの説を提示しているが、いずれにせよ畠山氏が北条氏の姻戚であったことは間違いない。ただ、牧の方からみれば重保は前妻の子か、足立氏の血を引く子に過ぎない。一方、自分の娘の夫朝雅は京都守護を務める源氏の一門である。『吾妻鏡』元久二年（一二〇五）六月二十一日条には「牧御方《まきのおんかた》、朝雅去年畠山六郎がために悪口せらるの讒訴を請け、鬱陶《うっとう》せらる」とある。朝雅が本気で重保を讒訴したかどうかは確認できないが、失意の底にあった牧の方が一方的に重保に憎悪を募らせた可能性は十分にある。

しかし、畠山父子と北条時政・平賀朝雅との間には、すでに牧の方の感情のレベルを超えた対立が生じていた。比企の乱で武蔵国から比企の勢力を一掃した時政は、幕府の基盤である武蔵国の掌握に乗り出していたからである。『吾妻鏡』建仁三年（一二〇三）十月二十七日条によれば、時政は和田義盛を奉行として「武蔵国の諸家の輩、遠州に対し、弐《ふたごころ》を存ずべからざるの旨」を命じたという。武蔵守の朝雅は、十月三日、京都守護として上洛したが、武蔵前司となっても都から時政を支えたと思われる。

一方の重忠は、秩父《ちちぶ》平氏嫡流にして武蔵国惣追捕使《そうついぶし》であり、比企郡に隣接する男衾《おぶすま》郡を本拠としていた。時政・朝雅とは軍事的・政治的に衝突せざるを得ない立場にあった。『明月記』建仁四年（一二〇四、二月に元久と改元）一月二十八日条には、「関東乱逆、時政、庄司次郎がために敗られ、山中に匿《かくま》ふ」、すなわち「時政」が「庄司次郎」重忠に敗れ、山中に隠れたとの風聞が都に流れたという記述がある。事実ではなく単なる風聞であるが、北条・畠山の確執は都人の耳にも聞こえていた。朝雅・重保の口論の背景にはこうした事情があった。

その後、元久二年一月、千葉成胤《なりたね》の仲介で和解が成立したことが山野龍太郎氏によって明らかにされている。とはいえ、根本的な解決がなされたわけではなかった。時政は畠山氏の打倒に踏み切る。『吾妻鏡』によれば、四月十一日、前妻の娘婿である稲毛重成を鎌倉に招請し、六月二十日、その重成が武蔵国から畠山重保を招き寄せた。翌二十一日、時政は二人の息子義時・時房に重忠父子を誅殺するよう命じた。これに対し二人は、重忠の治承四年（一一八〇）以来の忠節や、比企の乱で時政の娘婿として活躍したことを挙げ、軽率な行動を慎むよう諫めた。時政は何も答えず席を立ったが、牧の方の使者大岡時親《ときちか》が追ってきて、継母だから自分を軽んじるのかと叱咤《しった》したため、義時も従うことにしたという。『吾妻鏡』はあくまで牧の方を首謀者に仕立てようとしているのである。

六月二十二日、まず畠山重保が三浦義村らによって誅殺された。さらに、重忠が本拠の男衾郡菅屋《すがや》の館を出て鎌倉に向かったとの風聞を受け、義時を大手の大将軍、時房・和田義盛を関戸の大将軍とした大軍が出陣し、武蔵国二俣川《ふたまたがわ》で重忠率いる百三十四騎と合戦を遂げた。重忠勢は兵力差をものともせず果敢に戦ったが、愛甲季隆の矢によって重忠が討ち取られ敗北した。かくして武蔵随一の武士団畠山氏は滅亡した。

牧氏事件

翌二十三日、鎌倉に帰還した義時は、重忠の弟・親族は他所《よそ》におり、兵も百余人に過ぎず、謀叛というのは偽りであったと時政に報告した。さらに『吾妻鏡』同日条は、討ち取られた重忠の首をみた時、年来の親交を思い悲涙を禁じ得なかった、と珍しく感情を露《あら》わにする義時の姿を伝えている。時政は一言もなかったという。

同日酉《とり》の刻（午後六時頃）、謀略を廻らしたとして稲毛重成が大河戸行元に、また重成の弟榛谷重朝も三浦義村に誅殺された。治承四年（一一八〇）、三浦氏は衣笠《きぬがさ》合戦で重忠勢の攻撃によって惣領義明を失っていた。義村や関戸の大将軍となった和田義盛ら三浦一族にとって、今回の重忠追討は惣領であった祖父の敵討ちという意味を持っていた。

ただ、御家人たちから尊敬と信頼を集めていた重忠のいわば無実の死は、追討を命じた時政の立場を著しく悪化させた。逆に、追討軍の大将軍となりながらも、恐らく各所で時政批判を口にしたと思われる義時への支持は高まったと思われる。時政単署の関東下文・関東下知状は、元久二年（一二〇五）三月に二通、四月に二通、五月には四通伝来する。しかし、六月五日付の下文が出された後は、七月二十五日付の地頭職補任の下文に飛ぶ。無論、文書の残存状況が発給の有無と一致するわけではない。しかし、この期間にあたる『吾妻鏡』七月八日条に、「将軍家御幼稚」のため「尼御台所」政子の「御計《おんはから》ひ」で、重忠余党らの所領が「勲功の輩」に与えられたと記されている点は看過できない。幼き将軍実朝の意と称して剛腕を振るってきた時政の権勢に陰りが生じ、頼朝の後家にして将軍の生母たる政子の存在感が再び増してきたといえよう。同時に、これは時政前妻の子である政子・義時姉弟と、時政・後妻牧の方との確執が顕在化したことを意味している。

ここで時政・牧の方が勝負に出た。『吾妻鏡』閏七月十九日条は「牧御方奸謀を廻らし、朝雅を以て関東の将軍となし、当将軍家時に遠州亭に御坐を謀《はか》り奉るべきの由、その聞えあり」と記す。将軍実朝を廃し、源氏一門の娘婿、京都守護の平賀朝雅を将軍に擁立しようと企てたのである。政子は長沼宗政、結城朝光、三浦義村・胤義《たねよし》、天野政景《まさかげ》らを時政亭に派遣して実朝を義時亭に移した。すると、時政が集めた武士たちも義時亭に参入し、実朝を守護したという。

『愚管抄』は、時政の企てを知った政子が三浦義村に助けを求めたとする。「ヨキハカリ事ノ物」である義村は、実朝を「グシテ義時ガ家ニヲキテ」「将軍ノ仰ナリトテ」時政を伊豆に追放したと記す。智謀に長けた義村を政子が味方につけた点が鍵だったとするのである。ただ、『吾妻鏡』にせよ『愚管抄』にせよ、将軍実朝の身柄を確保した側が勝利したとする点は同じである。万事休した時政は出家し、伊豆の北条に隠遁《いんとん》した。六十八歳であった。

平賀朝雅の誅殺

翌二十日、義時は中原広元、善信、安達景盛らを自亭に集めて協議し、在京御家人に朝雅誅殺を命じる使者を京都に発遣《はっけん》した。『明月記』閏七月二十六日条は、「関東より、実朝判を加え示し送る状に云く、朝雅謀反の者なり、在京武士、畿内の家人に駈け《（マヽ）》追討すべしてへり」「仍《よっ》て院御所に馳せ参る」と記す。在京御家人は畿内の家人らを率いて謀叛人朝雅を追討せよ、と実朝が判（花押）を加えて命じた状が関東から送られ、武士たちが後鳥羽の院御所に馳せ参ったという。朝雅は院近臣でもあったため、追討には院の許可が必要であった。

また、同日条は「時政の嫡男相模守義時、時政に背き、将軍実朝母子と同心し、継母の党を滅ぼす」「時政朝臣、頼家卿の如く、伊豆の山に幽閉され、出家」とも記している。京都にも、将軍実朝を奉じた義時が将軍生母の政子と協力して時政と継母牧の方一派を滅ぼし、時政は伊豆で出家したという情報が伝わっていたのである。在京御家人に攻められた朝雅は「金持《かなもち》と云ふ武士」に討たれ、後鳥羽も「大炊《おおいの》御門《みかど》の面」でその首を実検した。朝雅誅殺の報は、八月二日、鎌倉に届いた。以上がいわゆる牧氏《まきし》事件の顚末である。

牧氏事件は、幕府を揺るがしただけでなく後鳥羽にも衝撃を与えた。自らの与《あずか》り知らぬ関東の内紛により、膝下《しっか》の京都で院近臣でもある朝雅が、幕府の指令を受けた在京御家人によって誅殺されたからである。これまでも後鳥羽は、後藤基清、五条有範《ありのり》、佐々木広綱ら西国守護クラスの在京御家人を京都の治安維持や寺社の嗷訴《ごうそ》対策のために使役していた。しかし、幕府による朝雅の誅殺を目のあたりにして、直属の武力を組織する必要を感じたのではないか。翌建永元年（一二〇六、四月に改元）の『吾妻鏡』五月六日条には「西面」という語がみえる。西《さい》面《めん》の武士の初出記事である。牧氏事件が後鳥羽を西面の武士創設に向かわせた可能性は高いといえよう。

実朝・政子・義時の新体制

鎌倉では、将軍実朝を奉じた政子が親権に基づいて将軍権力の一部を代行し、相模守の義時が時政に代わる御家人筆頭として幕政を運営するという新体制が敷かれた。『武家年代記』『鎌倉年代記』によれば、義時は前年の元久元年（一二〇四、二月に改元）三月六日、従五位下・相模守に叙任されており、すでに侍身分の御家人たちより上位の諸大夫になっていた。『吾妻鏡』には、義時、広元、善信らが審議し、広元、二階堂行光、平盛時、清原清定《きよはらきよさだ》らが奉行したという記事が頻繁に出てくる。義時が幕政の中心に躍《おど》り出たことは間違いない。

しかし、時政と違い、義時は将軍実朝を無視して幕政を専断したわけではない。時政が権力を掌握していた時には「遠州下知せしめ給ふ」「遠州下知す」という記述が『吾妻鏡』にみられるのに対し、「相州」が下知したという記述はない。また、時政の発給文書は、比企の乱後の建仁三年（一二〇三）九月から失脚直前の元久二年（一二〇五）七月まで、二年弱で単署の下文・下知状を中心に二十六通伝存する。一方、義時の発給文書は、牧氏事件後から承元三年（一二〇九）実朝が将軍家政所を開設するまでの四年間に、年次不明の書状二通を含めても五通しかない。うち一通は偽文書の可能性があり、それを除けば四通である。幼い将軍を利用するだけ利用し、最後には排除しようとした時政とは本質的に異なるとみるべきであろう。

象徴的なのは建永元年（一二〇六、四月に改元）十二月二十三日条である。東重胤《とうしげたね》は在国数ヵ月に及び、実朝が和歌を送って召したにもかかわらず遅参したため謹慎を命じられた。重胤が義時に取り成しを求めると、和歌を詠んで献上するよう助言し、実朝の勘気《かんき》を解いたという。義時は将軍と御家人の間に立ち、御家人筆頭として将軍を補佐することに力を尽くしていたといえよう。

また、牧氏事件の余韻もさめやらぬ八月七日、宇都宮頼綱謀叛の風聞が流れた。義時は政子亭に広元、景盛らを集めて対応を協議した。結局、頼綱は謀叛の心なしとする起請文を義時に進上し、出家して切った髻を実朝に献上した。政子亭における協議や義時への起請文進上、実朝への髻の献上は、政子が別格で義時がそれに次ぐ存在、そして政子のさらに上には主君である将軍実朝がいることを御家人たちが理解していたことを意味していよう。

『愚管抄』は、牧氏事件後「実朝ガ世ニヒシト成テ沙汰シケリ」と記している。また「時正ガムスメノ、実朝・頼家ガ母イキ残リタルガ世ニテ有《ある》ニヤ。義時ト云時正ガ子ヲバ奏聞シテ、又フツト上﨟ニナシテ、右京権大夫《うきょうごんのだいぶ》ト云官ニナシテ、此《この》イモウトセウト（実際には姉・弟）シテ関東ヲバヲコナイテ有ケリ」とも続ける。義時の「右京権大夫」任官は建保五年（一二一七）であり、やや混乱がみられるが、「実朝ガ世ニヒシト成テ」、「イモウトセウトシテ関東ヲバヲコナイテ」という記述は、見事に牧氏事件後の幕府の本質を突いている。

　最後に、牧氏事件によって明確になった点をもう一つ指摘しておきたい。それは「源氏将軍観」が御家人社会に定着したということである。時政が擁立しようとしたのは「源氏」の一門平賀朝雅であった。しかし、政子・義時はもちろん、三浦義村ら御家人たちが「将軍」と認めた「源氏」は頼朝の子の実朝であった。義村が実朝を義時亭に移し、「将軍の仰」を強調して時政を追い込んだのも、実朝が判を加えて朝雅誅殺を命じたのも、将軍は他の源氏ではなく頼朝の血を引く実朝でなくてはならない、と御家人たちが認めるようになっていたからに他ならない。鎌倉殿の継承と同時に将軍に任官した三代実朝に至って、本書のいう「源氏将軍観」はようやく確立したのである。

第二節　将軍親裁

実朝の成長

建仁三年（一二〇三）九月に鎌倉殿・征夷大将軍となった時、実朝は十二歳であった。翌元久元年（一二〇四、二月に改元）十二月には、後鳥羽の従兄妹である坊門信子を御台所に迎え、『吾妻鏡』によれば、十四歳となった元久二年（一二〇五）四月十二日、「十二首の和歌」を試作した。御台所や侍女《じじょ》たちから、後鳥羽が牽引する都の歌壇の隆盛を聞いて興味を覚えたのであろう。後鳥羽の親撰《しんせん》ともいえる『新古今和歌集』（『新古今』と略記）に敬愛する亡父頼朝の歌が入集したことを知った実朝は、同年九月二日、『新古今』を京都から取り寄せた。持参したのは藤原定家の弟子内藤兵衛尉朝親《ともちか》（後に知親《ともちか》と改名）であった。承元三年（一二〇九）七月五日条に「去る建永元年御初学」という記述があることから、建永元年（一二〇六、四月に改元）、実朝はこの『新古今』を教科書に和歌修業を始めたとみられる。十五歳の時であった。

現代人は、和歌は文化であり、政治とは無関係と考えがちである。しかし、第二章第二節で蹴鞠が政治のツールでもあったと述べたように、古代・中世の人々にとって文化と政治は不可分であった。後鳥羽の子の順徳《じゅんとく》天皇が著した故実書『禁秘抄《きんぴしょう》』は、天皇が修めるべき芸能・教養として第一に漢学（いわば現代の政治学）、第二に音楽、第三に和歌を挙げている。現代人が遊戯・文化に分類する音楽と和歌は、楽器を奏する音と和歌を詠み上げる声によって神仏と交感し、天下泰平・国土安穏を実現する力を持つとされ、為政者である貴族たちはその修得に励んだ。マルチな才能に秀でた後鳥羽はそのすべてを極めたが、中でも生涯を懸けて打ち込んだのが和歌であった。実朝が和歌を詠み始めたのは、朝廷の治天の君、天皇、貴族たちと渡り合わなくてはならない幕府のトップとして当然のことだったのである。

ただ、承元三年七月、定家に指南を請うまでは「京都に馴《な》るるの輩《ともがら》」である御家人たちと歌会を開いて和歌談義をする程度で、ほぼ独学であった。実朝主催の歌会には内藤知親、東重胤、和田朝盛《とももり》、宇都宮（塩谷）朝業、文化人の北条時房、そして泰時が常連として出席した。実朝横死後に出家した朝業は家集『信生法師集《しんしょうほうししゅう》』を残し、泰時は承久《じょうきゅう》の乱後の京都で定家に師事した。あまり知られていないが、優れた和歌を詠む御家人もいたのである。

また実朝は、建仁四年（一二〇四、二月に元久と改元）一月十二日、京下りの儒者源仲章《なかあきら》を侍読《じとう》として読書始を行った。侍読とは天皇・摂関・将軍などに侍して読書の指導にあたる家庭教師である。十三歳の実朝は『孝経《こうきょう》』をテキストに漢学の修得を始め、七年かけて後鳥羽も学んだ最も著名な帝王学の教科書『貞観政要《じょうがんせいよう》』にまで進んだ。さらに、寿福寺《じゅふくじ》長老の栄西《えいさい》や、鶴岡八幡宮の二代別当尊暁《そんぎょう》、三代別当定暁《じょうぎょう》などと経典についても語り合い、教えを受けた。こうして実朝は着実に都の文化、帝王学、仏法を修得していった。

将軍としての活動

さらに、少しずつではあるが、文書の発給も始めた。久保田和彦氏の集計・分析によれば、現存する実朝の袖判下文、奥上署判下文《おくうえしょはんくだしぶみ》、書状は十三通で、うち一通は偽文書であるという。注目すべきは、奥上に「左近衛中将源朝臣（花押）」という署判のある元久二年（一二〇五）八月二十三日付の「源実朝下文」（『遺』一五七四号）である。治承五年（一一八一、七月に養和と改元）、頼朝が鹿島社《かしましゃ》に寄進した常陸国　橘　郷《たちばなごう》の地頭国井政景《まさかげ》による神事用途の押妨《おうぼう》を止めさせ、地頭職を停止する旨を命じた文書である。「元久二年八月二十三日」といえば、在京御家人に対し朝雅誅殺を命じる状に判を加えた一ヵ月後である。祖父の時政が失脚し、次の世代である母政子と叔父義時中心の新体制が敷かれ、『愚管抄』のいう「実朝ガ世」になったことで将軍としての活動を意識するようになったのだと考える。同年十一月十二日には、藤原兼平《かねひら》を伊予国忽那嶋《いよのくにくつなしま》の地頭職に補任する袖判下文（『遺』一五八八号）も発給している。

なお、「近衛中将」という官については諸史料の間で「左・右」、「正・権」の異同がみられる。権を略すことはあるが、左・右を逆にすることはほぼない。元久二年一月二十九日の除目の聞書《ききがき》を記した『明月記』一月三十日条が「左近衛権中将実朝」と明記していることや、『公卿補任』の尻付、『一代要記《いちだいようき》』などから、実朝は元久二年一月二十九日に右近衛権少将から左近衛権中将に、承元三年（一二〇九）五月二十六日に右近衛中将に昇任したと理解しておきたい。

一方『吾妻鏡』にも、「故将軍」頼朝の時に拝領した土地は「大罪」を犯さなければ没収されないと定めた元久三年（一二〇六、四月に建永と改元）一月二十七日条をはじめ、武蔵守に任官した北条時房に、国務は「故武蔵守（平賀）義信入道の例」に従うよう「仰せ下し」た建永二年（一二〇七、十月に承元と改元）二月二十日条、武蔵国の荒野開発を地頭に相触れるよう時房に「仰せられ」た同年三月二十日条、伊勢平氏富田基度《もとのり》滅亡後に補任された伊勢国小幡村の地頭について、領家の愁訴を認めて地頭職を停止し「本の如く領家の進止」とするよう「仰せ遣はされ」た承元元年（一二〇七、十月に改元）十一月十七日条、源家の祈禱所武蔵国威光寺の院主円海の訴えを受け、悪党を率いて寺領に乱入し「苅田《かりた》狼藉」に及んだ狛江《こまえ》入道増西と円海に口頭弁論を行わせ、増西の「濫妨を停止」するよう「仰せ出だされ」た上、贖罪《しょくざい》のため「永福寺の宿直《とのい》百箇日」の勤仕を増西に命じた承元二年（一二〇八）七月十五日条などがみえる。

従来、これらの記事は、北条義時が実質的な命令主体であったかのごとく解釈されてきたように思われる。そこには少年の実朝には将軍として意思決定する能力も意欲もなかった、北条氏の傀儡に過ぎなかったとする先入観が働いている可能性が高い。しかし、現実には、十四歳にして実朝は袖判下文で地頭を補任し、奥上署判下文で地頭職の停止を命じていた。とすれば、『吾妻鏡』に頻出する「仰せ」も将軍としての実朝の意思を表現した語と解釈すべきであろう。無論、地頭職の補任・停止、国守への指示、相論の裁許など、経験の浅い実朝が一人でこなせるわけではない。御家人筆頭の義時や、頼朝期以来の宿老広元・善信らが積極的に実朝を補佐し、支えたはずである。頼家が必ずしも「暗君」とはいえず、十三人の宿老たちが補佐し、支えようとしたのと同じである。元久二年から建暦三年（一二一三、十二月に建保と改元）までの八年間、目立った内紛も起きず、幕政が安定したのはそれ故であると考える。

将軍家政所の開設

承元三年（一二〇九）、十八歳となった青年将軍実朝は、四月十日、正四位下から従三位に昇叙し散位の公卿に列した。正式に政所を開設する資格を得たことにより、実朝は将軍家政所下文を発給して将軍親裁を本格化させる。

実朝の将軍家政所下文は、下山忍氏の集計・分析によれば二十四通現存するという。初出は承元三年七月二十八日付の文書（『遺』一七九七号）である。政所は、本来、複数の別当のもとに令《れい》、知家事《ちけじ》、案主《あんじゅ》という職員が一人ずつ置かれた将軍家の家政機関である。ただ、実朝期には幕府の政務機関として機能するようになった。義時は最初の一通を除いて、すべての下文に別当として署判している。しかも、筆頭の別当であったことから「執権別当」いわゆる「執権」とみなされた。以下では、義時の地位を「執権」と呼ぶことにしたい。

将軍家政所下文が発給されると、実朝が袖や奥上に署判した下文は出されなくなった。また、執権が奉者となって将軍の命令を伝える関東下知状も建保四年（一二一六）二月十五日付の裁許一通のみ、連絡事項や指示の伝達文書である関東御教書も承元三年十二月六日付の一通である。奉行人による奉書は、承元三年から建保五年（一二一七）までに十三通残されているが、いずれも連絡・指示の域を出ない。そこで、政所開設後の将軍の命令や政所の決定内容を文書から探る際には、将軍家政所下文を中心に据えるべきである。

その内容は地頭職補任による所領給与と譲与安堵が過半を占める。他には院宣に基づいて鋳物師らに諸国の市津関海の通行を許可した過書《かしょ》、宣旨に基づく筑前《ちくぜん》・筑後《ちくご》・豊前《ぶぜん》・豊後《ぶんご》・肥《ひ》前《ぜん》・肥後《ひご》・壱岐《いき》・対馬《つしま》に対する大隅国《おおすみのくに》正八幡宮の遷宮《せんぐう》用途・大神宝物の調進命令、寺院の訴えを受け、寺領四至内《しいしない》での甲乙人の狩猟・伐採を禁止させるよう地頭に命じた禁制、御家人同士および本所領家と地頭との相論の裁許である。後者の相論では、地頭の非法停止、地頭職の停止を命じている。頼朝の晩年や頼家の政策と比べても、大きな違いはない。

一方『吾妻鏡』では、承元三年以後の記事に「直《じき》」という語が出てくることが一つの特徴である。承元三年三月一日条によれば、高野山大塔料所《こうやさんだいとう》備後国大田庄の年貢未納の相論において、寺家の使者と地頭の善信の代官が実朝の御前近くにもかかわらず激しく口論したため、両者を追い出した上、しばらく審理を差し置くことを実朝が「直に仰せ下され」たという。「直に」とは「直接に」という意味であり、将軍がわざわざ直接に、つまり自ら積極的・主体的に命令を下したことを表現する語である。大田庄の相論はすでに何年も続いており、実朝もさすがに積極的・主体的に動く必要を感じたのであろう。この事例は将軍家政所開設前であるが、将軍自ら直接に裁決・判断を下した将軍親裁の好例である。

以前はこの事例を以て将軍親裁の開始と位置づけていた。しかし、これまで述べてきたように、実朝は自らの政治意識の高まりによって袖判下文や奥上署判下文を発給し、様々な「仰せ」を下していたことがわかった。とすれば、すでに将軍親裁を開始していたとみるべきであろう。承元三年の将軍家政所の開設はその組織化・本格化に他ならない。

ここで注意しなくてはならないのは、親裁は独裁でも専制でもないということである。将軍親裁とは、主人である将軍が従者である御家人を指揮しつつ、幕府の組織を用いて自ら主体的に裁決を下す政治形態であり、決して自分勝手に独断で行う政治ではない。将軍は将軍家政所のいわばオーナーである。将軍家政所下文とはオーナーたる将軍の意向を受け、あるいは筆頭別当の執権や、複数いる宿老の別当がオーナーの将軍に進言して政所で審議を行い、その結論を文章化し、別当以下の職員が署判して発給した文書である。事案によっては将軍と執権・宿老が対立することもあったろうが、将軍親裁は基本的には将軍を執権・宿老たちが補佐・補完する政治形態であったと考える。

将軍親裁の諸政策

では次に、『吾妻鏡』に「仰せ」として示されている代表的な政策を挙げてみよう。

①武蔵国務条々作成令【承元四年（一二一〇）三月十四日条】
②大田文《おおたぶみ》調進令【承元四年三月十四日条・建暦元年（一二一一）十二月二十七日条】
③神社仏寺領興行令【承元四年八月九日条】
④諸国御牧《みまき》興行令【承元四年十月十三日条】
⑤東海道新宿建立令【建暦元年六月二十六日条】
⑥京都大番役推進令【建暦二年（一二一二）二月十九日条】
⑦相模川橋修理令【建暦二年二月二十八日条】
⑧諸国鷹狩禁断令【建暦二年八月十九日条・建暦三年＝建保元年十二月七日条】

①は「右大将家」頼朝に認められた知行国いわゆる関東御分国《かんとうごぶんこく》のうち武蔵国の国務を定めたもので、②の大田文調進令とセットである。②のうち建暦元年令は駿河・武蔵・越後に対する調進令で、①・②は幕府の基盤となる関東御分国の支配を固める重要な政策といえる。③は神仏の威光が衰え、国家の繁栄が損なわれないよう、社寺の経済的基盤を安定化させるもので、為政者の務めを果たす政策といえる。④は交通手段・軍備である馬の安定供給を目指して守護・地頭に牧場の経営を盛んにするよう命じたもの、⑤は京・鎌倉をつなぐ大動脈東海道の安

全と利便を図ったもので、④・⑤ともに広域統治のために肝要な交通政策である。⑥は朝幕関係を良好に保つために不可欠な京都大番役を厳命したもの、⑦は箱根権現・伊豆権現の二所に参詣して国土安穏・五穀豊穣を祈願する、将軍が務めるべき重要行事「二所詣《にしょもうで》」の交通路を確保するもので、交通政策の一環ではあるが、広域を支配する為政者の務めを果たすという意味もある。⑧は天皇が発する殺生禁断令を、将軍として東国に発令したもので、頼朝が建久六年（一一九五）に発した鷹狩禁断令に倣ったと考えられる。

総じて、広域を支配する為政者としての務めを果たそうとする意欲、撫民に対する意識が感じ取れる。その点は実朝の家集『金槐《きんかい》和歌集』六一九歌からもうかがえる。

建暦元年七月、洪水天に漫《はびこ》り、土民愁嘆せむことを思ひて、ひとり本尊に向ひたてまつり、いささか祈念を致して曰く

時により　過ぐれば民の　嘆きなり　八大龍王　雨やめたまへ

詞書《ことばがき》にある「建暦元年七月」、実朝は帝王学の教科書『貞観政要』を学んでいた。そこで、為政者の歌、しかも音に敏感な実朝らしく「あめやめたまへ」のような音の連なりの面白い歌を詠もうとしたと考えられている。その時、主題に選んだのは撫民であった。

また、政策全体に、将軍家政所下文と同じく、頼朝の晩年や頼家との連続性がみられる。元

久元年（一二〇四、二月に改元）五月十九日条は、御家人たちが「故右大将家」頼朝の「御書」を実朝に進覧したと記している。「皆これを写し置かれ、かの時の御成敗の意趣を知《し》ろし食《め》されんがため」であったという。十三歳の実朝の意思に基づくのか、権力を握った時政が実朝を教育しようとしたのか判然としないが、実朝が頼朝の政治方針を学んでいたことは確かである。こうした地道な努力の積み重ねの上に実朝の将軍親裁は開花したのである。

試行錯誤の幕政運営

無論、試行錯誤もあった。承元三年（一二〇九）十一月二十日条・十二月十五日条にみえる守護交代制の提起である。十一月二十日、「諸国の守護人」が職務を怠り、群盗が蜂起して困るという「国衙」の訴えを受け、「条々群議を凝らされ」た。守護を「一身の定役」とすれば、かえってそれを誇って職務を怠るから、「結番」した人々が「年限」を限って交代で務めるべきか、さもなければ国々の事情を調査し「不忠の輩」を改めるべきかと審議があった。ただ、「一決」には至らず、これを機に守護職補任の根本の「御下文」を進覧するよう、まず近国の守護に「仰せ」られた。和田義盛、中原仲業、清原清定が奉行した。十二月十五日、千葉成胤、三浦義村、小山朝政が平安期以来の由緒や「右大将家の御時」の例を挙げ、他の守護も

「右大将家の御下文」を進覧したため、「縦《たと》ひ小過を犯すと雖も、輙《たやす》く改補せられ難き」の決定がなされ、今後は怠慢のないよう面々に「仰せ含められ」た。今度は広元が奉行した。

この記事を、将軍実朝もしくは執権義時による有力守護の勢力削減策・抑圧策の失敗例と解釈する向きもある。しかし、発端は「国衙」の訴えである。しかも「群議」が凝らされ、「年限」を限った交代制か、「不忠」の守護の解任かというところまで論点を絞った上、すぐには「一決」せず、補任の「御下文」の進覧を命じるという、慎重にして合理的かつ公平感のある「仰せ」が下されている。その結果、「右大将家」頼朝の時の先例や下文を根拠に、些細な罪では守護を「改補」できないという、御家人なら誰でも納得する結論に至っている。奉行したのも宿老の和田義盛、中原広元と吏僚の中原仲業、清原清定であり、将軍や執権の専横でなかったことは明らかである。最初の「群議」は将軍家政所で凝らされたであろうし、千葉・三浦・小山ら守護たちの意見陳述も政所の実朝御前で行われたはずである。

『吾妻鏡』の記事であるが、北条氏に対する顕彰・擁護がなく、曲筆・作為を疑う必要もない。何より守護を政治の俎上《そじょう》に乗せた点、頼朝の先例を重視した点、国衙に配慮した点は、頼朝・頼家との連続性という実朝の将軍親裁の特徴に合致する。守護交代制の記事は、実朝が試行錯誤しつつ、合理的で公平な幕政運営を行おうとした証《あか》しであると考える。

為政者としての実朝評

　ここで、同時代や鎌倉後期・南北朝期の人々が、実朝を為政者としてどのように評価していたのか確認しておきたい。まず、同時代史料の『六代勝事記《ろくだいしょうじき》』である。高倉《たかくら》から後堀河《ごほりかわ》までの「六代」に起きた「勝事」（人の耳目を驚かせた出来事）をまとめた作品で、著者は確定していないが、承久の乱直後の成立であることがわかっている。その実朝評は、

　執権十六年の間、春の露のなさけくさばをうるほし、夏の霜の恨《うらみ》、折寒になす。一天風やはらかに、四海波たゝず。家は夜半のしぐれのもらざればふかず。ふすまはあか月の嵐のすきまをふせぐばかり也。倹なる者をすゝめ、奢なる者をしりぞけられ（下略）

に集約されている。実朝が将軍だった十六年は「風やはらかに、四海波たゝず」天下泰平で、実朝自身は時雨《しぐれ》が漏れることもないので家の屋根を葺《ふ》かず、襖も嵐のすきま風を防ぐ程度で、倹約を勧め、贅沢を退ける為政者だったと評する。この後、晩年は「ことわりもむなしくあはれみわすれて」と批判を加えるが、右大臣昇進に対する貴族社会の非難感情が根底にあるように思われる。その点では摂関家出身の慈円が書いた『愚管抄』も同じである。

　次に、鎌倉後期に無住が著した『沙石集』の実朝評である。実朝が八田知家の諫言を容れて

莫大な費用のかかる上洛を中止したという、第一章第二節でも触れた説話の最後に、

聖人は心なし、万人の心をもて心とすと云へり。人の心の願ふ所をまつりごととす、これ聖人の質《すがた》なり。賢王世に出づれば、賢臣威をたすけ、四海静かに、一天穏かなり。

という評言がみえる。実朝は万人の心を以て心とし、人の願う政《まつりごと》を行う「聖人の質」を持つ「賢王」であると讃《たた》え、その治世は「四海静かに、一天穏かなり」としている。

『沙石集』はまた、実朝が詠んだと伝えられる「鳴子をば　おのが羽風に　まかせつつ　心と騒ぐ　村雀かな」という歌に法華経や『宗鏡録《すぎょうろく》』の思想を読み取り、「この歌は深き心の侍《はべ》るにや」との評価を与える。実朝の詠歌ではなく伝承歌であるが、逆にいえば、無住をはじめ鎌倉期の人々が、実朝を仏法に深く帰依《きえ》した信仰の人と理解していたことになろう。

さらに『沙石集』は、栄西に次いで寿福寺長老となった退耕行勇《たいこうぎょうゆう》と実朝との師弟関係にまつわる話を載せる。行勇が諸人の訴訟に口出しをすることが度重なったため、実朝は、

世間の様《よう》は、一人は悦べども一人は歎く事なり。御綺《おんいろ》ひな候そ（中略）国の制法は偏頗《へんぱ》なき物にて候を、自今以後は永く承り候ふまじと荒らかに御返事ありければ

訴訟に勝った方は喜ぶが負けた方は嘆くことになる、国の法律や規則は偏りのない公平なものでなくてはならず、今後は介入を止めよと師の行勇を厳しく制した。行勇は恐れ入って退出

したが、師を勘当したことに悩んだ実朝は七十余日後の夜半、急に寿福寺を訪れ、二人は和解したという。無住は続けて、

　この事は、かの寺の老僧、語り侍りき。大臣殿に宮仕へたる古人の語りしは、御夢に気高げなる俗の、白張《しらはり》装束にて、「いかが、貴き僧をば悩ますぞ」と宣《のたま》ふと御覧じて、驚きて、夜半計りに、急ぎ寺へ入御《じゆぎよ》ありけるとぞ承りしと語りき

寿福寺の老僧が語った話であること、また実朝に仕えた古人は、実朝が夢告《むこく》を得て行勇を訪れたと語ったことを明らかにしている。『吾妻鏡』は実朝の夢告を神仏に通じる神秘的な力の証しとしてたびたび挙げているが、実朝と同時代に生きた人々も強烈な印象を受けていたのであろう。『吾妻鏡』建保五年（一二一七）五月十二日条、十五日条にもほぼ同内容の異伝がみえる。小林直樹氏は、「為政者としての意識をもった実朝像は、無住を含む鎌倉時代の人々の心象に意外と深く浸透していたのではないか」と分析している。

最後に、南北朝期成立の『増鏡《ますかがみ》』における右大臣実朝評をみてみたい。

　この大臣は、大かた、心ばへうるはしくて、剛くもやさしくも、よろづめやすければ、ことわりにも過ぎて、もののふの靡き従ふさまも代々に越えたり。

心が豊かで気高く、武勇の面でも優雅な面でも申し分なかったので、武士たちが靡《なび》き従う様

子は頼朝や頼家など代々の父祖を超えたと激賞している。こうした評言が同時代、鎌倉・南北朝期に厳然と存在したことは軽んじるべきではない。

実朝と義時

最後に、実朝と義時・政子との関係についてみておこう。まず、義時である。守護交代制の記事の直前、『吾妻鏡』承元三年（一二〇九）十一月十四日条が参考になる。同日条によれば、「相州」義時は自分の「年来の郎従」のうち功労のあった者を「侍に准ずべきの旨、仰せ下さるべきの由」、つまり御家人である義時の従者に過ぎない郎従を、御家人の身分である「侍」に准じるよう実朝から命じてほしいと望んできたという。これに対し実朝は、幕府内の身分秩序を乱す基になるとして「永く御免あるべからざるの趣、厳密に仰せ出さる」、郎従を侍に准ずることは今後も永く許すことはないと厳密に命じたのであった。北条氏に対する顕彰が甚だしい『吾妻鏡』の記事であるだけに、逆に信憑性《しんぴょうせい》があるといえよう。

義時は一週間前の十一月七日、切的《きりまと》を射る勝負の「負方」が主催した酒宴で大いに興を催し、そのついでに「大官令《たいかんれい》（大膳大夫《だいぜんだいぶ》）」広元とともに「武芸を事とし、朝庭（廷）を警衛せしめ給はば、関東長久の基」、つまり武芸を重視し朝廷をお守りしていれば、幕府が長く続く基になると実朝に「諷詞《ふうし》」を尽くしていた。酒に酔った勢いで、誕生の時から知っている二十九歳年下の甥に、つい人生経験を語ってしまったのであろう。兄頼家と違い、さほど武芸が得意でなかった実朝はおとなしく聞いていたのではないか。義時の補佐と支持は将軍親裁に不可欠であり、また義時という人物とその能力に信頼を寄せていたからであろう。ただ、たとえ信頼する叔父、御家人筆頭の執権とはいえ、実朝は主君たる将軍、義時は御家人に過ぎない。幕府内の身分秩序を乱すような要求を主君として認めるわけにはいかない。実朝の毅然《きぜん》とした対応を受けて、義時は思わず気を引き締めたのではなかったか。

政子の立場と力

では、実朝と政子との関係、政子の立場とはどのようなものだったのか。実朝の暗殺後、政子が「尼将軍」として活動したことはよく知られている。また、田辺旬氏・菊池紳一氏によれば、政子は、実朝が将軍親裁を本格化させていた建暦元年（一二一一、三月に改元）以降、「二位家御時広元奉書」「二位殿御教書」「右大臣家御下文幷二位家和字御文」「右大臣家御下知幷二位家御下文」「鎌倉右大臣家幷二位家御下知状」「右大臣家幷二位家御成敗」と呼ばれる仮名書きの奉書を発給していたとする。特徴は「右大臣」実朝と「二位家」政子が一組にされている例が多いこと、実朝が右大臣、政子が従二位になるのは建保六年（一二一八）であり、後世に作成された文書や目録に証拠文書として引用されていることである。

最初に挙げた「二位家御時広元奉書」は、中原広元が政子の「仰せ」を奉《うけたまわ》ったことを「あまこせん《（尼御前）》よりおほせ《（仰せ）》くだされ《（下され）》て候」という文言で示して発給した奉書である。「右大臣家御下文」と組み合わされておらず、政子一人の「仰せ」である。内容は東大寺領美濃国大井荘の「しもつかさ《（下司）》」職の相論について、「地頭をさり《（避り）》て御てら《（寺）》へまいらせたれば、御さた《（沙汰）》候ましきよし《（由）》」すなわち地頭職を放棄したので、幕府には裁許の権限がないと東大寺に伝えたものである。政子が京都周辺の寺社権門との交渉を一任されていたこと、地頭職の停止や相論の裁許など、将軍権力に関わる権限を有していたことをうかがわせる史料である。

また田辺氏は、受給者が小早川氏・田代氏・加藤氏であることや、自分を頼ってきた岡崎義実に所領を給付するよう頼家に進言した第二章第三節の事例などから、「政子が、頼朝挙兵以来の御家人の家に対して、所領の保障について配慮」していたとする。実朝より上の世代、頼朝期以来の御家人の一部に対して政子が実朝の代わりに権限を行使し、実朝もそれを容認していたのではないか。さらに菊池氏は、実朝と政子が一組にされているのは「政子が発議した案件」で、将軍家政所下文と政子の仮名奉書がともに下されたと推定している。

岡崎義実の例のように、政子は困窮する御家人や政変で殺された人の遺族に憐れみをかけ、闕所地《けつしょち》を融通するなど温かみのある配慮をした。それは頼朝亡き後の源家の家長としての行動にも表れている。たとえば、幼くして父頼家を失った公暁への心遣いである。元久二年（一二〇五）十二月二日、政子は六歳の公暁を鶴岡八幡宮二代別当尊暁の門弟とし、建永元年（一二〇六、四月に改元）六月十六日には政子亭で着袴《ちゃっこ》の儀を行った。また『吾妻鏡』同年十月二十日条によれば、「尼御台所の仰せによって」公暁は「将軍家の御猶子」となり、初めて将軍御所に入御《じゅぎょ》、「御乳母夫」三浦義村が贈り物を献じたという。将軍と擬制的親子関係を結ばせて後援したのである。頼家の遺児に対する源家家長としての温情であった。

さらに、政子は大姫の死後、立ち消えになっていた全成・阿波局の娘と三条公佐との婚姻を成立させたと思われる。『尊卑分脈』に「母悪禅師の女」と記される三条実直の生年は、『公卿補任』から承元三年（一二〇九）と判明する。とすれば、公佐と全成の娘は承元二年（一二〇八）前には結婚していたはずである。建仁三年（一二〇三）の全成誅殺後、政子は頼朝の遺志を実現させることで、後家となった妹阿波局の心をも安んじようとしたのではないか。無論、これは同時に、北条の家格上昇、京都人脈の形成に資することでもあった。

以上、擁立された鎌倉殿・将軍だった実朝が成長を遂げ、自ら主体的・積極的に裁決を下す将軍親裁を開始し、執権や宿老の補佐と支持を受けつつ安定した幕政運営を行ったことをみてきた。「源氏将軍の確立」はまさに実朝によって果たされたのである。しかし、やがて試練が訪れる。次章以降では、試練とそれを克服する様相についてみていこう。

第四章

源氏将軍の試練と成長

第一節　和田合戦という試練

和田義盛の上総介挙任問題

順調に将軍親裁を推進していた実朝に、建暦三年（一二一三、十二月に建保と改元）試練が訪れる。鎌倉幕府初期における最大の武力抗争「和田合戦」である。鎌倉を舞台に、二日にわたって激闘が繰り広げられたこの合戦は、将軍実朝や御家人たちにとって試練であり、転機でもあった。

遠因は承元三年（一二〇九）に遡る。『吾妻鏡』同年五月十二日条によれば、頼朝期以来の重鎮で侍所別当を務める和田義盛が「上総国司に挙任せらるべきの由、内々に望み申し」、二十三日には中原広元を通じて「欵状《かじょう》（嘆願書）」を実朝に提出したという。そこには治承四年（一一八〇）の頼朝挙兵以来の勲功を挙げ、「一生の余執《よしゅう》はただこの一事たり」つまり心に残って離れることのない一生の執着はこのこと、上総国司挙任だけだ、と記されていた。

正治二年（一二〇〇）頃に、平基親《たいらのもとちか》が著した故実書『官職秘抄《かんしょくひしょう》』には「上総・常陸・上野の太守親王たり。介受領《ずりよう》たり」とある。上総国は親王が「太守」すなわち「守」を務める慣例で、義盛のいう「上総国司」とは「上総介」を指す。位階でいえば四位・五位の「諸大夫」である。確かに、義盛は幕府では侍所別当という要職にあった。しかし、朝廷が司り、幕府も従う官制秩序の中では「左衛門尉」という「侍」に過ぎない。その義盛が「一生の余執」と表現するほど上総介に拘ったのは、大武士団三浦氏の長老として「諸大夫」に身分を上げ、将軍家政所の執権別当となった北条義時に対抗するためであったと考える。

とはいえ、秩序を乱す要求であることは間違いない。そこで、義盛は親密な関係にある実朝に期待をかけたのであろう。実朝は、父頼朝と同年生まれで、頼朝も重く用いた義盛に好意と信頼を寄せていた。『吾妻鏡』建暦二年（一二一二）八月十八日条では、実朝は義盛から「古物語」を聞くため、将軍御所の「北面三間所」に宿老の伊賀朝光《ともみつ》とともに祗候《しこう》するよう命じ、翌三年の正月には一日の広元、二日の義時、三日の時房に次ぐ四日の垸飯を義盛に務めさせた。実朝は広元・義時・時房に次ぐ第四の地位を義盛に与えたのである。また、義盛の孫朝盛を頻繁に歌会に召し、日常的に側近として重用した。

実朝と親密な義盛ら和田氏は、義時ら北条氏にとって強力なライバルであった。政子は実朝の諮問《しもん》に対し、頼朝の先例を持ち出して上総介挙任に反対の意思を示した。それでも実朝は二年半にわたって朝廷と交渉を続けた。結局、後鳥羽の院近臣で、和田氏の遠縁に当たる藤原秀康《ひでやす》が上総介に補任されたため、建暦元年（一二一一、三月に改元）十二月二十日、義盛は自ら歎状を取り下げた。諸大夫への上昇という望みが潰《つい》え、「一生の余執」を残すことになったわけである。

泉親平の乱から和田合戦へ

建暦三年（一二一三、十二月に建保と改元）、幕府を揺るがす事件が起きた。『吾妻鏡』二月十六日条によれば、信濃国の御家人泉親平《いずみちかひら》（親衡）が「故左衛門督殿の若君尾張中務丞の養ひ君を以て大将軍となし、相州を度《はか》り奉らんと欲す」、すなわち「故左衛門督」頼家の「若君」を大将軍に立て、「相州」義時を討つ計画が発覚したのである。しかも、主要メンバーは百三十余人、総勢二百人もの御家人が関与した。和田合戦の前哨戦《ぜんしょうせん》ともいうべき泉親平の乱である。この乱については『吾妻鏡』以外に史料がほとんどないため、以下では『吾妻鏡』の記事を用いたい。

注目すべきは、攻撃対象を義時としている点、頼家の遺児を擁している点である。比企の乱後、頼家を修善寺に幽閉して殺害し、子の一幡をも亡き者にしたのは北条氏、直接、手を下したのは義時であった。親平をはじめ計画に賛同した御家人には、頼家の乳母夫比企能員が勢力を及ぼしていた信濃国を本拠とする武士が多い。彼らは頼家の遺児を立てて義時を討つことに正当性を感じたであろう。実朝に対する謀叛ではなかったといえる。

ただ、計画は未然に発覚し、首謀者の親平は逃亡したものの、名を連ねた御家人が多数捕縛された。衝撃だったのは義盛の子の義直《よしなお》・義重《よししげ》と甥の胤長《たねなが》が含まれていたことである。三月八日、義盛は息子二人の赦免を実朝に直訴した。実朝は義盛のこれまでの勲功に鑑《かんが》み、ただちに二人を赦免した。自分が攻撃対象になっていない実朝は、義盛や和田氏との関係を壊したくなかったのであろう。気をよくした義盛は、翌九日、一族九十八人とともに御所の南庭に列参し、中次《もうしつぎ》の広元を通して甥胤長の赦免も求めた。一族列参という示威行動を取ったのは胤長が首謀者の一人だったからである。実朝も胤長まで赦《ゆる》すわけにはいかなかった。

この裁定に乗じて義盛を挑発したのが義時である。自分の被官金窪行親・安東忠家《あんどうただいえ》のもとに預けていた胤長を後ろ手に縛りあげ、列座する和田氏の前を歩かせた後、流罪に処したのである。恥辱を受けた義盛たちはこの日を境に御所への出仕をやめる。反発・抵抗の意思を示したのである。ただ、御所に出仕しないということは、実朝に対する不満の表示ともなる。義盛の孫で、実朝側近であった朝盛は板挟みになった。苦悩の末、出家して上洛を図った朝盛は途中で連れ戻され、結局、一族と行動を共にすることになった。

九日以降、和田・北条の関係は悪化の一途をたどる。御所の東門近く、荏柄天神社《えがらてんじんしゃ》前にある胤長の屋敷を、義盛が先例に基づいて実朝から拝領すると、義時は自分が拝領し直したと称して占拠した。義盛への屋敷の給与は、闕所地を受け継ぐのは一族の者という先例に基づいたもので、実朝が簡単に覆すはずはない。義時の独断専行であったと考えられる。

深刻な駆引きを続ける和田・北条とは対照的に、実朝は楽観的であった。確かに、泉親平の計画には驚愕し、警戒感を抱いたであろう。しかし、加担者が多数捕縛され、流罪に処されたことで危機は去ったと考えたのではないか。何より実朝自身が攻撃対象にされなかったことが大きい。牧氏事件など、これまでにも客観的にみれば実朝の身に危険が及びそうな事件はあった。異様な空気を敏感に察知し、不安に襲われることはあったろう。ただ、命の危険を実感するほどの強烈な恐怖は覚えなかったのではないか。今回もそうである。しかし、和田・北条の確執は抜き差しならないところまで進んでしまった。

さすがの実朝も義盛を宥める使者を送った。使者によれば、「上に於いては全く恨みを存ぜず、相州の所為、傍若無人の間、子細を尋ね承らんがため、発向すべきの由、近日若輩ら潜《ひそか》に以て群議せしむるか」つまり「上」実朝に恨みはないが「相州」義時の振る舞いが傍若無人なので若者たちが発向《はっこう》しようとしている、「義盛たびたびこれを諫むと雖も、一切拘らず、すでに同心をなし訖、この上のこと力及ばず」という返答であった。義盛が敵視しているのは実朝ではなく義時であり、血気盛んな若者たちを止めることはできないというのである。この辺りの事情を『愚管抄』は「義盛左衛門ト云三浦ノ長者、義時ヲ深クソネミテウタンノ志有ケリ」と的確に表現している。かくして建暦三年五月二日、申の刻（午後四時頃）、和田義盛は挙兵に踏み切った。

和田合戦の史料

和田合戦に関しては藪本勝治氏、山本みなみ氏が詳細な考察を加えている。両氏によれば、『吾妻鏡』の記事は『明月記』建暦三年（一二一三、十二月に建保と改元）五月九日条に「語句レベルで依拠し」つつも、三浦義村の功績を北条義時に読み替える曲筆を加え、武士たちが勲功を訴えるため幕府に提出した申状や家伝に基づいて戦闘場面を描き、最後には「戦線にあって武の力を束ねる泰時の慧眼《けいがん》」「その庇護《ひご》下にあって文の力で神仏と交感する実朝の祭祀《さいし》」が幕府の勝利を決定づけたとする「実によく練られたプロット」であるという。また、合戦の根底には義盛対義村という三浦一族内の対立があり、義村は当初から北条に内通していたとする。さらに、合戦の勝敗には義村だけでなく千葉氏の来援が奏功したとする。

『吾妻鏡』の記事を「よく練られたプロット」とみる点については大いに賛成である。『吾妻鏡』の作為に留意しつつ、記事の内容を解釈し直す必要があると考える。ただ、歴史的にみた義村や実朝の行動の意味などに関しては異論がないわけではない。その意味で注目したいのが『愚管抄』である。両氏も言及はしているが、さほど重視していないようにみうけられる。無論、次々と京都に伝えられる生々しい情報を記した『明月記』は最重要の同時代史料である。しかし、事件が起きたその時の史料であるから、情報の錯綜《さくそう》・混乱もみられる。

一方『愚管抄』は、合戦から数年後、その実像が明らかになってきた頃、京都で把握されていた情報をまとめたほぼ同時代の史料である。しかも、合戦当時、鎌倉に滞在していた貴族が見聞した情報をもとにした可能性がある。『明月記』には「侍従能氏高能卿の子、正月の比《ころ》下向、軍陣に死すと云々」、一条高能の子の能氏《よしうじ》が正月頃に鎌倉に下向し、合戦に巻き込まれて死んだとみえているからである。ただ、能氏が死んだというのは誤情報である。『吾妻鏡』によれば、能氏は「熱田大宮司範雅の子」で頼朝の母方の従兄弟に当たる「安芸《あき》権守範高」とともに納涼の地を求めて鎌倉内を逍遥《しょうよう》していたが、巷《ちまた》が戦場と化したためいったん山内《やまのうち》辺に逃れ、「義盛退散の隙」に実朝のいる「法華堂に参」ったという。帰京した能氏や範高《のりたか》が語る鎌倉の話を慈円も耳にしたであろう。『愚管抄』の記述は詳細ではないが、信憑性・史料価値は高いと考える。その点を踏まえて合戦の経過をみていこう。

和田合戦勃発

『明月記』によれば、五月二日、義盛亭の「甲兵の音」を聞いた「左衛門尉」八田知重が広元亭に急報し、来客と宴を開いていた広元が将軍御所に走った。御所はその時「警衛の備えなく」実朝も「杯酌《はいしやく》淵酔《えんすい》」状態だったという。広元は実朝と「相共にその所を逃げ去り、故将軍の墓所堂」法華堂に赴いた。一方『吾妻鏡』は、和田方が御所の四面を包囲し、無双の怪力で知られる義盛の三男朝比奈《あさひな》義秀《よしひで》が、南門を押し倒して南庭に乱入して火を放ったため、実朝は「相州」義時、「大官令」広元とともに「右大将家の法華堂」に避難したとする。ただ、その状況での脱出はあり得ない。実朝避難に義時が貢献したとする『吾妻鏡』の曲筆である。初期の段階で和田方は将軍実朝の身柄確保に失敗していたとみるべきである。

　また、『吾妻鏡』は裏切りに舵《かじ》を切った三浦義村・胤義兄弟が急報した時、義時は自亭で囲碁の会を開いており、「心静かに目算を加え」た上、装束を改めて御所に参上したと記す。そして、広元・義時「両客の告げ」によって、政子と実朝御台所の坊門信子が北門から脱出して鶴岡別当坊に避難したとするのである。ところが、『明月記』は「義盛の甥三浦左衛門義村本より叔父と違背、仇讐たり、義盛すでに軍を出だすの由を告ぐ」、広元・義村「両人の告げ」によって政子・信子が脱出したと記している。『吾妻鏡』が義村の働きを義時に読み替え、義時を顕彰しようとしたことは明らかであろう。

ところで、義村が「本より叔父と違背、仇讐《きゅうしゅう》たり」という『明月記』の記述から、藪本・山本両氏は義村が当初より北条に内通していたとみなし、挙兵直前の裏切りではないとする。確かに、三浦一族内の義盛・義村の確執は世に知られていたと思われる。また、『愚管抄』によれば、牧氏事件に際し政子は義村に助けを求めたという。義村が政子・義時側であったことは間違いない。しかし、当初から自分の立場を鮮明にしていたわけではなかったと考える。そうでなければ、このような義盛の奇襲を許すはずがなかったからである。

その一方で、『明月記』は「義盛すでに軍を出だす」つまり義盛はすでに挙兵した、と義村が告げたと記している。八田知重のように、義盛亭近くに住んでいたわけではない義村にこうした告げができたのは、挙兵したのですぐに北門を固めよという義盛の指示が来たからに他ならない。挙兵時点での義盛は、義村が自分の指示を北条方に漏らすなどとは思っていなかったであろう。同じ一族である義村がわざわざ起請文を書いていたからである。

嘉元《かげん》三年（一三〇五）に成立した無住編著の仏教説話集『雑談集《ぞうたんしゅう》』は、「輪田左衛門尉、乱レシ世ヲ時、故駿河ノ前司、平六兵衛尉トテ、北門堅《カタメ》タル起請カキナガラ、反忠《カエリチユウ》シテ彼ノ一門亡《ホロビ》了」と記し、義村が御所の北門を固める旨の起請文を書いていたとする。これは義村が、「始めは義盛と一諾を成し、北門を警固すべきの由、同心の起請文を書きながら、後にはこれを改変せしむ」という『吾妻鏡』五月二日条にみえる記述とも一致する。ただ、『吾妻鏡』の成立時期や普及度合いからみて、無住が『吾妻鏡』を参照したとは考え難い。とすれば、十四世紀初頭には、起請文を書いた義村が「反忠」つまり裏切ったことで義盛の一門が亡びた、という認識が世に浸透していたと考えられよう。また、十三世紀半ば、建長《けんちょう》六年（一二五四）成立の説話集『古今著聞集《ここんちょもんじゅう》』は、千葉胤綱《たねつな》が「輪田左衛門が合戦の時のことをおもひて」「三浦犬は友をくらふ也」と義村を罵《ののし》った話を載せている。山本氏は、胤綱が和田合戦で北条と三浦に協力した千葉成胤の子であり、その発言は合戦後の義村の地位が父成胤の功績によるものだと感じていたからのものではないかと推測する。そうした面もあるかもしれない。しかし、胤綱の発言が説話集に取り込まれるまでになったのは、義村が誓約をしたにもかかわらず裏切ったということが、合戦後、広く知られるようになったからであろう。これらのことから、起請文を書き、義盛に同意したふりをしていた義村は、挙兵の報を受けて初めて自分の立場を鮮明にしたのだと考える。

猛威を振るう朝比奈義秀

さて、『吾妻鏡』は、挙兵した和田勢と土屋義清、渋谷高重、土肥惟平、岡崎実忠、梶原景朝、大庭景兼ら相模の御家人に、南武蔵の横山党古郡保忠《ふるごおりやすただ》らを加えた和田方の百五十人が、将軍御所の南門と小町大路《こまちおおじ》にある義時亭の西・北両門、さらに御所の南にある広元亭に襲いかかったとする。『明月記』は「先ず広元の宿所を囲む」と記すのみだが、和田方の攻撃対象は義時であり、義時亭を攻めなかったとは考え難い。『愚管抄』も義盛が「ニハカニ建暦三年五月二日義時ガ家ニ押寄テケレバ」と記している。

また、御所の南門を攻めたのは、義村・胤義兄弟が北門を固めると約諾していたからである。義村亭は西門付近にあり、義盛と三浦兄弟で南門、西門、北門の三つを固めることができる。先に、東門近くの胤長の屋敷を義盛が拝領しようとしたのも、東西南北の門を和田方で押さえるためであったと考えられる。御所の門を押さえれば将軍実朝の身柄を確保できる可能性が高い。しかし、危険を察知した義時が強引に胤長の屋敷を取り上げたため、東門は義時に握られた。さらに、義村の裏切りにより、北門・西門を加えた三つの門が北条方の手に落ちた。実朝、政子、信子は、その義村が握る北門から脱出したのである。そうとは知らぬ和田方は猛

和田合戦

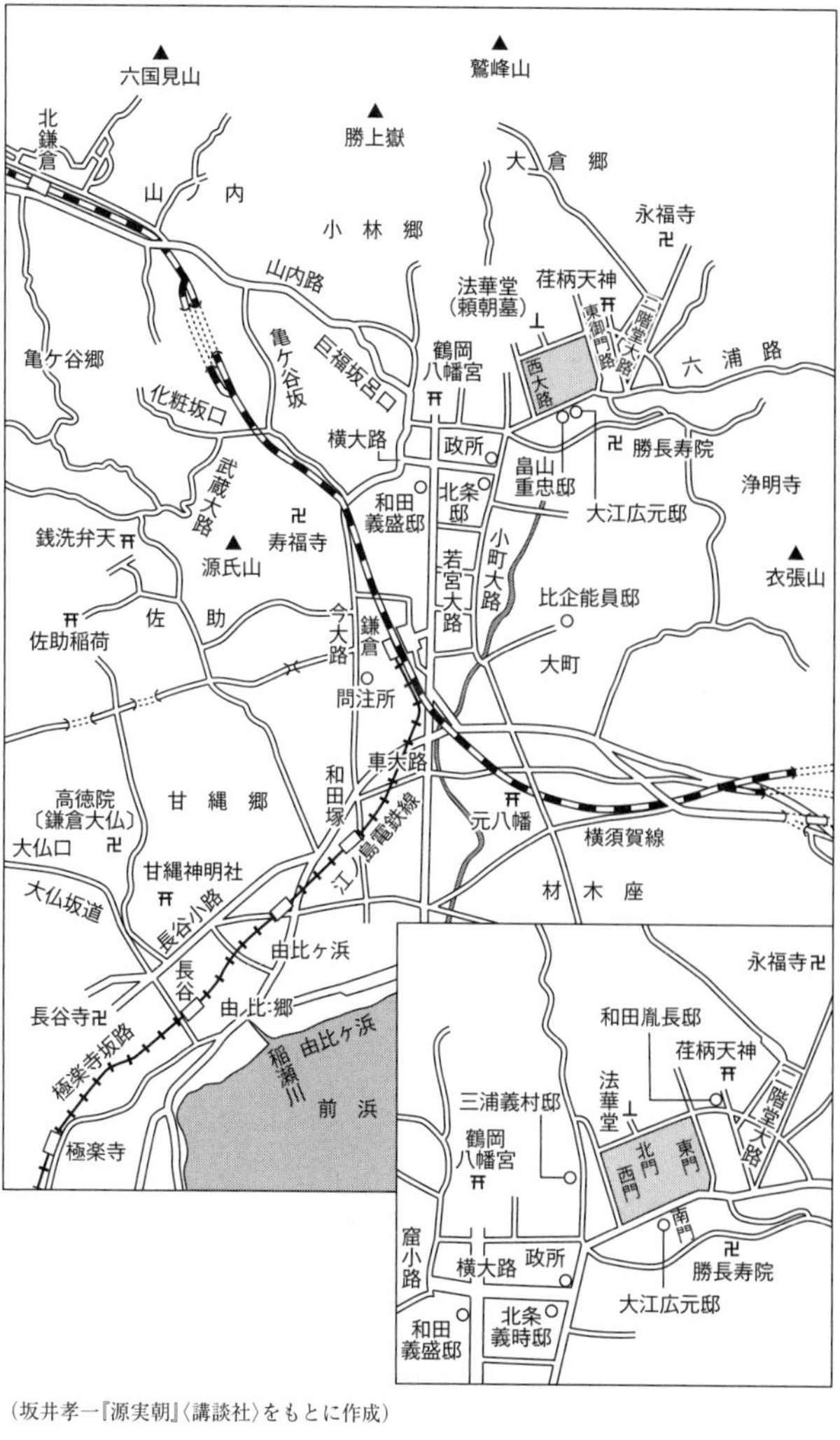

（坂井孝一『源実朝』〈講談社〉をもとに作成）

攻をしかけ、酉の刻（午後六時頃）、御所に乱入した。が、そこに実朝の姿はなかった。義秀はむなしく御所内の建物に火をかけ焼き払った。

『吾妻鏡』は、その後の激闘を「猛威を振るひ、壮力を彰すこと」まさに「神の如し」と評される朝比奈義秀を中心に描く。真っ向から勝負して死を免れた者はいなかった。その中で、義秀の従兄弟にもかかわらず和田方に加わらなかった高井重茂《しげもち》は、弓を捨て轡《くつわ》を並べ、雌雄を決しようとした。二人は馬上で組み合ったまま落馬する。結局、重茂は討たれたのであるが、義秀を馬から落としたのは重茂ただ一人であったという。

足利義氏は政所前の橋の傍《かたわ》らで義秀に遭遇した。追ってきた義秀に鎧の袖を掴まれた義氏は、とっさに駿馬に鞭打って堀の西側へと飛び越えた。鎧の袖は中ほどでちぎれたが、馬も倒れず義氏も落ちず、逃げ切ることができた。『平家物語』にみえる悪七兵衛景清《あくしちびようえかげきよ》と三保谷四郎《みおのやしろう》の「錣引《しころび》き」に通じる軍記物語の常套的《じようとうてき》表現である。また、武田信光は若宮大路の米町《こめまち》口で義秀に行き逢った。両者が睨《にら》み合って戦おうとしたところ、信光の子の信忠《のぶただ》が割って入った。父に代わろうとした信忠に感じ入った義秀は、戦わずして馳せ過ぎた。藪本氏は『吾妻鏡』仁《にん》治《じ》二年（一二四一）十二月二十七日条に、信忠が父信光による義絶を許してもらおうと和田合戦での働きを訴えた記事に、ほぼ同内容の記述がみえることから、戦闘記事は勲功を申告した御家人たちの記録に基づいて作成されたのではないかとしている。

激闘決着

朝比奈義秀以外の和田勢も一騎当千の武者ばかりであった。とはいえ、三日の暁《あかつき》を迎える頃には力も矢も尽き、疲れ切った馬を馳せて前浜《まえはま》（現、由比が浜）付近まで退却した。『吾妻鏡』によれば、三日寅《とら》の刻（午前四時頃）、義盛と「今日を以て箭合《やあわ》せの期《ご》と定」めていた南武蔵の横山時兼《ときかね》が、聟の波多野盛通《はたのもりみち》、甥の横山知宗《とももね》らを率いて腰越浦《こしごえのうら》まで進んできたという。奥州合戦で泰衡の首を梟首するよう頼朝から命じられた、頼義以来の譜代の家人横山時兼である。横山氏は和田氏と二代にわたって姻戚関係を結んでいた。その時兼が義盛と三日を「箭合せの期」と定め、「寅の刻」に鎌倉の近くまで来たのであるから、本来の挙兵の日時は五月三日未明だったと考えられる。しかし、義盛は時兼を待たず二日の申の刻、まだ明るい午後四時頃に挙兵した。御所の警備が手薄な隙をつけば、実朝の身柄を確保できると判断したからであろう。それほど、将軍実朝を確保するか否かが鍵だったということである。

和田方は援軍を得て勢いを取り戻す。辰の刻（午前八時頃）曽我・中村・二宮・河村ら西相模の諸氏が到着するが、侍所別当率いる和田方か、執権率いる北条方か、どちらに味方すればいいのか逡巡《しゅんじゅん》した。実朝は自らの花押を記した御教書を法華堂から送り、彼らを北条方に参戦させた。さらに、和田方の敗色が濃厚となった巳の刻（午前十時頃）、義時・広元が連署し、実朝が花押を記した御教書を武蔵以下の近国に発して逃亡者の掃討を命じた。

それでも、和田方はしぶとく抵抗を続けた。前線にいた泰時は法華堂の実朝に対し、「重ねて賢慮を廻らさるべきか」と訴えた。驚いた実朝は、前日、重要書類を守るため果敢にも政所に移動した広元が法華堂に戻ってくると、戦勝祈願の願書を広元に執筆させた上、自作の和歌二首を書き添え、宮内公氏《くないきみうじ》に命じて鶴岡八幡宮に奉納させた。五月三日酉の刻（午後六時頃）、義盛・義直・義重ら和田方の主要な武士が討死に、自害、逐電し、朝比奈義秀以下五百騎が船六艘《そう》で安房に向けて逐電した。ここは「多くの散卒《さんそつ》等浜に出で、船に棹《さおさ》し安房の方に向ふ、その勢五百余騎ばかり、船六艘」という『明月記』の叙述に、『吾妻鏡』が豪傑朝比奈義秀の名を書き加えた部分である。かくして二日にわたる激闘は決着した。

『吾妻鏡』のプロットにない現実の戦闘

以上の『吾妻鏡』の記事には、幕府に提出された文書・家伝を含む信頼すべき内容がある一方、藪本・山本両氏が指摘する曲筆もある。『明月記』は「千葉の党類常胤の孫子、精兵を練り、隣国より超え来たる」、義盛勢が「尚奔《はし》るを追ひ北《に》ぐるを遂《お》ひ、横大路鎌倉の前にこの路ありと云々に至る」、千葉勢が義盛勢を横大路まで追ってきた時、「義村の兵、またその後を塞ぎ、大いに義盛を破る、これにより遂に免《のが》るるを得ず」、義村勢が義盛の退路を断って大いに破ったため決着がついたと記している。『吾妻鏡』は「武の力を束ねる泰時」の功績を強調するプロットを作っているが、現実には三浦義村・千葉成胤の軍勢の活躍が決定打だったのであろう。

同様に、藪本氏が「文の力で神仏と交感する実朝の祭祀」と表現した『吾妻鏡』の描き方にも、現実から乖離した面があると考える。夢告の例からわかるように、実朝が「文の力で神仏と交感する」特殊な能力の持ち主とみなされていたことは間違いない。また、和歌の力を信じる実朝が戦勝祈願の願文に自詠を二首書き添えたというのもありそうな話である。しかし、同時に実朝は将軍であり、御家人たちに軍事動員を命じることができる唯一の存在である。義時や義盛が実朝の身柄確保に躍起になったのはそれ故である。とすれば、『吾妻鏡』のプロットはプロットとして、現実には実朝を確保した義時、および実朝自身が、将軍の権力を最大限に活用して軍事動員をかけたことにより勝敗が決したとみるべきであろう。

『愚管抄』は、義盛が義時を攻めたと記した後、次のように続けている。

実朝一所ニテ有ケレバ、実朝面ニフタガリテタヽカハセケレバ、当時アル程ノ武士ハミナ義時ガ方ニテ、二日戦ヒテ義盛ガ頸トリテケリ。

実朝は義時と「一所」恐らくは法華堂にいて、「面ニフタガリテ」正面（先頭）に立って敵を防いで戦わせたので、「当時（現在の意）アル程ノ」現在まで生き残っている程の武士は皆義時方になり、二日戦って義盛の頸を取ったというのである。実朝が将軍として御家人たちの多くを義時方に立たせて戦わせたことが、激闘の決着につながったという認識である。

実朝は、和田義盛や朝盛と個人的に親しい関係にあった。しかし、御家人たち全体の主君である将軍という立場に立てば、政所を拠点とした将軍親裁をともに推進してきた義時と一体となり、和田勢を倒さなくてはならなかったのである。それが和田合戦であった。

和田合戦の持つ意味

船で戦場を逃れた和田方残党が、西海《さいかい》に落ち延びて京都で騒擾を起こすことを憂慮した実朝は、三日酉の刻（午後六時頃）、五条有範、佐々木広綱らの在京御家人に、侵入してきた残党やその親類を討滅するよう命じる御教書を、自らの花押を記して京都に発遣した。さらに九日にも「院の御所を守護すべし」という御教書を京都に送った。

四日、片瀬川《かたせがわ》の川辺に二百三十四もの首がさらされた。実朝が自らの力で軍事動員をかけ、命を奪った和田方の首である。また、負傷した武士たち百八十八人を集めて実検した。戦死者や捕虜などの交名の作成も命じた。『吾妻鏡』五月六日条に載る交名には、和田、横山、土屋、山内、渋谷、毛利、梶原、大庭諸氏の名前がずらりと並ぶ。実朝が親しく交流していた者も少なくなかった。交名の最後には「御方討たるる人々」すなわち実朝の側で討たれた者の名前が五十人挙げられ、「この外、手負いの源氏の侍千余人」つまり実朝側の負傷者の総数は千人以上であったとの注記がある。実朝は確認すると広元に預けた。和田合戦は将軍御所が焼け落ち、千数百人もの死傷者を出した激戦だったのである。自らの手で滅ぼさなくてはならなかった人々、自分に味方して命を落とした人々、その首を、その名前を実朝は一人一人確認した。絶大な軍事動員力を持つ将軍権力の大きさ、将軍という地位の重さ、そして将軍であることの苛酷《かこく》で悲痛な宿命を思い知らされたことであろう。

五日からは、和田方の所領を没収し、恩賞として武士たちに配分する勲功の審理に入った。主君にとって最も重要な務めである。義時・広元・二階堂行光らが奉行となり実朝を補佐した。主張が激しくぶつかり合った時には証人を召して究明し、最終的な判断は実朝が下した。これほど大量の勲功の審理を短期間で行うのは、将軍親裁を開始してから初めてのことである。実朝は将軍の責任をひしひしと感じつつ、務めを果たしていったのではないか。

さらに今回、実朝は命の危険を肌で感じた。義盛には実朝を恨む心も害そうとする意思もなく、御所の南門に攻め寄せたのも実朝の身柄を確保するためであった。しかし、緊迫した現場で義盛の真意などわかるはずもない。命からがら法華堂に避難したというのが実情であろう。とすれば実朝は、自分とともに戦い、勲功の審理でも自分を補佐する義時や広元をこれまで以上に高く評価し、信頼するようになったと考えられよう。

一方、義時は、侍所別当の義盛が率いる最大最強のライバル和田氏を倒し、実朝から侍所別当に補任されたことで、御家人筆頭の執権、将軍に次ぐ幕府No.2の地位を揺るぎないものにした。ただ、同時に、将軍権力の大きさ、実朝に対する御家人たちの厚い支持を再認識したことであろう。もし和田方に実朝を奪われていたら、勝敗は逆になっていたかもしれないとも感じたはずである。とすれば、これまで以上に実朝を支え、補佐する必要を痛感したと思われる。和田合戦という試練を克服することで、将軍実朝と執権義時は互いの力を認め合い、より深く信頼し合うようになったと考える。和田合戦は、義時が実朝を補佐する形から、両者が互いに補完・協調しつつ幕府を発展させる関係へと移行する転機であった。

また、義盛挙兵を知らせて北門からの実朝・政子・信子の脱出を助け、軍事的に和田勢に大打撃を与えた三浦義村は、義時と共同歩調を取って自分の価値を高める道を選択した。攻撃対象とされた義時に恩を売った形であり、その存在感と発言力は増大した。

後鳥羽への対応

もちろん課題も残った。後鳥羽との間で築いてきた良好な関係が、一時的に微妙なものとなったからである。五月二十二日、京都から帰参した使者が、洛中では様々な流言飛語が飛び交い、鎌倉に下向しようとする在京武士たちを京中警固のために後鳥羽が留まらせる、といった騒然たる状況になっていると報告したのである。この上、船で西海に落ち延びた和田方の残党が京都に侵入して騒擾を起こせば、院や天皇にまで危害が及びかねない。その場合、御家人の分裂と反乱を阻止できなかった将軍実朝が責めを負うことになる。帰参した使者は、後鳥羽の書状を携えていたと思われる。実朝はそれに返信する形で、後鳥羽に「ふた心」はないと、ただちに忠誠を誓わなくてはならなくなった。

折しも、使者が鎌倉に下着した前日の五月二十一日、鎌倉を大地震が襲った。『吾妻鏡』同日条は「音ありて、舎屋破れ壊れ、山崩れ地裂く。この境において近代かくの如き大動なし」と記す。大きな音がして、家が破壊され、山は崩れ、地が裂けた。この辺りでは近年にない大きな揺れであったという。この信じ難い光景を目の当たりにした実朝は必死の思いで次の和歌を詠み、後鳥羽に忠誠を誓う返信に書き添えたのではなかったか。

山は裂け　海は浅《あ》せなむ　世なりとも　君にふた心　わがあらめやも

家集『金槐和歌集』の巻軸六六三歌、「太上天皇の御書を下し預りし時」に詠んだという三首中の最後の歌である。山が裂け、海が干あがってしまう世であっても、君（後鳥羽）に背く心は私にはありませんとの意である。三句「世なりとも」は、「たとえ将来そのような世になろうとも」ではなく、大地震で山が崩れ、地が裂けた建暦三年（一二一三、十二月に建保と改元）五月の「世であっても」と解釈すべきである。「太上天皇の御書を下し預りし時」という詞書、歌語として異例な「ふた心」という語から、大地震の直後、和田合戦後の騒然たる状況下で詠まれた歌と考える。

実際には、和田方の残党が京都で騒擾を起こすことも、実朝が責任を問われることもなかった。ただ、洛中の騒乱は、実朝の将軍としての力量に後鳥羽が疑問を抱く不安材料になったことは確かである。それは実朝にも伝わったであろう。和田合戦という試練は、後鳥羽との信頼関係を崩す危険性を帯びていたといえる。信頼を回復するため、一刻も早く幕政を安定させるという課題が実朝に突きつけられた。

なお、「山は裂け」詠を含む巻末三首は、建暦三年後半、実朝が『金槐和歌集』を自撰・編集した際に追加されたものと考える。歌語・声調・内容が、この三首だけ際立って異なっているのもそう考えれば説明がつく。逆にいえば、どうしても追加せずにはいられなかったほど必死な思いのこもった、実朝にとって忘れ難い三首だったということである。

第二節　建保年間の幕府政治

安定した幕政運営

激動の建暦三年（一二一三）は十二月六日、改元して建保元年となった。翌建保二年（一二一四）から同三年後半にかけての文書は、将軍家政所下文が五通、実朝の書状が一通伝存している。前者は、地頭の補任、譲与安堵、社司《しゃし》職をめぐる相論の裁許などであり、執権別当の北条義時以下、源親広《ちかひろ》（広元の実子、源通親の猶子となり源姓を称したが、後に大江に改姓）、北条時房、中原師俊《もろとし》、二階堂行光の五人が別当として署判している。また、後者は「□□二年七月廿七日到来」という付箋《ふせん》のついた「七月八日」付の書状であり、越前国小山泉庄の地頭代について「他の人を以て改替すべきの由」を実朝が「直に下知」している。年号が記されていないため、『遺』は実朝の官途から元久二年（一二〇五）の文書と推定したが、関連文書（『遺』補②七〇五号）によって「□□二年」は建保二年であると判明する。同荘の地頭は義時であり、実朝が義時に地頭代の改替を「直に」命じた文書である。実朝が五人別当制の将軍家政所を拠点に、義時らと補完・協調しつつ将軍親裁を行っていたことがわかる。

同様のことは『吾妻鏡』の記事からもうかがえる。実朝は建保二年に二度「二所詣」を行った。二所詣は、先にも述べたように、将軍が箱根権現・伊豆権現に詣で、国家安穏・五穀豊穣を祈念する重要な公式行事である。この年は一月二十八日から二月三日に箱根・三島《みしま》・伊豆の「三所」を廻り、九月二十九日から十月二日にかけて箱根・伊豆の二所に参詣した。三島社を加えて「三所」に詣でたことや、年に二度も行ったことは、為政者としての意欲の表れといえよう。義時も供奉し、十月二日には相模一宮の奉幣の使者として逗留した。

その義時が鎌倉に帰還した十月三日の戌の刻（午後八時頃）、義時の六男が実朝の御前で元服を遂げた。理髪役は前駿河守大内惟義、実朝から偏諱「実」を賜り、父義時の「義」（あるいは大内惟義の「義」）を組み合わせて「実義《さねよし》」と名乗った。金沢《かねさわ》北条氏の始祖となる実義（後に「実泰《さねやす》」と改名）である。実朝と義時の良好な関係を示す好例といえる。また、建保三年（一二一五）三月五日、実朝の三浦横須賀における花見には義時・広元ら数名が供奉し、義村が食事を用意した。さらに、同年八月二十一日には、将軍御所の西侍に鷺《さぎ》が群れ集まり、続いて地震が起きた。これが翌日の卜占《ぼくせん》で重大な怪異と判定されると、その日から十一月八日まで七十五日間にわたり、実朝は難を避けるため義時亭に滞在した。

撫民政策にも実朝は力を入れた。建保二年の五月から六月にかけて起きた「諸国炎旱を愁ふ(同年六月三日条)」という旱魃《かんばつ》では、寿福寺長老の栄西に八戒を固く守り、「祈雨」のために法華経を転読するよう命じた。義時以下、鎌倉中の僧俗・貴賤も般若心経を読誦《どくじゅ》し、一心に雨が降るのを祈った。すると、二日後の六月五日「甘雨」が降った。『吾妻鏡』同日条は「これ偏に将軍家の御懇祈の致す所か」と記している。さらにその八日後、『吾妻鏡』六月十三日条によれば、実朝は関東御領の年貢について、この秋から三分の二を免除する、これを毎年一箇所ずつ順番に実施せよと「仰せ出だされ」た。旱魃による不作を憂慮したもので、まさに撫民の名にふさわしい政策である。他にも、建保三年二月十八日、諸国の関と渡し場の地頭に対し、旅人の煩いを止めるよう命じ、船賃などの費用は料田を設定して賄うよう指示、七月十九日には鎌倉中の諸商人の人数を定める法令を「仰せ下され」た。

撫民という点では、執権以下の幕府首脳部も積極的であった。和田合戦前から実朝が建立を企図していた大慈寺が、建保二年ようやく完成に近づいた。そこで、四月十八日、義時、広元、行光、善信、二階堂行村《ゆきむら》ら首脳部が将軍御所に参集し、落慶供養の導師について評議した。実朝は京都から高僧を招きたいと希望したが、広元・行村・善信らが、勝長寿院以下の伽藍供養の導師に園城寺や醍醐寺《だいごじ》の高僧を招いた際、往復の道中の雑事などが「万民の煩ひ」となった例を挙げ、関東に止住する僧侶を用いることこそ「徳政」になると頻りに申し上げた。すると実朝は、六月の旱魃を乗り切った後の七月一日、行光を使者に立て、栄西に導師を務めるよう命じたのであった。この例などは、将軍が専制的に権力を行使するわけでもなく、また執権が将軍を思いのままに操るわけでもなく、将軍と執権以下の幕府首脳部が一体となって、撫民政策を推し進めた好例と評価できよう。

朝廷対策と御家人統制

実朝は一時的に微妙な関係に陥った朝廷にも細かい配慮をした。建保二年（一二一四）四月、園城寺の堂舎が延暦寺によって焼き払われると、五月七日には「唐院幷に堂舎僧坊を修造」するための審議を行い、大内惟義と中原尚友を惣奉行に任じた。そして、宇都宮蓮生《れんしょう》（頼綱）、佐々木広綱、安達親長《ちかなが》、内藤盛家《もりいえ》ら十八人を雑掌《ざっしょう》に指名して再建に着手させた。こうした事情もあり、大慈寺落慶供養の導師に園城寺から高僧を迎えることは不可能であった。

その他、建保三年（一二一五）三月二十日、「京進の貢馬」については、その役を務める者が駿馬を三疋用意して見参《げんざん》に入れるように命じ、最終的には実朝が選定すると定めた。同年四月十八日には在京御家人の「洛中守護の不法」について審議し、忠実に任務を果たしているか否かで「賞罰」を行うという「御書」を発遣した。奉行は政所別当の一人、親広が務めた。

無論、御家人統制の対象となったのは在京御家人だけではない。『吾妻鏡』建保二年四月二十七日条には「武州、三品所望の由、内々これを申す」という記事がみえる。「三品《さんぽん》」とは公卿相当の位階「三位」を指す。当時「武州」つまり武蔵守の任にあったのは北条時房である。以前はこの史料を根拠に、義時・時房兄弟の間にも競合関係があったと考えてみた。しかし、義時の位階が正五位下であるのに、十二歳年下の弟時房が三位を望むのはあまりにも不自然である。また、たとえ「武州」が時房とは別人だったとしても、国守という諸大夫レベルの御家人が公卿の位階を望むのはやはり無謀である。和田合戦の遠因となった義盛の上総介挙任問題以上のゆゆしき事案である。実朝は今すぐにではないが、いずれ何とかしようと答えたものの、官位による御家人統制の必要性を感じ取ったに違いない。

その年の十二月十二日、実朝は「諸人の官爵の事」について「仰せ定め」た。これまでは御家人たちが個別に推挙を求めていたが、「家督の仁」が官爵を所望する者の奉公の度合いを考慮し、一括して推挙を求める方式に変更した。しかも、「直進の款状」つまり家督を通さず直接奉行人に提出された嘆願書は、実朝に披露するには及ばないとした。実朝は広元を奉行に任じてこの決定を周知させた。官位挙任権による御家人統制のシステム化である。

この記事について、御家人が個別に将軍に官位の嘆願ができなくなった点に着目し、実朝と個々の御家人が密接な関係を築くことを防ぐ意図で義時・広元が行った制度変更とする見解もある。ただ、それは、義時・広元は実朝と対立しているはず、という前提に立った見解のように思われる。そしてその前提は、官職について義時・広元が実朝に諫言し、拒絶されたという後述する記事など、『吾妻鏡』が描く対立構図に裏打ちされたものと推測する。しかし、『吾妻鏡』が北条氏顕彰・擁護のために曲筆・潤色を行っていたことは、すでに繰り返し明らかにしてきた。とすれば、その前提そのものを疑ってみる必要があろう。

建久年間(一一九〇〜一一九九)、頼朝が自分の花押のある下文を、政所の職員だけが署判する前右大将家政所下文、将軍家政所下文に更改する作業を推し進めたことは第一章第三節で述べた。これは、個々の御家人と緊密な主従関係を結び、軍事力として掌握する必要のあった戦時体制から、組織と、組織が発給する文書によって政治を運営する平時体制へと移行するための制度変更であった。しかも、御家人たちの間に頼朝個人を主君と仰ぐ意識が強かった中での、頼朝主導による変更である。平時体制の将軍は組織と制度を通じた政治運営を志向したのである。

実朝は頼朝晩年の政治を継承していた。袖判下文や奥上署判下文も将軍家政所開設以降は発給しなくなった。実朝が将軍親裁にあたって重視したのは政所という組織であった。と同時に、父頼朝と同年生まれの和田義盛、歌会の常連朝盛と個人的に親密な関係を結んでいたため、上総介挙任問題をこじらせ、和田合戦の遠因を作ったことを反省していたのではないか。個々の御家人が何の制度にも則らず、組織も通さず、勝手に官位挙任を申請することに危惧を抱いたのは恐らく実朝本人であった。したがって、この変更は将軍による家督を通じた官位挙任の制度化・システム化であり、御家人統制の一環と捉えるべきであると考える。

建保三年にみえる変化

建保三年（一二一五）七月六日、御台所信子の兄で従二位・権中納言・左衛門督の公卿忠信が、去る六月二日に行われた「仙洞歌合《せんとううたあわせ》衆議判一巻」を実朝に進上してきた。『吾妻鏡』同日条は、「内々の勅定」すなわち後鳥羽の指示であったと記す。前年の八月二十九日には、後鳥羽の院御所で行われた「秋十首歌合」を飛鳥井雅経が書写して実朝に献上していた。それを知った後鳥羽が、和歌を通じた実朝の取り込みを再び開始したのである。これは一時的に疎遠になっていた実朝と後鳥羽の関係が好転する、変化の兆しであった。

一方『吾妻鏡』は、建保三年八月以降、先にみた鷺の怪異、地震、天体の運行の異常といった変異を書き並べるようになる。中でも地震は深刻であった。九月に入ると連日のように発生し、十四日には酉の刻、戌の刻（午後六、八時頃）と続いた。二年前の建暦三年（一二一三、十二月に建保と改元）五月に起きた大地震の余震とみられる。しかし『吾妻鏡』は、これを凶兆として殊更に述べ立てるのである。十四日戌の刻の地震では、同じく凶兆とされる雷鳴が轟《とどろ》き、亥《い》の刻（午後十時頃）には宿老の一人である前伊賀守藤原朝光が頓死《とんし》したと記す。幕府は、九月二十一日、祈禱を行うとともに、攘災《じょうさい》のための「三万六千神祭」や「地震祭」を陰陽師《おんみょうじ》に奉仕させた。それでも、実朝の夢に和田義盛以下の死者が現れ、御前に群参するという怪異があり、十月二十五日、幕府は仏事を行った。

藪本勝治氏は、これらの記事は、実朝が頼朝の政道からはずれたことを暗示し、暗殺の憂き目に遭うのも宿命だったとする『吾妻鏡』の作為であると指摘する。頼家が急病に倒れる前も、『吾妻鏡』は凶兆とされる出来事を連日のように記していた。無論、中世の人々は、大きな凶事があった場合、それ以前に起きた不可思議な現象を凶兆とみなすのが常であった。とはいえ、実朝の暗殺は建保七年（一二一九、四月に承久と改元）一月のことであり、建保三年からみれば三年以上も先である。かなり手の込んだ曲筆・潤色といえる。ただ、将軍暗殺は前代未聞の一大不祥事である。義時ら幕府首脳部がそうした不祥事を防ぐことができなかったことを擁護し、正当化しなくてはならない『吾妻鏡』は、それだけ筆を費やす必要があったということであろう。したがって、凶兆の記事をすべて真に受けることはない。

ただ、大地震の余震など、人々が恐れる天変地異が続いたのは事実と思われる。『吾妻鏡』建保三年十二月十六日条によれば、「司天の者」つまり天文博士や陰陽師が勘文《かんもん》を提出し、将軍が謹慎すべき重大な変異であると判定したという。善信がこれを取次ぎ、義時・広元・行光らは「善政を興され、佳運長久の術を廻らされるべき」であると実朝に提言した。これを受けて実朝は、二十日、衆庶が崇敬する信濃善光寺《ぜんこうじ》の僧徒に絹布等を施し、年末の三十日には、三浦義村を奉行にして御所の南庭で陰陽師に天変の祈禱を行わせた。

政所別当九人制

翌建保四年（一二一六）、実朝は後鳥羽からの働きかけと幕府首脳部の提言をきっかけに、「善政」「佳運長久の術」を廻らすべく積極的に動き始めた。『吾妻鏡』によれば、二月二十三日から二十七日にかけて二所詣を行うと、四月九日には三浦義村・善信・二階堂行光・中原仲業ら、通常より多い四人の奉行を置き、「御所の南面において、終日、諸人の愁訴を聴断」した。さらに、十月五日には「諸人の庭中言上」すなわち御家人たちの直訴を聞き、自ら裁断を下した。まさに「善政」といえよう。

変化は将軍家政所下文にも表れた。政所の別当は、承元三年（一二〇九）の開設以来、義時、時房、親広の三人が固定メンバー、そこに中原師俊、同仲業、二階堂行光ら吏僚の中から二人が加わる五人制であった。ところが、建保四年四月二十二日付の将軍家政所下文には、別当が署判する位置に中原広元、源仲章《なかあきら》、北条義時、源頼茂《よりもち》、大内惟信、源親広、北条時房、中原師俊、二階堂行光という九人の名前が列挙されている。ここから遅くとも建保四年四月には、政所別当が九人に増員されていたことが判明する。五味文彦氏はこれを「政所別当九人制」と呼び、実朝の将軍親裁強化策の一つと評価した。なぜ政所別当の増員が将軍親裁強化につながるのか。五味氏は、別当九人制を発案したのは実朝の側近であり、院近臣でもあった源仲章だとし、側近や源氏一門を加えることで、将軍権力の拠点である政所に実朝の意向を反映しやすくするためだと指摘した。

ただ、別当九人の名前が列挙された将軍家政所下文は五通現存するが、仲章の花押が記された文書は一通、惟信が二通、頼茂に至っては一通もない。現在は、捺印《なついん》することで書類発行に関わった責任を明らかにするが、当時は本人が花押を書くことによって文書発給手続きの責任者であることを示した。とすれば、現存文書という限定つきではあるものの、将軍家政所下文の発給に責任を持って関わったのは仲章が一回、惟信は二回、頼茂は一回もなかったということになる。彼らは院近臣としても活動しており、在京することが多かったからである。これでは、側近や源氏一門の後押しを受けて、実朝が自分の意向を政所に反映しようとしたとはいえない。恐らく五味氏の理解の根底には、将軍実朝と執権義時が協調するのではなく、牽制し合う関係にあったとする考え方があるのではないかと推測する。

将軍親裁の権威増大

では、別当を九人に増員したメリットは何か。それは将軍家政所下文の格式を上げ、権威を増大することにあったと考える。院庁下文《いんのちょうくだしぶみ》は十数人、時には二十人を超える別当が署判し、堂々たる格式と威厳を備えている。それには及ばないが、将軍家政所下文も九人の別当がずらりと並んで署判することによって堂々たる格式を備えることになる。しかも、増員された源氏一門の惟信・頼茂、大学頭《だいがくのかみ》の仲章は後鳥羽の院近臣であった。その名前を別当として連ねれば、将軍家政所下文の権威は大いに増大することになろう。

第三章第二節でも述べたように、将軍親裁は将軍による独裁でも専制でもない。将軍家政所のオーナーである将軍が政所で執権や宿老と審議を尽くし、最終的に将軍が決定した内容を別当以下の職員が署判した将軍家政所下文で命じる政治形態である。したがって、将軍家政所下文が堂々たる格式を備えたものになれば、将軍実朝の命令自体の格式も高くなり、執権以下の首脳部と一体化した将軍親裁の権威が増大する。ここに政所別当を九人に増員するメリットがあったと考える。

前著（『承久の乱』）では、承久の乱における鎌倉方の結束を「チーム鎌倉」と表現した。ただし、これは一般の地頭御家人たちをも含めた表現ではない。恩賞の有無によって裏切りに走る御家人もいたと考えられるからである。「チーム鎌倉」とは、政子をトップとする義時・時房・泰時・広元・善信・三浦義村ら、実朝亡き後、集団指導体制を採りつつ結束した幕府首脳部のことを、スポーツにたとえて表現したものであった。ただ、そうした強固な結束は一朝一夕に作られるものではない。和田合戦後、そして建保三、四年（一二一五、六）の転機を経て、いわば政所のオーナーたる将軍実朝と執権義時以下の首脳部が、政所を拠点に補完・協調関係を積み重ねることによって作り上げてきたものであったと考える。

将軍実朝は摂関家相当の貴種であるだけでなく、為政者としても優れていた。しかし、実朝一人の権威や能力だけでは幕政を安定させることはできない。また、御家人たちの最上首たる執権の義時や経験豊富な広元は、優れた行政能力を持っていた。しかし、彼らは有能な貴種である実朝を自在に操る力も意思も持ってはいなかった。将軍と執権以下の首脳部が「チーム鎌倉」として結束することで、はじめて幕政の安定が実現できたのである。

実朝の官位上昇

和田合戦後の洛中の混乱により、後鳥羽は実朝に対し、将軍としての力量不足という不安感を抱き、実朝もそれを感じたのではないかと前節で述べた。しかし、建保二年（一二一四）から三年（一二一五）にかけて、実朝は御家人たちをまとめ上げ統制するという課題を着実にこなし、幕政を安定させた。実朝側近の仲章は院近臣でもあり、京・鎌倉を頻繁に往還していた。御台所信子の兄忠信も院近臣の公卿である。鎌倉の政情の安定は後鳥羽の耳にも届いたと思われる。恐らくそれが、先にみた建保三年七月の「内々の勅定」による「仙洞歌合」の下賜につながったのであろう。もちろん、送り手となった忠信の書状も添えられていたはずである。実朝は後鳥羽の信頼を回復したことを感じ取り、自信を持ったに違いない。

一方の後鳥羽は、実朝に対する信頼と支援を官位上昇という形で示した。実朝の位階は、建暦三年（一二一三、十二月に建保と改元）二月二十七日、閑院内裏《かんいんだいり》造営の勧賞で従二位から正二位に昇叙し、頼朝の極位《ごくい》（歴代最高の位階）に並んでいた。ただ、官職は非参議の右近衛中将・美作権守《みまさかごんのかみ》に据え置かれたままであった。毎年のように昇任を続けてきた実朝にしては珍しい現象である。和田合戦の影響であろう。ところが、建保四年（一二一六）六月二十日、実朝は権中納言に補任されて現任の公卿に列し、閏六月を挟んで二ヵ月後の七月二十日には、右中将から格上の左中将に転じた。いずれも治天の君後鳥羽の意向であることは明らかである。

現任の公卿となったことで実朝の権威はいよいよ高まった。同年七月二十九日、実朝は、川に舟を浮かべて千手観音《せんじゆかんのん》の六字の真言《しんごん》を唱える修法《しゆほう》「六字河臨法《ろくじかりんほう》」を、相模川で小河法印《おがわほういん》忠快《ちゆうかい》に行わせた。攘災・調伏《ちようぶく》などのための修法である。先陣の随兵として北条泰時、結城朝光、長沼宗政、三浦義村ら十二人、次に三浦胤義、佐々木信綱ら狩装束の六位十二人が進み、実朝の乗った輿《こし》の後には義時、時房、広元、仲章、行光、行村、小山朝政ら主要な御家人が供奉した。『吾妻鏡』同日条によれば「無双の壮観」であったという。

さらに、同年十一月二十三日、実朝は権中納言任官後の晴れの儀式「直衣始」を行った。建保四年、将軍実朝の権威・権力が高揚・増大し、それを執権義時以下の幕府首脳部、そして多くの御家人たちが支持したことがわかる。

義時・広元の諫言記事

ところが、同じ建保四年（一二一六）の『吾妻鏡』は、これとは全く逆の印象を与える記事を載せている。九月十八日条と二十日条、よく知られた義時・広元の実朝に対する諫言記事である。

九月十八日、義時は広元を招き、実朝が「大将」への昇任を内々に思い立ったと切り出した。官職の宣下があるたびに固辞した頼朝は、佳運を子孫に及ぼそうと考えていたが、実朝はまだ壮年に達していないにもかかわらず、官職の昇進ははなはだ急である。また、御家人たちも京都に祗候することなく、「顕要な官班」すなわち地位が高く重要な官職に補任されていて「過分」というべきだと不満を吐露した。とはいえ、自分が諫めてもかえって戒めを蒙るだけであるから、是非、広元から申し上げてほしいと依頼したという。

広元は義時に同意し、「臣、己を量りて職を受く」つまり臣下は自分の器量がどのくらいか量って適切な官職を受けるという格言を挙げ、実朝は「先君」頼朝の跡を継いだだけで、目立った勲功があるわけではない。にもかかわらず、ただ諸国を管領し給ふのみにあらず、中納言・中将に昇りおはす。摂関の御息子にあらずんば、凡人に於てこの儀あるべからず。いかでか嬰害《えいがい》・積殃《せきおう》の両篇を遁れ給はんや。

諸国を管理・支配するだけでなく、「中納言・中将」という高い官職に昇った。「摂関の御息子」でなければ、「凡人」の身分でこのようなことはあるはずもない。どうして「嬰害・積殃」大きな災いを遁れることができようか、できない、と応じたのである。

二十日、御所に参上した広元は「相州」義時の使いと称し、子孫の繁栄を望むならば、

御当官等を辞し、ただ征夷将軍として、漸く御高年に及び、大将を兼ねしめ給ふべきか。

「御当官」すなわち現在の官職を辞し、征夷大将軍として年齢を重ねてから「大将」を兼任するべきではないか、と諫言した。これに対し実朝は、

諫諍《かんそう》の趣、尤も甘心すと雖も、源氏の正統、この時に縮まりおはんぬ。子孫敢てこれを相継ぐべからず。しかれば飽くまで官職を帯び、家名を挙げんと欲す。

諫言の趣旨には感心したが、「源氏の正統」は自分の時に縮まった。子孫が継ぐことは決してないだろう。そこで、あくまで自分が高い官職に就いて家名を挙げたいと思うと答えたという。広元は重ねて意見することもできず、退出して義時に報告したのであった。

源氏の正統は自分で絶え、子孫が継ぐことはない、だから朝廷の高い官職に昇って家名を挙

げたいという表現から、武家政権の長にあるまじき公家かぶれの将軍、自分の運命を予感していた悲劇の貴公子という実朝像を生む論拠となった著名な記事である。

『吾妻鏡』の記事にみえる不審点

しかし、この記事には不審な点がいくつもある。まず、広元が義時に「摂関の御息子にあらずんば、凡人に於てこの儀あるべからず」と語る点である。すでに述べたように、頼家も実朝も摂関家とほぼ同格の扱いを受ける貴種であった。宿老の広元がそれを知らなかったはずはない。これは「嬰害・積殃」を遁れることができない、という表現を導くためのものと考えるべきであろう。つまり、建保四年（一二一六）当時、誰ひとり予想もしていなかったはずの実朝の横死を前提にしているのである。『吾妻鏡』編纂者の作為に基づく記述といえよう。

また、広元が実朝に「御当官等を辞し」と諫める点もおかしい。「御当官」とは、六月、七月に後鳥羽の朝廷が任じた権中納言と左中将を指す。中流貴族レベルの一介の御家人に過ぎない広元が、摂関家と同格である主君の将軍に対し、治天の君後鳥羽が任じた官職を辞任するよう勧めることなど、少なくとも承久の乱以前の朝幕関係の中ではあり得ない。ここにも『吾妻鏡』の作為がみられる。

さらに、広元は年齢を重ねた上で「大将を兼ねしめ給べきか」と諫言したという。ただ、次章で言及することになるが、建保六年（一二一八）二月、実朝が頼朝を超える「左近衛大将」任官を望んだ際、朝廷に申請する使者の発遣を差配したのは広元であった。その広元が一年半前の建保四年九月に「大将」昇任を控えるよう諫めたとするのは矛盾も甚だしい。

次に、「大将」昇任を望む実朝を諫めてほしいと広元に持ちかけた義時である。義時は、在京せず「顕要」な官職に就く御家人たちを身分不相応だと非難するが、頼朝の死後、京官の在京義務は弛緩していた。頼家は鎌倉にいながらにして左近衛中将に任じられ、実朝も在京することなく権中納言・左近衛中将となった。確かに、御家人にも在京せず京官に就いている者はいた。たとえば義時の嫡子泰時である。泰時は、建保四年三月、修理職《しゅりしき》の次官修理亮《しゅりのすけ》から八省の一つ式部省《しきぶのしょう》の三等官式部丞《しきぶのじょう》に転任したことが確認できる。一部の吏僚も民部丞《みんぶのじょう》などに任じられていた。ただ、いずれも「顕要」とはいえない五位・六位相当の名目的な京官である。したがって、御家人たちに対する義時の非難は的外れといえる。

しかも、その義時自身が、翌建保五年（一二一七）一月、実朝の推挙によって従五位下相当の下官（地方官）相模守から、正五位上相当の名目的な京官である右京権大夫《うきょうごんのだいぶ》（右京兆《うけいちょう》）に昇任する。父の時政が従五位下相当の遠江守、弟の時房も従五位上相当の武蔵守という下官だったことを考えると、右京権大夫は当時の北条氏の極官《ごっかん》（歴代最高の官職）である。ところが、『吾妻鏡』編纂者はその事実を伏せて、官職を固辞した頼朝より、昇進の早い実朝の方が劣っているかのごとく記す。『吾妻鏡』編纂者の作為が働いているといわざるを得ない。

最後に実朝である。実朝は「源氏の正統、この時に縮まりおはんぬ」と答えたと『吾妻鏡』は記す。ただ、「おはんぬ」というのは、過去の出来事であることを明示するための語である。実子なく横死した事実を知っている後世の人間ならともかく、実朝自身が建保四年の段階で、子が生まれないまま自分が死んで、源氏の血統が絶えたと認識していたとは考え難い。しかも、後鳥羽の支援を受けつつ将軍親裁を強力に推進している最中である。自らの死を予感する、霊感に満ちた実朝らしい発言とみなすのは先入観に基づく誤った解釈である。

御家人たちの官位叙任

ここで『吾妻鏡』の作為から離れて、御家人たちの官位叙任の実態についてみてみたい。最も東国武士らしい東国武士と評される和田義盛が「一生の余執」というほど上総介任官に拘り、建保二年（一二一四）には「武州」が公卿相当の位階「三位」への推挙を求めたことからわかるように、御家人たちは朝廷の官位に推挙され、叙任されること、つまり全国共通の名誉

年表:官職と位階の推移

年	月	源実朝	北条義時	大江広元	北条泰時
建保三年	十二月	右中将、美作権守 正二位	善政申請、相模守 正五位下(十六日)	善政申請、前大善大夫 正四位下(十六日)	修理亮 〔未叙爵〕
建保四年	正月	――	相模守 従四位下(十三日)	陸奥守 正四位下(二十七日)	――
	三月	――	――	――	式部丞(二十八日)
	六月	権中納言、右中将 正二位(二十日)	――	改姓申請(十一日)	――
	閏六月	――	――	改姓勅許(一日)	――
	七月	権中納言、左中将 正二位(二十日)	――	――	――
	十二月	――	――	――	従五位下、式部丞 従五位下(三十日)
建保五年	正月	――	右京権大夫 従四位下(二十八日)	――	――
	十一月	――	――	陸奥守辞任 正四位下(十日?)	――
	十二月	――	**実朝推挙**で陸奥守兼任 従四位下(十二日)	前大善大夫入道	――
建保六年	正月	権大納言、左中将 正二位(十三日)	――	――	讃岐守に**実朝推挙** 従五位下(十七日)

ある肩書を手に入れることを望んでいた。武士は命を懸けて戦うだけでも、所領を経営するだけでもない。和歌も詠めば、朝廷の官位も欲しがるのである。とすれば、建保三年（一二一五）十二月、義時・広元・行光らが提言した「善政」「佳運長久の術」の中には、実朝による官位挙任権の行使も含まれていたと考えるべきであろう。

そうした視点で、建保四年（一二一六）以降の幕府首脳部の官位の変動をまとめたのが右記の年表である。義時は建保四年一月、正五位下から従四位下に昇叙。同五年一月、先にみたように相模守から右京権大夫に昇任。広元は同四年一月、「曩祖将軍」頼義や八幡太郎義家も任官し、鎮守府将軍を兼ねるほどの然るべき人が任じられる「大国」の国守、陸奥守に任官。泰時は同四年三月に修理亮から式部丞に遷任。同年十二月、従五位下に叙爵したことがわかる。

さらに、広元の場合、改姓の望みも叶えている。養子先の中原の姓を名乗っていた広元は、実父の姓氏の大江氏が衰退の危機にあることを嘆き、大江への改姓について実朝の許可を求めた。改姓は勅許が要る難しい手続きである。しかし、実朝の口添えがあったためか、六月十一日、広元が朝廷に申請すると、二十日後の閏六月一日、すんなりと勅許がおりた。

以上のことから、建保四年、実朝は「善政」「佳運長久の術」の一環として、首脳部の御家人たちの官位や改姓に力を尽くしていたことがわかる。とすれば、義時・広元の諫言記事を文字通り受け取るわけにはいかないであろう。『吾妻鏡』編纂者の作為によって、事実が改変・粉飾されているといわざるを得ない。

改変・粉飾された記事

では、どのような改変・粉飾が施され、本来の事実はどうだったのか。それを炙り出すには、記事の前提に目を向けなくてはならないと考える。そもそもこの記事は、官職に執着する実朝、官位に執着のない義時・広元という構図を前提にしている。ところが、すでに述べたように、官位に執着がないどころか、建保四、五年（一二一六、七）、義時も広元も官位を上げていた。前提自体が成り立たないのである。とすれば、その逆、つまり官位を欲しがる義時・広元は実朝に対しどのような行動を取ったと想定できるのか、それを考えるべきであろう。

そこで、義時が広元に語った記事を、実朝のことではなく義時自身の官位のこととして解釈し直してみる。すると、御家人たちが在京すべき「顕要」な官職に就いていることに、義時が不満を漏らしている点もしっくりいく。なぜなら、翌年一月、右京権大夫に昇任していることから、義時も京官に任官したいと望んでいたとみられるからである。

しかし、義時は、この年の一月、実朝の推挙で従四位下に昇叙したばかりであった。一年も経たない九月に官職の昇任、それも初の京官への推挙を求めるのは早すぎる。推挙を断られても仕方がない。義時は、自分が諫めても戒めを蒙るだけだと述べているが、自分から推挙を懇請しても、官職に貪欲だと実朝から戒めを蒙るだけだと解釈し直せば筋が通る。

さらに、自分の代わりに広元から申し上げてほしいと頼んだのは、陸奥守という名誉ある官職に推挙された上、改姓の口添えも受けた広元からならば、実朝も受け入れると踏んだからであろう。広元が、義時の使いで来たと前置きしている点も、そう考えれば説明がつく。

案の定、実朝は推挙を断った。広元が重ねて意見できずに退出し、義時に報告したというのはこのことを指しているのであろう。ただ、実朝は、義時がともに将軍親裁を推進する執権であること、重鎮広元の後押しもあることを考慮したのではないか。この件をこじらせて、二人との良好な関係を壊すことは避けたい。実朝の脳裏には、上総介任官を果たせず、挙兵して滅亡した和田義盛のことがよぎったのかもしれない。結局、実朝は懇請を受け入れ、翌年一月、義時は望み通り初の京官に昇任することができた。

記事の前提を反転させ、一つ一つの表現を解釈し直していくと、以上のようなことが炙り出せるのではないか。要するに、この記事の背景にあるのは、義時が自分の官職の推挙について広元を通じて実朝に懇請したが、一旦は却下されたということだったと考える。

とはいえ、これに近いことが事実としてあったとすれば、義時を始祖とする北条得宗家の全盛期に成立した『吾妻鏡』の編纂者がそのまま記事にできたとは思われない。そこに改変・粉飾を施さなくてはならなかった動機がある。どのように改変・粉飾するか。誰もが知っている事実を持ち出すのが有効である。高位高官に昇りながら、実子なくして横死する「嬰害・積殃」に遭った実朝を前面に押し出すことである。こうすれば、京官への任官に執着し、将軍に懇請したにもかかわらず一旦は却下された、ある意味不名誉な執権の姿を糊塗《こと》することができる。編纂者は、実朝の横死を因果応報の運命であったと強調することで、記事の重点を義時から実朝に移そうと意図したのである。実朝が頼朝の政道からはずれ、暗殺に近づいていくことを、数々の凶兆で暗示することにもなる。

改変・粉飾の効果は絶大であった。何しろ現代においても、義時は幕府の執権にふさわしく朝廷の官位に執着しなかったが、実朝は官位に恋々《れんれん》とする武家政権の長にあるまじき将軍であった、あるいは自らの悲劇的な運命を予感する霊感に満ちた貴公子であった、という旧態依然とした実朝像が蔓延《まんえん》しているのである。しかし、義時・広元の諫言記事を解釈し直し、従来の実朝像を覆すことによって、建保年間（一二一三～一二一九）の幕府政治を無理なく捉えることができる。和田合戦後、将軍と執権・首脳部が一体となって推進した将軍親裁は、建保四年の転機を経て権威を増大し、同六年末に向けていっそう高揚していったのである。

第三節　さらなる試練

謎の渡宋計画？

建保四年（一二一六）にはもう一つ大きな出来事があった。「謎の渡宋計画」である。事の発端は、『吾妻鏡』によれば、六月十五日における陳和卿の実朝拝謁であった。和卿は、平家が焼き討ちした東大寺大仏の再建に力を尽くした宋人の技術者である。この日、実朝に拝謁すると、涙を流しながら、前世では実朝が宋の医王山《いおうざん》（阿育王山《あいくおうざん》阿育王寺《あいくおうじ》）の長老、自分はその門弟だったと語った。これを聞いた実朝は、建暦元年（一二一一、三月に改元）六月三日の丑《うし》の刻（午前二時頃）に自分も同じ内容の夢告を得た、と応じた。そして、これまで誰にも話したことはない、と付け加えた。実朝の夢告は実によく的中した。今回の奇跡的な一致も人々を驚かせたことであろう。ただ、注意すべきは、実朝が五年も前の夢告の詳細な日時を示している点、これまで誰にも話さなかったと付け加えている点、そして陳和卿の言葉を受ける形で自分の夢告を告白している点である。実朝に何か思惑があり、あえて和卿の言葉を利用しようとしたとみることも十分に可能である。

その約六ヵ月後（建保四年には閏六月がある）、『吾妻鏡』十一月二十四日条は、実朝が驚きの命令を下したことを記す。

> 将軍家、先生《せんじょう》のご住所、医王山を拝し給はんがため、渡宋せしめおはしますべきの由、思し食し立つによって、唐船を修造すべきの由、宋人和卿に仰す。また扈従《こしょう》の人、六十余輩を定めらる。朝光奉行す。相州・奥州、頻りに以て諌め申さると雖も、ご許容あたはず。造船の沙汰に及ぶと云々。

前世に住んでいた「医王山」阿育王寺を参詣するため「渡宋」することを思い立った実朝は、海を渡れる巨大な船「唐船」を建造するよう陳和卿に命じた上、有力御家人結城「朝光」を奉行に指名し、随行員「六十余輩」を定めたのである。「相州」義時、「奥州（陸奥守）」広元は頻りに「諌め」たが、実朝は聞き入れることなく「造船」を開始させたという。

従来は、『吾妻鏡』のこの記事を鵜呑みにする形で、陳和卿の言葉を信じた実朝が阿育王寺に参詣しようと渡宋を計画したと理解されてきた。将軍が唐船を建造させて自ら渡宋する。あまりにも唐突かつ無謀であり、「謎の渡宋計画」とされた。そして、その「謎」を解くために、和歌や蹴鞠といった公家文化に耽溺する実朝が御家人社会から乖離し、幕政からも遠ざけられ、その虚無感に日本脱出を図ったのではないかと考えられたのである。

しかし、これまで繰り返し述べてきたように、和歌や蹴鞠といった「文化」は良好な朝幕関係を築くための「政治」のツールであり、実朝が幕府の政治から遠ざけられたことも、御家人社会から乖離したこともなかった。第一、唐船建造命令を下した十一月二十四日は、前節で触れたように、権中納言という現任の公卿に任官した後、初めて直衣を着す晴れの儀式「直衣始」の翌日である。後鳥羽の支援を確信し、将軍親裁の権威増大を図っていた実朝には、虚無感も日本脱出も無縁である。

唐船建造の狙い

では、唐船建造を命じた実朝の狙いとは何だったのか。以前は、随行員六十余人を定めた点に着目し、実朝は執権に対抗するための「将軍派閥」形成を狙ったのではないかと考えた。しかし、将軍実朝と執権義時とは信頼し合う補完・協調関係にあり、いわば「チーム鎌倉」であったことが前節までの考察で明らかになった。将軍派閥を形成する必要などなかったのである。とすれば、実朝の狙いについて検討し直さなくてはならないであろう。

そこで、注目したいのが、小林直樹氏など諸先学が指摘する実朝の舎利《しゃり》信仰である。『吾妻鏡』建暦二年（一二一二）六月二十日条によれば、実朝は二度の渡宋経験を持つ寿福寺長老栄西から「仏舎利三粒」を相伝したという。また栄西は、実朝が建立した大慈寺で、建保二年（一二一四）十月十五日、「舎利会」を始行している。さらに、最初の渡宋の際、栄西は舎利信仰の聖地とされる阿育王山すなわち「医王山」にも参詣していた。実朝の求めに応じて栄西がその実体験を語った可能性は高い。とすれば、陳和卿の拝謁を受ける前から、実朝は舎利信仰の聖地「医王山」阿育王寺に関心を寄せていたと考えることができよう。

しかも、この建保四年（一二一六）の二月五日、群盗が東寺《とうじ》の宝蔵に侵入し、舎利や仏具など代々の宝物《ほうもつ》を盗み取るというとんでもない事件が発生していた。朝廷は、二月九日、盗人捕縛、舎利・道具奪還のための官宣旨《かんせんじ》を五畿七道すなわち全国に下した。醍醐寺に伝来する「官宣旨写《うつし》」（『遺』二二〇八号）には、「舎利は、一代教主の遺身、道具は三国相承の霊宝也。仏法すでに衰微の期を得て、王法また鎮護の力を失ふ」とある。舎利は釈迦《しゃか》の遺骨、道具は天竺・中国・朝鮮半島を経て日本に伝わった霊宝であり、それらが盗まれたことで仏法は衰退の時期を迎え、王法もまた鎮護の力を失ったというのである。また、『東寺百合文書《とうじひゃくごうもんじょ》』の「東寺宝蔵納物注進状」（『遺』二二二一号）によれば、盗まれた仏舎利は赤地錦の袋に入れられた「弐壺」だったという。たった二壺の舎利が盗まれただけでも、仏法・王法の力が失われると考えられていたわけである。

官宣旨は二月十九日、鎌倉にも届いた。実朝は善政の一環として「二所詣」を行うため精進潔斎《けっさい》に励んでいたため、まず善信に、朝廷の命令を東国の御家人たちに伝えるよう命じた。無論、精進が終われば実朝も官宣旨を読んだはずで、舎利と仏法・王法との密接な関係や、舎利の紛失が招く危険性を認識したであろう。幸いにして二月二十九日、後鳥羽の院近臣藤原秀《ひで》能《よし》・秀康《ひでやす》兄弟が盗人を捕縛し、舎利や仏具は、三月九日、再び東寺に安置された。ただ、この一件は舎利の重要性を実朝にいっそう強く意識させる契機になったと思われる。そして、栄西が参詣し、前世では実朝が長老だったと陳和卿が語った「医王山」、この舎利信仰の聖地から舎利を取り寄せ、鎌倉に安置することこそ善政に他ならない、と実朝は思い至ったのではないか。そこに唐船建造の一つの狙いがあったと考える。

近臣葛山景倫の派遣

ところで、鎌倉末期に著述された無住の『雑談集』や、永徳《えいとく》二年（一三八二）頃に編纂された栄西の孫弟子無本覚心《むほんかくしん》の伝記『円明国師行実年譜《えんみょうこくしぎょうじつねんぷ》』には、実朝が派遣した使者葛山景倫《かつらやまかげとも》が、筑紫《つくし》まで下ったものの、実朝暗殺の報せを聞き、渡宋を断念、出家して「願生《がんしょう》」と名乗り、高野山《こうやさん》で実朝の菩提を弔ったという話がみえる。景倫自身が残した嘉禎《かてい》二年（一二三六）四月五日付の「葛山願生書状案」（『遺』四九六〇号）にも、

> 蓮花王院領紀伊国由良庄の地頭職は、去る承久元年正月廿七日、鎌倉右大臣家薨御の刻、景倫法名願生出家後、高野山に居住するの間、故二品禅尼仰せられていはく、当庄の地頭得分を以て、住山の資縁となし、故右大臣家の御菩提を訪ひ奉るべきの由と云々

「鎌倉右大臣家」実朝が亡くなると、景倫は「願生」という法名で出家し、「高野山に居住」していたが、「故二品禅尼」政子から、高野山「蓮花王院《れんげおういん》領紀伊国由良庄」の「地頭得分」つまり地頭の報酬を山に住む費用に充《あ》て、「故右大臣家」実朝の「御菩提」を弔うよう命じられたとある。文永《ぶんえい》元年（一二六四、二月に改元）八月九日付の「願生葛山景倫寄進状案」（『遺』九一四二号）にもほぼ同じ内容の記載がみえる。『雑談集』『円明国師行実年譜』の話などと合わせれば、実朝は自分自身ではなく近臣を渡宋させようとしたと考えることができる。

ただ、景倫の場合、実朝暗殺を知って渡宋を断念したわけであるから、彼が派遣されたのは建保六年（一二一八）で、建保四年（一二一六）の唐船建造の時ではなかった。なぜ実朝は建保六年にも近臣を渡宋させようとしたのか。この点については次章で述べることにしたい。

なお大塚紀弘氏は、使者の派遣先は浙江省温州の霊山鴈蕩山《がんとうざん》、目的は鴈蕩山を絵図に描かせ、その絵図通りに寺院を建立することだったという『法灯国師縁起《ほっとうこくしえんぎ》』の話にも言及する。同縁起は、弘安《こうあん》三年（一二八〇）に覚勇《かくゆう》が撰述した師覚心《かくしん》の伝記である。いずれにせよ、実朝は自分が渡宋するのではなく、近臣を派遣して舎利や絵図を手に入れようとしたといえる。

日宋貿易と実朝

ただ、実朝の狙いはそれだけではなかったと考える。というのは、栄西との交流の中で、たびたび宋の文物が話題にのぼっていたからである。たとえば、建保二年（一二一四）二月四日、実朝が「去夜御淵酔の余気」つまり二日酔いで体調を崩した際、栄西は宋からもたらした茶を「良薬」として献上した。「茶一盞《せん》」には「茶の徳を誉《ほ》むる所の書」一巻が添えられていた。栄西の著作『喫茶養生記《きっさようじょうき》』である。

さらに、宋版一切経《そうはんいっさいきょう》である。『本朝高僧伝《ほんちょうこうそうでん》』や『建仁西公塔銘』によれば、栄西は宋で一切経（大蔵経《だいぞうきょう》）を三度閲読し、比叡山に帰ってからも細閲したという。そして、一切経を宋から請来することを企図し、栄西自身が著述した『誓願寺盂蘭盆縁起《せいがんじうらぼんえんぎ》』によれば、九州今津《いまづ》の誓願寺で到着を待ったという。建暦元年（一二一一、三月に改元）十月二十九日、栄西は大《だい》阿闍《あじゃ》梨《り》となって実朝臨席のもと、永福寺で一切経の供養を盛大に行った。これがその宋版一切経であったかどうか定かではないが、栄西が一切経の輸入話を実朝に語った可能性は十分にある。こうしたことから、実朝も日宋貿易による輸入品に関心を寄せるようになったであろう。

大塚氏によれば、平安後期から鎌倉前期、日宋貿易を行う唐船は九州の博多湾に来航・停泊するのが基本であったという。院政期には院や上流貴族の間で、宋から輸入された孔雀《くじゃく》・鸚《おう》鵡《む》などの鳥類や珍奇な唐物《からもの》が贈答品として重宝された。平清盛による大輪田泊《おおわだのとまり》修築後、唐船は瀬戸内海を航行して大輪田泊に来航するようになり、博多綱首《ごうしゅ》（唐船運航の責任者である博多在住の中国系貿易商人）と、京都の荘園領主との直接的な結びつきが生まれた。銅銭も京都に流入し、貨幣として受容されるようになる。しかし、輸入品の鎌倉への輸送・販売は国内の流通網に乗せて行われ、唐船が鎌倉まで航行してくることはなかった。

ところが、『吾妻鏡』貞永《じょうえい》元年（一二三二、四月に改元）七月十二日条には、

今日、勧進上人往阿弥陀仏の申請に就き、舟船の着岸の煩ひをなくさんがため、和賀江嶋を築くべしと云々。武州殊に御歓喜、合力せしめ給ふ。諸人又助成すと云々。

とある。これによれば、鎌倉中期の貞永元年、「舟船の着岸の煩ひ」をなくすため、由比ヶ浜東端に「和賀江嶋《わかえじま》」という港湾施設を築きたいと「勧進上人往阿弥陀仏《かんじんしょうにんおうあみだぶつ》」が申請すると、

「御歓喜」した三代執権の「武州」北条泰時はさっそく「合力」し、多くの人が「助成」したという。工事は七月十五日に始まり、八月九日に終了した。工期が短いことから、石椋《いしぐら》を載せた船を海中に沈めて造成した人工島だったと推測されている。以後、鎌倉にも唐船が来航するようになり、海運の拠点を得た幕府は、直接、貿易に関与するようになる。

以上にみた実朝と栄西の交流、京都における日宋貿易の隆盛、鎌倉中期以降の幕府の貿易関与を勘案すると、実朝の狙いが単に舎利や絵図を手に入れることだけではなかったと思えてこよう。鎌倉ではみたこともない巨大な「唐船」を建造しての渡宋である。様々な貴重な唐物を将軍主導で輸入することも視野に入れていたのではないか。建保四年（一二一六）における後鳥羽の支援を受けた将軍親裁の高揚、将軍の権威・権力の増大からみて、日宋貿易の直接掌握という狙いはあながち非現実的なものではなかったと考える。

唐船の建造成功と進水失敗

とはいえ、これまで鎌倉に唐船が来航したことはなかった。唐船建造が先例のない一大プロジェクトであったことは間違いない。そこで実朝が目をつけたのが陳和卿だったのではないか。和卿は、元久三年（一二〇六、四月二十七日に建永と改元）四月十五日付「後鳥羽院庁《いんのちょう》下文《くだしぶみ》」（『遺』一六一三号）によれば、「仏殿造営の始、数丈の大柱を切り破り、忽ち私の唐船を造」るなど不当な所行を重ね、東大寺から訴えられていたという。「忽ち私の唐船を造」るという記述から、和卿が唐船建造の技術を持っていたことがわかる。この情報を実朝が把握していたかどうか、また和卿が彼なりの思惑で自らアピールしたかどうかは不明である。しかし、著名な技術者であることは実朝も知っていた。そこで、あえて五年も前の夢告を持ち出し、奇跡的な一致を演出することで人々に強烈な印象を与え、その造船技術を活用できる環境を整えようとしたのではないか。その上で、将軍の権威・権力がさらなる高揚をみせた「直衣始」の翌日というタイミングを選び、プロジェクトの始動を宣言したのであろう。

しかし、唐船の建造は、先例がないだけでなく、莫大な費用と多数の人員が必要な大規模プロジェクトである。実朝と補完・協調関係にあり、将軍を支える役割を担う執権の義時や、首脳部の一人である広元が反対したのは、その意味で当然のことであった。しかし、かまわず実朝は建造を開始させ、建保五年（一二一七）四月十七日、唐船は無事に完成した。陳和卿が指揮・監督したとはいえ、五ヵ月足らずで巨大な船を完成させるということ自体、いかに将軍実朝の権威・権力が大きかったかを如実に示すものである。

『吾妻鏡』同日条によれば、この日、浜辺に巨大な姿を現した唐船の進水式が行われたという。「右京兆（右京権大夫）」義時がその場に臨んで監督し、二階堂行光が「行事」の責任者となった。そして、実朝のみまもる中、御家人たちに差し出させた「疋夫《ひっぷ》数百輩」つまり人夫数百人が、陳和卿の指示に従って、午《うま》の刻（正午頃）から申の刻の終わり（午後五時頃）まで「筋力を尽くして」曳き、「彼の船を由比浦に浮かべんと擬し」た。ところが、「この所の体たらく、唐船、出入すべきの海浦に非ざるの間、浮かべ出だすにあたはず」、由比浦の地形は唐船のような巨大な船が出入りできる海浦ではなかったため、船を進水させることができなかった。実朝はむなしく「還御《かんぎょ》」し、「彼の船は徒に砂頭に朽ち損じた」のであった。

このように『吾妻鏡』は、陳和卿の怪しげな言葉を信じた実朝が、義時・広元の反対を押し切って唐船の建造を命じ、多大な費用と労力をかけたあげく進水すらできずに終わった、という壮大な失敗譚に仕立てている。ここにも政道を踏み外す実朝、それを諫める賢臣義時・広元という構図がみてとれる。さらにまた、第二章第一節でも触れたように、頼朝は陳和卿に面会を拒絶されていた。陳和卿と面会して失敗した実朝との対比は明白である。『吾妻鏡』は、実朝が頼朝の政道を継承できなくなってきたことを暗示しようとしたのであろう。

先見性ゆえの失政

とはいえ、唐船の建造、進水失敗自体は史実であったと考える。鎌倉は目の前が海である。しかも、当時は滑川《なめりがわ》の河口が現在より百数十メートル北にあり、由比ヶ浜は浜辺というより船が停泊しやすい入り江のような「由比浦」になっていた。貞応《じょうおう》二年（一二二三）の鎌倉を描いた紀行文『海道記《かいどうき》』は、「数百艘《すはくそう》ノ船ドモ、縄《つな》ヲクサリテ、大津ノ浦ニ似タリ」数百艘もの船が停泊していて近江の大津《おおつ》の浦に似ていると記している。沿岸を航行する商船や釣り船だったと思われるが、多数の船が出入りする港だったのである。実朝が由比浦の浜に唐船を建造し、出帆させようと考えたのも当然なのである。

しかし、由比浦は遠浅の地形であった。巨大な船の出入《しゅつにゅう》には適さなかったのである。それは現代の船舶工学の視点からも確認されている。事前のリサーチ・ミスといえよう。ただし、その責任は実朝ではなく、技術者である陳和卿が負うべきものである。

先に述べたように、貞永元年（一二三二、四月に改元）七月、泰時は「舟船の着岸の煩ひ」をなくすため和賀江嶋という港湾施設を造成した。なぜ浜の東端に人工島の港を築かせたのか。由比浦が巨大な船の出入に適さない地形だと知っていたからと考えるのが自然であろう。

中世鎌倉図《前期(古代末～鎌倉時代後期)》

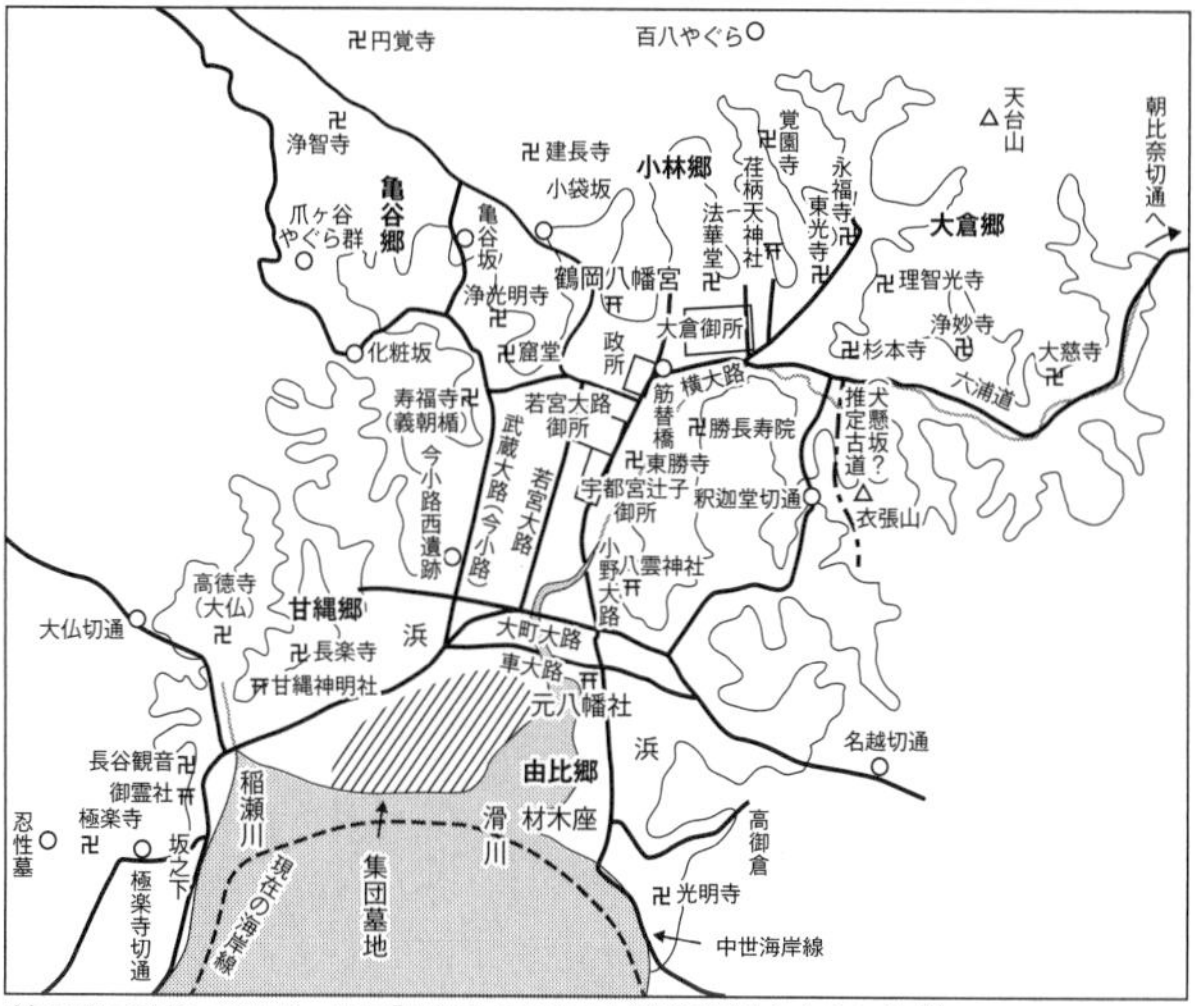

(永原慶二監修、石上英一他編『岩波日本史辞典』〈岩波書店〉をもとに作成)

無論、泰時が船舶工学の知識を持っていたわけではない。それ以前の経験、すなわち由比浦における唐船の進水失敗を目撃した、その経験に学んでいたと考えるのが最も説得力がある。

実朝が将軍主導による貿易掌握という狙いを抱いていたのであれば、十五年先の泰時の時代を見通す先見性があったと評価できよう。ただ、急ぎ過ぎた。どんな思惑を抱いているかわからない陳和卿に現場を任せ過ぎたのである。先見性ゆえに足元が疎《おろそ》かになったともいえる。結果として、由比の浜辺に巨体をさらして朽ちていく唐船は、将軍失政の象徴となり、さらなる試練を実朝に与えたのであった。

第五章

源氏将軍断絶

第一節　後継将軍問題

後継将軍不在という異常事態

建保年間（一二一三〜一二一九）、幕府には解決しなくてはならない難題があった。実朝の後継将軍問題である。御台所の坊門信子が鎌倉に下着したのは元久元年（一二〇四、二月に改元）十二月、それから建保四年（一二一六）末までに十二年の歳月が経っていた。にもかかわらず、実朝・信子夫妻に子供は一人も生まれていなかった。

現在と違い平均寿命の短い中世では、二十歳前に家督継承者となる子供をもうけることが多かった。しかも、医療の未発達や劣悪な衛生環境により、生まれた子供が幼くして死亡するケースも少なくなく、権力者たちは御台所（正室）の他に複数の妾（側室）を取って子を産ませ、後継者を確保するのが通例であった。しかし、二十代半ばになっても、実朝は妾を取ろうとしなかった。むろん頼朝の血を引く公暁・禅暁など二代将軍頼家の遺児はいた。彼らを後継将軍に立てる選択もないわけではない。ところが、実朝にその意思はなく、後継将軍不在という異常事態が続いていた。これは幕府にとって由々しき問題である。

なぜ実朝は子が生まれないにもかかわらず、妾を取ろうとしなかったのか。なぜ頼家の遺児を後継将軍に立てようとしなかったのか。以前は、実朝の肉体的な欠陥または性的志向が問題の根底にあるのではないかと考えてみた。とはいえ、それを証明するのは不可能である。より客観的に、実朝の置かれた環境の中に謎を解くヒントを探るべきであろう。その際にまず注目したいのが、御台所坊門信子の存在である。

御台所坊門信子と実朝

御台所の信子は、後鳥羽の母七条院殖子の弟である院近臣坊門信清の娘、つまり治天の君の従兄妹であり、院近臣の実の娘であった。また、姉妹の坊門局は後鳥羽に愛され、仁和寺宮道助入道親王《にんなじのみやどうじょ》、嘉陽門院礼子《かようもんいんれいし》、冷泉宮頼仁親王《れいぜいのみやよりひと》を産んでいた。承久の乱後、配所の隠岐で後鳥羽が亡くなるまで近侍したのも坊門局である。また、彼女の産んだ頼仁は、後鳥羽の乳母として権勢を振るう卿二位藤原兼子《けんし》に養育されていた。さらに、従二位・権中納言・左衛門督の兄忠信も院近臣の公卿であった。そして何より、第三章第一節で述べたように、後鳥羽自身が御台所選定に関与した可能性があった。こうした血統、家族、人脈を持つ信子は、後鳥羽と良好な関係を築いてきた実朝にとって極めて価値ある存在だったといえる。

また、『吾妻鏡』をみる限り、政子も信子が鎌倉で生活の支障をきたさないよう、何くれとなく世話を焼いていたように思われる。二人が牛車に同車して儀式や法会《ほうえ》に臨んだ例は少なくない。政子は源家の家長として御台所の信子を大切に扱ったということであろう。

ほぼ同い年の実朝・信子は夫婦仲もよかった。『吾妻鏡』建暦二年（一二一二）三月九日条によれば、実朝は政子、信子、義時、時房、広元、広元の子の親広などを伴って三浦三崎《みさき》の御所に出かけ、船中で鶴岡別当定暁《じょうぎょう》が連れてきた童の芸能をともに堪能したという。建保三年（一二一五）六月五日条には、実朝が「御台所の御方に祇候する人」の数を定めた上、御前で結番させ、とくに「容儀」の優れた者を選んだとある。信子への心遣いであろう。

さらに、建保五年（一二一七）三月十日条にみえる次のエピソードは実に微笑ましい。

晩頭、将軍家桜花を覧《み》んがため、永福寺に御出。御台所御同車。先ず御礼仏。次いで花の林の下を逍遥し給ふ。その後、大夫判官行村の宅に入御し、和歌の御会あり。亥の四点に及び、月に乗じて還御。

この日、実朝は夕方になって桜をみようと永福寺に出かけた。信子も同じ牛車に乗った。永福寺ではまず仏に拝礼し、それから美しい桜の花の下を散策した。その後、二階堂行村の家で

後鳥羽・実朝関係系図

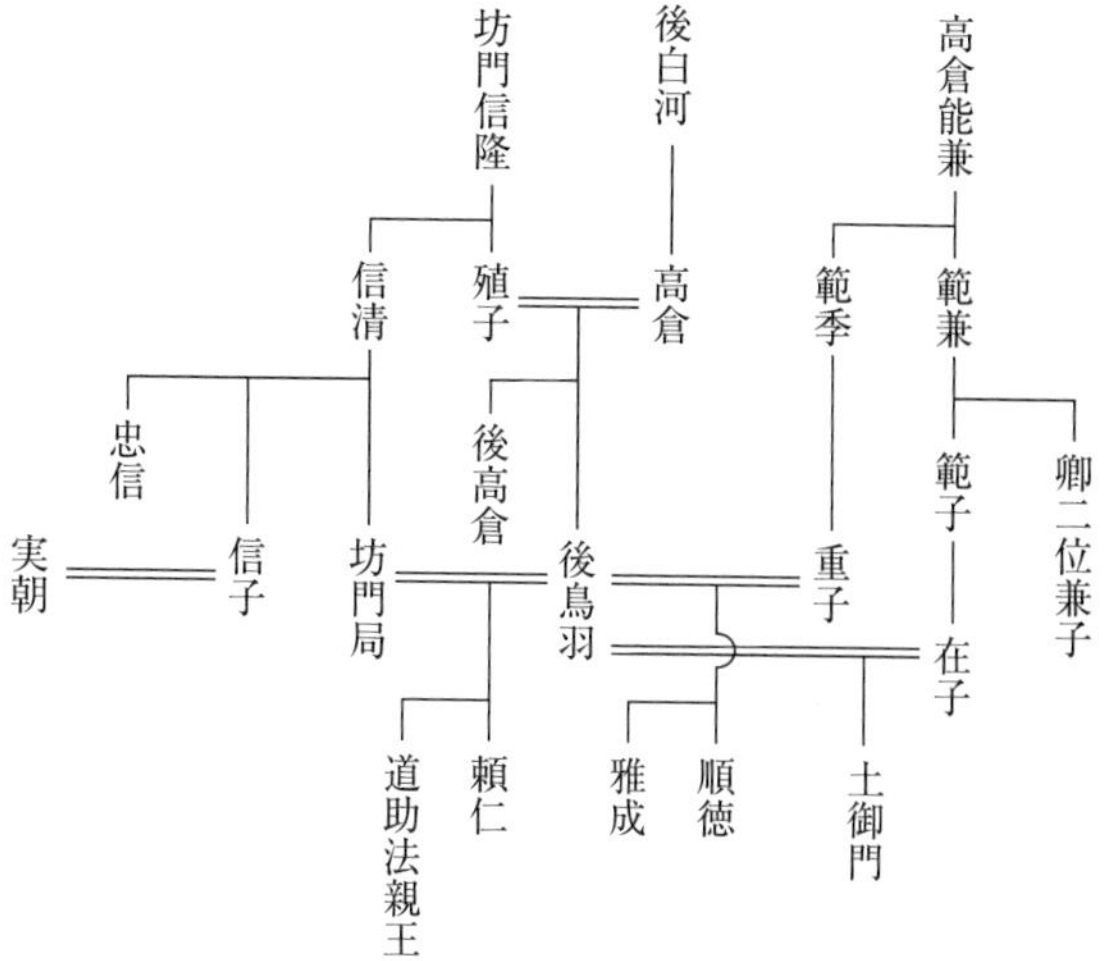

和歌の会を催した。深夜十一時近くになり、月を愛《め》でつつ御所に帰った、というのである。牛車に同車して赴いた永福寺で、桜を楽しみながら散策する実朝・信子夫妻。深夜まで和歌の会に興じ、月明かりの中、再び牛車に同車して帰る二人。ここには政子も義時も広元もいない。夫婦の仲睦まじさを髣髴させる、『吾妻鏡』には珍しい微笑ましい記事である。

　夫婦仲のよさには、四年前に起きた和田合戦での体験も影響していたかもしれない。将軍御所まで焼け落ちた和田合戦では、間一髪の差で実朝は広元に伴われて法華堂に逃れ、三浦義村の働きで信子も政子とともに鶴岡の別当坊に避難した。実朝も信子も命の危険を実感したであろう。しかし、実朝は将軍として御家人たちを結集させ、勝利を手にした。この夫に対し、信子がそれまで以上に尊敬の念を抱くようになったとしても不思議ではない。単なる想像かもしれないが、実朝死後の信子の生き方をみるとそう思わずにはいられない。

実朝暗殺の翌日に信子は出家した。そして、ほどなく京都に戻り、八条朱雀《すざく》あたりに住んで「西八条禅尼」とも、「本覚尼《ほんがくに》」とも呼ばれた。自邸を寺とした彼女は、寛喜《かんぎ》三年（一二三一）の実朝十三回忌に堂供養を行い、嘉禎元年（一二三五、九月に改元）の十七回忌には法華八講を修した。文永《ぶんえい》九年（一二七二）の置文《おきぶみ》によれば、寺名は遍照心院《へんしょうしんいん》、実朝の御影《みえい》を堂内に置いて追善する寺であったという。その二年後、文永十一年（一二七四）九月、八十二歳で亡くなるまで、信子は亡き夫の菩提を弔い続けた。実朝に対する思いを偲ばせるものである。

後継将軍に対する実朝の意識

当時、貴族や上流の武士の間では一夫多妻があたり前であった。その中で、信子と仲睦まじく暮らした実朝は珍しく一夫一婦に拘ったといえる。ただ、それは単に愛情のレベルに留まるものではなかったと考える。先にみたように、信子は実朝が政治・文化の模範としてきた治天の君後鳥羽と、血統・家族・人脈という点で極めて近い関係にあった。実朝にとって明らかに特別な存在だったのである。

実朝も、正二位・権大納言・右近衛大将という公卿にして初代将軍の頼朝の実子であった。しかも、自分自身、正二位・権中納言という公卿であり、摂関家とほぼ同格の扱いを受けてきた貴種である。将軍親裁を推進する実朝にとって、摂関家相当の貴種というのは極めて大きな意味を持っていた。後継将軍は、特別な存在たる信子と貴種たる自分との間に生まれる子以外にない、実朝がそう意識するようになったというのは十分にあり得ることである。

妾を持とうとしなかったのも、そうした実朝の置かれた環境、自分の中で育んできた意識を考えれば理解できないことはない。都の女性を妾に迎えるのは後鳥羽との関係からいって憚りがある。都と関係のない東国武士の娘を妾に取った場合、その女性が産む子は、血統・人脈という点で信子が産む子とはあまりにも格が違う。摂関家相当の貴種たる自分の後継者にはふさわしくない。そうした意識が妾を取ることを妨げていたのではないか。

御家人たちの意識

一方、当時の御家人社会には、すでに明らかにしたように、頼朝の血を引く者が将軍になるという「源氏将軍観」が定着していたと考える。源家の家長で、実朝の生母である政子はもちろん、執権の義時も、広元・行光・義村ら首脳部の面々も、頼朝の子である実朝の実子が跡を継ぐ、継ぐべきだと考えていたとみるのが自然である。さらに、後鳥羽の朝廷との関係を考慮すれば、信子に実朝の子を産んでもらうのが最善であった。

ところが、実朝・信子夫妻に子ができない上、実朝が妾を取ろうとしないため、政子・義時以下の首脳部は頭を悩ませることになった。在京することが多く、後鳥羽とのつながりも強い摂津源氏の名門源頼茂などは、実朝に子が生まれなければ次の将軍は自分だ、と野望を抱いていた可能性もあろう。しかし、頼茂をはじめ足利・大内・武田など諸大夫の源氏一門を将軍に立てることは「源氏将軍観」の否定である。元久二年（一二〇五）閏七月の牧氏事件では、大内惟義の弟平賀朝雅が将軍に擁立されそうになり、義時の指示で討たれている。首脳部に源氏一門という選択肢はなかったと考えられる。

となると、実朝の意思とは違うが、公暁・禅暁ら頼家の遺児を後継候補にする選択肢も浮上してこよう。確かに、政子は公暁を実朝の猶子にするよう計らい、鶴岡別当の門弟に送り込むなど、悲惨な最期を遂げた我が子頼家の忘れ形見を支援してきた。しかし、頼家乳母夫の比企一族を攻撃する時政の策に同意したのも政子であった。また義時は、いったんは脱出した頼家の子一幡をわざわざ探し出して殺させ、刺客を送って修禅寺に幽閉された頼家を殺害させた前歴を持っていた。幼き将軍実朝を守るためにはやむを得ないことであったとはいえ、公暁・禅暁からしてみれば、父と兄を殺した側の人間であることに違いはない。鶴岡八幡宮の別当に立てようというのならともかく、将軍すなわち主君に戴くのがいかに危険なことか、政子・義時たち本人が一番よくわかっていたはずである。

要するに、「源氏将軍観」を持つ御家人たち、そして北条氏にとっても、実朝の実子以外の源氏を将軍に立てるという選択肢はなかったのである。この点で、実朝と御家人たちの意識は一致していたといえよう。

親王将軍推戴という構想

とはいえ、後継将軍不在という異常事態をいつまでも続けるわけにはいかない。実朝は、信子の子の誕生に淡い期待を寄せるとともに、何らかの手立てを模索するようになったと思われる。しかし、血統・人脈という点で、治天の君たる後鳥羽と極めて近い関係にある信子が産む子と同格、これはかなり高いハードルといえよう。周囲をみわたしても簡単にはみつけられそうにない。さすがの実朝も諦めかけたのではないか。

ところが、ここで実朝は驚くべき発想の転換を行う。自分の周囲ではなく、信子の周囲、し

官制体系からみた朝廷と幕府

【朝廷】	【幕府】
「治天の君」後鳥羽院	
天皇	親王
摂政・関白	「将軍」源実朝
三位以上「公卿」	(従二位)「源家家長」北条政子
四位・五位「諸大夫」(堂上・殿上人)	「諸大夫」執権:北条義時
六位以下「侍」(地下)	「侍」地頭御家人

かも信子と極めて近い関係にある後鳥羽その人に目を向けたのである。後鳥羽は、建保三、四年(一二一五、六)頃から、実朝に手をさしのべていた。その後鳥羽の皇子ならば高いハードルを楽々と越えることができる。いや、これ以上の存在はない。後鳥羽の親王を鎌倉に招来して将軍に推戴し、自分は将軍を辞した上、親王の後見役に回る。驚くべき発想の転換によって、実朝はこの大胆極まりない構想を思いつくに至ったと考える。

次節でみることになるが、構想の実現に向けて幕府が動き出すのは建保六年(一二一八)一月である。それ以前には、親王将軍構想の存在をにおわせる史料は一つもない。ところが、建保六年になると、突然、政子・時房が交渉役として上洛し、一気に事が進んでいく。こうしたことから、後継将軍不在の異常事態に危機感を募らせた、政子・義時・時房ら北条氏がこの構想の発案者だったとする見解もある。しかし、それはあり得ない。なぜなら、実朝と北条氏とでは身分・格、後鳥羽との距離が違いすぎるからである。

実朝は正二位・権中納言・左近衛中将という公卿であり、摂関家相当の扱いを受ける貴種である。しかも、後鳥羽から「実朝」という実名を賜り、和歌や蹴鞠を通じて親交を重ね、後鳥羽の従兄妹を御台所にする将軍である。個人的な絆《きずな》も強く、朝幕のトップとして後鳥羽と信頼関係を築いている。

これに対し、義時は建保四年一月に従四位下、翌年一月にようやく右京権大夫という京官に任じられた諸大夫、時房も在京経験はあるものの、国守レベルの諸大夫にすぎない。確かに、義時は娘を一条能保の子の実雅《さねまさ》や西園寺公経《さいおんじきんつね》の子の実有《さねあり》に嫁がせ、時房も娘を能保の孫の頼氏に嫁がせるなど、幕府と関係の深い一条家・西園寺家と姻戚関係を結んでいた。しかし、後鳥羽に拝謁したことなどなかった。唯一、政子だけは、建久六年（一一九五）の頼朝二度目の上洛に際し、当時十六歳の後鳥羽天皇に将軍御台所として拝謁している。また、京都周辺の権門寺社との交渉を担当し、妹阿波局の娘と三条公佐との婚姻を成立させるなど、京都政界では頼朝の後家として名を知られた存在だったであろう。しかし、官制体系の中では、所詮《しょせん》、無位無官の尼に過ぎない。後鳥羽が治天の君となってからは、拝謁したことも個人的に交流したこともなかった。要するに、北条氏にとっては、後鳥羽の親王を将軍に推戴するなど余りにも畏れ多く、思い描くことすらできなかったと考えられるのである。

ただ、実朝にとっても畏れ多い構想だったことは間違いない。きっかけとなる何らかの大きな出来事がなければ思いつくことはなかったであろう。そのきっかけとは何か。事は建保六年一月に動き始めるわけであるから、それ以前、建保五年（一二一七）に起きた出来事である可能性が高い。思い当たるのは、四月の唐船の進水失敗である。莫大な費用と多数の人員を使って巨船を建造したにもかかわらず、船を海に浮かべることすらできなかったのである。順調に推進してきた将軍親裁に汚点を残す失敗であった。傷ついた実朝は、汚名を返上したいと強く思ったのではないか。この失敗が一つのきっかけとなって発想の転換が起こり、後継将軍問題を一気に解決する大胆な構想を思いつくに至ったと考える。

ただ、大それた構想であるだけに、実朝としてもそう簡単に他言はできなかったであろう。熟考を重ねた末、建保五年も後半、あるいは年末になって、政子・義時・広元ら首脳部の面々に打ち明けたのではないか。彼らも驚愕したと想像する。しかし、先にみたように、実朝と御家人たちの後継将軍に対する意識には一致がみられた。首脳部も実朝の提案に賛同し、ここに親王将軍推戴に向けた極秘プロジェクトが動き始めることになったと考える。

第二節　後鳥羽・実朝・北条氏

極秘プロジェクト始動

建保六年（一二一八）一月十三日、実朝は権大納言に昇任した。権中納言任官から一年半余、摂関家庶子とほぼ同格のスピード昇進である。官位による後鳥羽の実朝支援が続いていることがわかる。これで、尊敬する亡父頼朝の官位にほぼ並ぶこととなった。あとは左中将から左右どちらかの大将に昇るだけである。

権大納言任官の報せが鎌倉に届いたのは一月二十一日であった。その六日前の一月十五日、幕府は重要な審議を行った。『吾妻鏡』同日条によれば、

政所において、尼御台所の南山御参詣の事、その沙汰あり。相州扈従《こしょう》せらるべしと云々。

「政所」で「尼御台所」政子の「南山御参詣」熊野詣《くまのもうで》に関する審議があり、在京経験のある「相州」時房が付き随うことになったという。時房は、兄の義時が相模守から右京権大夫に昇任したほぼ一年後、建保五年（一二一七）の十二月十二日、武蔵守から相模守に遷任《せんにん》していた。

今回議題となったのは、表向きは政子の熊野詣である。しかし、将軍家政所で審議していることから、真の議題は親王将軍推戴に向けた極秘プロジェクトであったとみていい。それを裏付けるのが『愚管抄』にみえる二つの記述である。一つは、

コノ事ハ、熊野詣ノレウニノボリタリケルニ、実朝ガアリシ時、子モマウケヌニ、サヤアルベキナド、卿二位モノガタリシタリ

「コノ事」とは、政子が「熊野詣」で上洛した際、実朝が存命中、子ももうけずにいたことから、「サヤアルベキ」などと「卿二位《きょうのにい》」、つまり後鳥羽の乳母藤原兼子が語ったという記述であり、今一つはこの直前に置かれた、次の記述である。

院ノ宮コノ中ニサモ候ヌベカランヲ、御下向候テ、ソレヲ将軍ニナシマイラセテ持《もち》マイラセラレ候へ

実朝暗殺後、幕府の使者として上洛した二階堂行光が、「院」後鳥羽の「宮」皇子の中で然るべきとお思いになるお方を、鎌倉に「御下向」させられて、「将軍」になさってくださいと語ったという記述である。卿二位が語ったという「コノ事」「サヤアルベキ」の内容を指している。この二つの記述から、熊野詣を口実に上洛した政子と卿二位との間で、後鳥羽の皇子を鎌倉に下向させて将軍に推戴するという問題が話し合われたことがわかる。

朝幕交渉

幕府の動きは迅速であった。『吾妻鏡』によれば、二月四日、政子と時房が鎌倉を発った。『愚管抄』によれば行光も「奉行」として加わっていた。それを追いかけるように、二月十日、広元が実朝の「仰せを奉」って、「大将御所望の事」を朝廷に伝える使者を発遣した。その二日後、「必ず左に任ぜしめ給ふべきの由」つまり頼朝と同じ右近衛大将ではなく、格上の「左」近衛大将に任じてほしいと重ねて使者を発遣する念の入れようであった。この広元がわずか一年半前に「大将」昇任の望みを先延ばしするよう実朝に諫言したとは考え難い。第四章第二節の諫言記事は、やはり『吾妻鏡』の改変・粉飾とみなすべきである。

朝廷の対応も早かった。最初の使者の入洛を受け、頼朝の先例に従って実朝を右大将に任じるため、現任の右大将源通光《みちてる》を辞任させる手はずを整えた。ところが、重ねて使者が入洛したことで、三月六日、左大将に補任したという。さらに同日、左大将が兼任する名誉職、左馬《さま》寮《りょう》御監《ごかん》に任じる宣下もあった。左大将の除書は三月十六日に鎌倉に届き、左馬寮御監の宣旨を携えた勅使中原重継《しげつぐ》は、十八日に鎌倉に入った。勅使の宿所は広元が手配した。

一方、義時はといえば、この時期の『吾妻鏡』『愚管抄』に名前が出てくることはほとんどない。勅使重継が宣旨の文書を実朝に献上するため御所に参上した際、「右京兆布衣、これを申し次がる」すなわち布衣《ほい》を着して申し次役を務めたという記事があるぐらいである。しかし、筆頭別当である執権義時が、政所の審議に加わらなかったはずはない。あえて表には立たず、実朝の意を受けて交渉の全般を差配していたと考える。

　四月二十九日、政子が鎌倉に帰着した。交渉は成功であった。というのも、四月十四日、交渉役である政子を公卿相当の「従三位」に叙す宣下があったからである。出家した女性の叙位というのはほとんど先例がなく、異例の措置であった。後鳥羽は政子に拝謁を許可しようとしたが、政子は恐縮し、洛中の寺社を参詣する予定を繰り上げて鎌倉に戻ったという。政子のこの行動を、後鳥羽に取り込まれまいとする幕府の一員としての矜持《きょうじ》の表れとする見解もある。しかし、急に公卿相当の位階に叙されて驚いた政子が、公卿としての作法・振る舞いができないことを恥じてそそくさと鎌倉に引き上げたというのが実態なのではないか。北条氏を顕彰する『吾妻鏡』ですら、政子が自分を「辺鄙の老尼」と称し、「龍顔（天子の顔）」を拝するのはふさわしくないと述べたと記している。それほど、当時の京・鎌倉の間には都鄙《とひ》の格差があったのである。その後、十月十三日、政子は「従二位」に昇叙された。

　また、時房は政子の鎌倉下向後も次男時村《ときむら》とともに逗留を続け、後鳥羽の鞠会への出仕を許可された。その上、蹴鞠の「長者」号を持つ後鳥羽から、蹴鞠の技量を称賛され歓喜した。五月四日、鎌倉に戻った時房はその様子を嬉々《きき》として実朝に報告し、すべてにわたって助言してくれた「坊門内府の甥」つまり信子の従兄弟清親《きよちか》の芳志は生涯忘れないと語った。

後鳥羽が実朝の提案を快諾したことは明らかである。その結果、坊門局が産み、卿二位が養育する頼仁《よりひと》親王か、後鳥羽の寵妃修明門院《しゆめいもんいん》重子《じゆうし》が産んだ順徳の弟雅成《まさなり》親王のどちらかを将軍に推戴し、実朝が後見するという朝幕の合意が成立した。

三者三様のヴィジョンと「権門体制」

なぜ、こんなにも早く朝幕は合意に達したのか。そこには、治天の君の後鳥羽、将軍の実朝、幕府首脳部の北条氏、三者それぞれの思い描くヴィジョンが、微妙なズレをはらみながらも、基本的なところで利害の一致をみたからであったと考える。前著（『承久の乱』）ではこの点について詳述しなかったが、あらためてここで詳しく説明してみたい。

ただ、その説明に入る前に、「権門体制」という歴史学上の概念について触れておきたい。院政期・鎌倉前期の国家は、国家的儀礼などを司る政治権門の「公家」、治安維持などを担う軍事権門の「武家」、神仏への祈禱を司る宗教権門の「寺社」という権門（権威・権力・勢威の

「権門体制」（平安末・鎌倉前期の国家像）

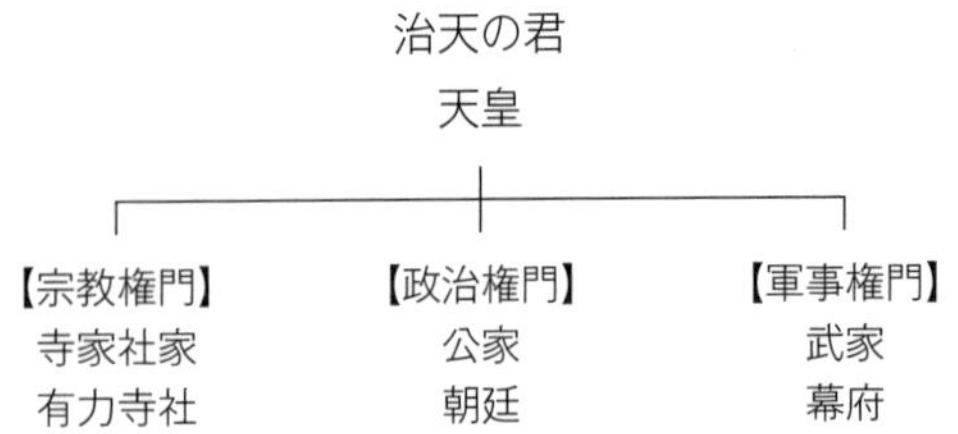

ある社会集団）が相互に補完・協調関係を保ちながら、その上に公式な王である「天皇」、さらに天皇の選定権を握る「治天の君」が君臨するという構造だったと考えられる。「権門体制」とは、こうした国家体制を表現する研究上の用語である。以下、この「権門体制」を前提に三者のヴィジョンについて説明していきたい。

後鳥羽のヴィジョン

まず、後鳥羽のヴィジョンである。後鳥羽は、我が子の土御門、順徳を天皇に選定し、践祚させた「治天の君」である。個人的にも並みはずれたマルチな才能に恵まれた稀代の帝王は、諸権門を自らのコントロール下に置くことをめざしていた。しかし、諸権門の上に君臨しているとはいえ、直属の軍事組織・軍事力を持っていたわけではない。第三章第一節でみた「牧氏事件」では、院近臣でもあった源氏一門の在京御家人平賀朝雅が、後鳥羽の膝下の京都で、幕府（具体的には北条義時）の指示によって誅殺された。危機感を覚えた後鳥羽は、独自の軍事組織「西面の武士」を編成し、自ら軍事力を掌握しようとした。ただ、個々の西面の武士は、西国守護を務めるような在京御家人などと比べれば明らかに弱小であった。新たな軍事組織を編成することがいかに大変なことか、後鳥羽は痛感したと考える。

一方、「唯一の武家の棟梁」「唯一の官軍」である源頼朝が創設した幕府は、三十年以上の時を経て独自の組織と論理を持つ軍事権門に成長していた。後鳥羽は、その一部である在京御家人の軍事力を利用することによって、京都および周辺の治安を維持していたのである。さらに、和歌・蹴鞠・官位などを通じて、将軍親裁を推進する実朝を取り込むことにも成功した。幕府本体の軍事力を掌握・利用することも視野に入ってきたわけである。

そこに実朝の提案である。親王を将軍に立て、信頼する実朝に後見させれば、親王と実朝を通じ、労せずして平和裏に幕府をコントロール下に置き、間接的とはいえ、組織ごとその軍事力を掌握・利用することができる。メリットこそあれデメリットは極めて少ない。いわば緩やかな「権門体制」の完成である。これこそ後鳥羽のヴィジョンであったと考える。

実朝のヴィジョン

では、将軍実朝のヴィジョンはどうか。実朝は、至高の貴種である王家の親王を将軍に迎えることで、御台所信子が産む実子より高い格と権威を持つ後継者を確保できる。しかも、鎌倉に下向した親王将軍は、東国や武家のことは何も知らない。そこで、実朝が後見しつつ、将軍としての「教育」も行うことになろう。これは、親王将軍に自分の政治方針を注入するという大きなメリットである。

また、候補の一人頼仁親王は、御台所信子の姉坊門局が産んだ子、信子の甥でもあった。その頼仁を将軍に推戴すれば、信子にとっても好ましい環境が整うことになる。そこまで実朝が考えたかどうか不明であるが、あり得ないことではない。

そして、実朝個人にとっては、前将軍の権威を保ちつつ自由を謳歌するという最大のメリットがあった。上洛して、後鳥羽や、信子の兄忠信ら院近臣、和歌の師である藤原定家と会い、和歌談義に花を咲かせることも夢ではない。要するに、後継将軍問題の解決、王家の血統による幕府の権威向上、朝幕の協調・友好促進、自らの自由の獲得、これらを平和裏に一気に実現する、メリットが極めて多くデメリットの少ないヴィジョンである。いわば、意図的・積極的な「権門体制」の利用による幕府の権威向上、平和・自由の実現である。

北条氏のヴィジョン

　最後に、執権義時ら北条氏のヴィジョンについてみてみよう。「源氏将軍観」が定着している中、政子・義時ら北条氏に、実朝の実子以外の源氏を後継将軍に立てる選択肢がなかったことはすでに述べた。ただし、至高の貴種である王家の親王であれば話は別である。幕府の権威が高まるだけでなく、義時ら北条氏にとってもメリットがあったからである。

　幕府№2たる執権の義時は御家人筆頭、御家人たちの最上首に立っていた。しかし、それは比企・畠山・和田氏らを力ずくで倒して得た地位である。権力は握っているものの、源氏一門をはじめとした御家人たちからみれば、権威不足の感が否めない。義時はそれを、将軍実朝と補完・協調関係を築くことで補ってきたといってもいい。ところが、推戴する対象が至高の貴種である王家の親王になれば、執権の権威はこれまで以上に高まる。

　さらに、幕府首脳部としては、朝廷との太いパイプを手に入れるというメリットもあった。将軍親裁を支えるということは、荘園・公領における地頭の年貢・税の未進や濫妨（違法な武力行使）を訴える、朝廷の貴族・荘園領主にも対応しなくてはならないということでもある。地頭の非法停止を命じ、荘園領主側の訴えを認める裁許を下す将軍家政所下文に、義時・時房・広元らが別当として署判するということは、こうした意味を持っている。自分の権益や恩賞だけ追求していればいい地頭御家人たちとは違うのである。当然、朝廷とのパイプが必要になる。親王は後鳥羽の皇子である。地頭御家人から吸い上げた要望を、より直接的・平和裏に後鳥羽に伝えることも期待できよう。後鳥羽とは逆のベクトル、いわば下からの、そして内側からの「権門体制」の逆利用である。

このように三者三様のヴィジョン、メリットがあった。親王将軍推戴は、それを平和裏に実現できるという期待感を抱かせるに十分な究極の名案であった。こんなにも早く朝幕が合意したのはそれ故である。ただ、力点の置き方や方向性には微妙なズレもあった。どこかに綻《ほころ》びが生じれば、たとえば実朝と信子に子供が生まれたら、あるいは実朝が急死したら、すべてが御破算になる危うい合意であったことも確かである。

左大将拝賀の儀と直衣始

建保六年（一二一八）三月、後鳥羽は実朝を左大将に任じると、その後は次々と親王の後見にふさわしい処遇をしていった。まず、鶴岡八幡宮における左大将拝賀の儀である。拝賀の儀とは、第一章第二節でも述べたが、叙位・任官を感謝し、任命者に拝礼する儀式で、通常、内裏や院御所で行われる。今回であれば、上洛して天皇の順徳、治天の君の後鳥羽に拝礼するのが本来の形である。ただ、すでに京官の在京義務も弛緩しており、実朝は鎌倉にいながらにして権大納言や左大将に任官した。拝賀の儀も鎌倉の鶴岡八幡宮で、氏神に拝礼するという形を採った。元久二年（一二〇五）二月の右中将拝賀も同様であった。

一方、実質的な任命者である後鳥羽は、内蔵頭《くらのかみ》藤原忠綱《ただつな》を勅使として鎌倉に派遣し、拝賀に用いる牛車・装束・調度などを下賜して実朝を祝福した。六月二十一日、忠綱は檳榔《びんろう》の葉で飾った牛車二両、九錫《きゅうせき》の彫弓《ちょうきゅう》（天子が勲功のある者に下賜する九種の品のうち、彫物の飾りがある弓）、実朝や御随身《みずいじん》が着る装束、公務の時に官馬に乗せる移鞍《うつしぐら》などを御所に運び込んだ。実朝は忠綱を簾中《れんちゅう》に召し、真心のこもった朝恩《ちょうおん》に感謝の言葉を述べた。また、後鳥羽は、幕府ゆかりの一条家の殿上人を鎌倉に下向させた。中将信能《のぶよし》、伊予少将実雅《さねまさ》、花山院《かざんいん》侍従能氏《よしうじ》、少将能継《よしつぐ》、大夫頼氏《よりうじ》である。在京していた広元の子の新蔵人長井時広、右馬権頭《ごんのかみ》源頼茂、文章《もんじょう》博士《はかせ》源仲章らも相次いで鎌倉に下向した。

六月二十七日、申の刻の終わり（午後五時頃）、御所の南面に姿を現した実朝は、牛車に乗り、御所の南門を出て西に向かった。行列は、先頭に御厩《みまや》の下級官人、次いで殿上人十人が一列、前駈十六人が左右二列になって進み、その後に実朝の牛車、さらにその後に雑色《ぞうしき》二十人、随兵が左右二列で八人、検非違使一人、御調度懸《ごちょうどがけ》（弓矢などの調度を持って供奉する役）一人、衛府十九人が左右二列で続いた。義時は実朝のすぐ前の位置、前駈の最後尾左であった。御家人の中で最も格の高い名誉ある位置である。その横、最後尾の右は宿老の前駿河守大内惟義が務めた。随兵や衛府も年﨟《ねんろう》の順に位置が決まっていた。このように、晴れの儀式における行列の立ち位置は、御家人の序列を示すものでもあった。

御家人たちが警固する中、実朝は鶴岡八幡宮の橋の砌《みぎり》で牛車を降りた。政子と信子は橋の西に牛車を停め、義時の正室や女房たちは流鏑馬《やぶさめ》馬場に桟敷を構えて見物した。その他、見物に集まった者たちは垣をなすほどであった。実朝は石段の上の本宮、石段下の若宮に奉幣して氏神に恭しく拝礼し、灯ともし頃、御所に帰った。左大将拝賀は、頼朝を超えた実朝の権威を示す、まさに厳粛にして盛大な儀式であった。

翌月の七月八日、実朝は左大将の直衣始を行うため、再び行列を仕立てて鶴岡八幡宮に参った。ところが、この日はちょっとしたトラブルが起きた。三浦一族の年長者長江《ながえ》明義《あきよし》と三浦義村が、随兵最前列の左・右どちらの位置を取るかで揉《も》め、行列の出発が遅れてしまったのである。結局、年長の明義を格上の「左」、義村を「右」とするよう実朝が命じて決着したが、大切な晴れの儀式に傷をつけることになったのは間違いない。

想像を絶する高い地位、右大臣

この後も実朝は急速に昇進した。誰もがあきれるほど異例の速さであった。承久の乱後に成立した古活字本『承久記《じょうきゅうき》』に至っては、後鳥羽が実朝を「官打ち（身の程を超える官職を与えて殺す呪詛《じゅそ》）」にしようとしたとまで叙述する。しかし、これは後世の人間が、実朝の暗殺や承久の乱から遡ってひねり出したこじつけに過ぎない。むしろ後鳥羽は、親王の後見役となる実朝をできるだけ高い地位に引き上げようと必死だったのである。当時、表立って批判する者がいなかったのは、そうした後鳥羽の意向が明らかだったからである。

かくして十月九日、実朝は貴族社会でも破るのが難しいとされる大臣の壁を突破した。内大臣に昇任したのである。その一ヵ月後、十一月十一日に左大臣九条良輔が三十四歳で死去する。十二月二日、舅の九条道家《みちいえ》が右大臣から左大臣に転じ、右大臣のポストが空くと、同日付で実朝は右大臣に昇進した。良輔の死去という事情があったとはいえ、内大臣任官から二ヵ月も経たないまさに異例中の異例という速さである。太政大臣が名誉職化していた当時の官制体系にあって、右大臣は左大臣に次ぐ、武家ではとうてい到達することのできない想像を絶する高い地位であった。

十二月二十日、実朝は右大臣としての政所始を行った。義時、行光、仲章、頼茂、親広、時房、若槻頼定《わかつきよりさだ》、清原清定らが布衣を着て政所に列座し、清定が吉書を執筆し、義時が御所に参上して実朝の御覧に入れた。正二位・右大臣・左大将としての政務の開始である。
さらに、右大臣拝賀の儀は、翌建保七年（一二一九、四月に承久と改元）一月二十七日に行うと決められた。晴儀に向けて朝廷も幕府もあわただしく準備に入った。十二月二十一日には、後鳥羽が調えさせた牛車・装束など豪華な調度が、再び鎌倉に運び込まれた。また、今度は殿上人だけではなく公卿も参列することになった。後鳥羽の力の入れようも左大将の時を明らかに上回っている。

幕府も準備に余念がなかった。十二月二十六日、二階堂行村を奉行として拝賀に供奉する随兵について審議を行った。『吾妻鏡』同日条によれば、随兵は「譜代の勇士、弓馬の達者、容儀神妙」という「三徳」を兼ね備えた者が務めるべき役であるが、譜代といっても弓馬に疎い者は警護の役に立たないので、よくよく配慮せよ、と頼朝の時に定められたという。御家人にとって極めて名誉ある役であった。今回は、譜代の勇士の有力御家人、小山朝政と結城朝光が服喪中で外れるため、代わりに二階堂行村の子の基行《もとゆき》と、梶原景高の子の荻野景員《かげかず》が召された。基行は「武士」ではなく、文筆の能力で将軍に仕える「文士」の御家人であったが、父の行村が「廷尉《ていい》」すなわち検非違使尉《けびいしのじょう》の職にあり、本人も「容顔美麗」にして「弓箭」に秀で、実朝の近習として活躍しているので選ばれたという。景員は梶原景時の孫にあたるが、三徳を兼ね備えていたので召し出された。

また、第四章第三節でみた葛山景倫が渡宋するため筑紫に赴いたのも恐らくこの頃であったろう。唐船による渡宋は失敗したが、親王を迎えるにあたって、実朝は再び舎利を聖地阿育王寺から取り寄せることを企画したのだと考える。舎利は王法・仏法護持の象徴である。親王将軍推戴に万全を期そうとしたのであろう。

かくして建保七年、新たな年が明けた。一月二十三日、御台所の兄忠信が鎌倉に下着し、公卿・殿上人も続々と鎌倉入りした。朝幕ともに無事に準備を終えたのである。それは親王将軍を推戴する体制がほぼ整ったことを意味する。後継将軍問題に悩んでいた実朝・幕府首脳部は、ようやくここまでたどり着いたのである。

「源氏将軍断絶」

ところで、将軍候補に挙げられていたのは頼仁親王と雅成親王であった。頼仁が建仁元年（一二〇一、二月に改元）生まれの十九歳、雅成はその一年前の正治二年（一二〇〇）に生まれた二十歳であった。父は治天の君にして稀代の帝王たる後鳥羽。ただの親王とはわけが違う。しかも、年齢からみて、どちらが将軍になっても、早いうちに結婚して世継ぎをもうける公算が大きかった。生まれてくる子は、もちろん後鳥羽の孫である。つまり、至高の貴種である王家、それも後鳥羽の血統が幕府の将軍を継承することになるわけである。

承久の乱後ならばいざ知らず、乱以前における朝幕の力関係や権威・格式の差からいって、一旦、王家の血統が注入されれば、それを元に戻す、つまり頼朝の源氏の血統に戻すことなど考え難い不可逆的なことであった。実朝が提案した親王将軍推戴とは、実はそういうことを意味していた。要するに、実朝が生き続け、親王将軍を後見することこそ、正真正銘の「源氏将軍断絶」だったのである。

『愚管抄』によれば、実朝暗殺後、親王の早期下向を求める幕府に対し、後鳥羽は「イカニ将来ニコノ日本国二《ふたつ》ニ分ル事ヲバシオカンゾ」「ヱアラジ」、つまり将来この日本の国を二つに分けるようなことをしておくわけにはいかない、親王の鎌倉下向は許さない、とはっきり拒絶の意思を示したという。とすれば、後鳥羽も親王を将軍に推戴することが、東国にもう一つの「王権」を作り出すことだと認識していたといえよう。それでも、信頼する右大臣実朝がいれば、国を「二ニ分ル事」にはならないと考えたのである。

旧著（『源実朝』）において、実朝は「東国の王権」を夢みていたと書いた。この「東国の王権」とは比喩《ひゆ》でも何でもない。東国の軍事権門のトップが、王家の、しかも後鳥羽の血統を継承することによって生まれる「王権」という意味である。「王権」は「王」の血によってしか生まれないという、極めて当たり前の論理を前提にしている。そして、「東国の王権」は実朝が生きていてこそ誕生するものであった。繰り返し強調しておくが、実朝が生き続けることこそ、頼朝の血統はもちろん、他の源氏一門が将軍となる道をも断つ完全なる「源氏将軍断絶」であった。しかし、その寸前までいったところで、歴史は思わぬ展開を用意していた。公暁による実朝の暗殺である。

第三節　源実朝暗殺事件

二代将軍頼家の遺児公暁

まず、公暁《こうぎょう》について確認しておきたい。公暁は頼家を父として正治二年（一二〇〇）に誕生した。幼名は「善哉」、奇しくも将軍候補の雅成親王と同年生まれである。母は、第二章第一節で述べたように、三河国足助荘を本拠とする尾張・三河源氏の賀茂重長の娘、頼朝が頼家の「室（正妻）」に選んだ女性であったと考えられる。つまり、公暁は頼家の嫡子として生まれた可能性が高いのである。ところが、二歳年上の兄一幡の母は、武蔵国の有力御家人で頼家の乳母夫比企能員の娘若狭局であった。若狭局は「妾」であったが、頼朝の死後、頼家と能員が一幡を嫡子扱いしたため、公暁は微妙な位置に立たされた。建仁三年（一二〇三）九月、公暁四歳の時に比企の乱が起こり、比企一族、一幡が殺され、翌年には頼家も修禅寺で惨殺された。比企氏とつながりのない公暁は殺されることはなかったが、二代将軍の嫡子として生まれながら、全く別の道を歩まなくてはならなくなった。

ちなみに、公暁の乳母夫は『吾妻鏡』建永元年（一二〇六、四月に改元）十月二十日条によれば三浦義村だったという。ただ、公暁が誕生した時、父の二代鎌倉殿頼家はすでに左近衛中将に任官し、禁色《きんじき》（位階や地位によって着用を禁止された服色・服地）も許されていた。乳母夫が義村一人であったとは考えにくい。義村が乳母夫になったのは、比企の乱で他の乳母夫が没落した後だった可能性もある。とすると、政子が源家の家長として義村に乳母夫を依頼したとも考えられよう。

政子は、元久二年（一二〇五）十二月二日、六歳の公暁を鶴岡八幡宮の別当尊暁のもとに入室させ、門弟とした。鶴岡は源氏の氏神を祀る社であるが、神仏習合《しんぶつしゆうごう》が著しく進み、供僧《ぐそう》たちが日常的に仏事を営む宮寺《ぐうじ》であった。別当も僧侶であり、初代が円暁《えんぎよう》、尊暁は二代目である。『鶴岡八幡宮寺社務職次第』『鶴岡社務記録』は、公暁の最初の法名を頼暁《らいぎょう》と記す。頼家の「頼」と尊暁の「暁」の組み合わせである。

ところで、鶴岡八幡宮は、「曩祖将軍」頼義が石清水八幡宮を勧請して由比郷に建立した由《ゆ》比若宮《いわかみや》に始まる。治承四年（一一八〇）十月、鎌倉入りした頼朝は「祖宗《そそう》を崇めんがため」、ただちに若宮を小林郷に遷座した。現在の鶴岡八幡宮境内、舞殿《まいどの》の北東付近の地であったと推定される。その後、建久元年（一一九〇、四月に改元）の火災で焼失するが、頼朝は裏山に新たに壮麗な本宮《もとみや》を造営して上宮《うえのみや》とし、石段下に再建した若宮を下宮《しものみや》とした。これ以後、社殿や供僧たちの住坊が十数年かけて整備されていった。

しかし、人材や制度の面では、建保年間（一二一三～一二一九）に至っても発展途上にあった。政子が頼暁、後の公暁を尊暁の弟子にしたのも、いずれ二代将軍の遺児に別当を継がせ、そのもとで亡き夫の遺産である鶴岡を発展させようと考えたからであろう。さらに政子は、翌建永元年十月二十日、七歳の頼暁を実朝の猶子にするよう取り計らい、将軍と擬制的親子関係を築かせて後援した。義村が乳母夫として史料上に現れるのはこの時が最初である。

公暁の動向

建暦元年（一二一一、三月に改元）九月十五日、十二歳の頼暁は三代別当定暁のもとで落飾《らくしょく》した。七日後の二十二日、定暁とともに上洛した頼暁は、源氏と関わりの深い園城寺で明王院僧正公胤《こういん》から伝法灌頂《でんぽうかんじょう》を受けた。承元三年（一二〇九）、実朝の招きで鎌倉に下向し、仏事の導師や説法を務めた高僧公胤である。頼暁は師から「公」の字を賜り、法名を公暁と改めた。

舘隆志氏によれば、公暁は、しばらく愛宕郡粟田郷《おたぎぐんあわたのごう》にある園城寺の子院、如意寺（現在は廃寺）にいた可能性があるという。京都粟田口《あわたぐち》の青蓮院《しょうれんいん》に関する記事を集めた記録『華頂要《かちょうよう》略《りゃく》』の「如意寺」の記事に「公暁禅師」が出てくるからである。また、『系図纂要《けいずさんよう》』の公暁の項にも「如意寺禅師」との表記がある。さらに、『華頂要略』は「当寺の寺務職を以て鎮守八幡宮別当と為す」と記している。恐らくは形ばかりのものだったのであろうが、公暁は如意寺の寺務職に就いていたものと考えられる。二代将軍の遺児にして現将軍の甥、頼朝の後家政子が後援する期待の青年僧である。あり得ないことではない。

ただ、その間にも運命の歯車は着実に回っていた。建保四年（一二一六）閏六月二十日、高齢の公胤が死去したのである。受戒の師を亡くした公暁であったが、如意寺または園城寺本寺で修行を続けることはできたはずである。ところが、翌建保五年（一二一七）五月十一日、今度は鎌倉で鶴岡の三代別当定暁が死去した。これにより、政子は十八歳の公暁を四代別当に補任することを決め、建保五年六月二十日、公暁は鎌倉に下着した。『吾妻鏡』同日条は、「この一両年、明王院僧正公胤の門弟として、学道のため、住寺せらるるところ也」と記す。「この一両年」が公胤の死去後も含めるとすれば、公暁は建保四、五年頃、恐らくは形式的に如意寺の寺務職を兼ねながら、「学道」のため園城寺に住んでいたことになる。とはいえ、建暦元年九月に上洛してから六年程であり、「学道」を十分に修めたとはいえない。定暁が死去したことで、当初の下向予定が早められたのであろう。あと三年、いや二年、定暁が生きていれば、公暁の運命も、そして歴史もまた違ったものになっていたかもしれない。

鎌倉に戻ってからの公暁の動向は判然としない。別当に補任された月日すらはっきりしないのである。八月十五日・十六日、鶴岡八幡宮にとって重要な恒例行事「放生会《ほうじょうえ》」があった。『吾妻鏡』には、実朝・政子・信子が列席し、流鏑馬を見物したという記事がみえるが、公暁の名はない。諸史料に別当補任の記事がない中、『系図纂要』だけが「建保五年六ノ廿下東。十ノ五鶴岡別当」すなわち建保五年の六月二十日に鎌倉下向、十月五日に鶴岡別当補任という記事を載せている。一方、『吾妻鏡』は六日後の十月十一日条に「阿闍梨公暁、鶴岡別当職に補《ぶ》すの後、始めて神拝《しんぱい》あり」と記す。「神拝」とは文字通り神への拝礼であるが、ここでは別当に補任されたことを源氏の氏神に感謝し拝礼する儀式のことを指す。この儀を経て正式に別当としての活動が開始できるのである。とすれば、『系図纂要』の十月五日補任という記事は説得力を持つといえよう。六月二十日、鎌倉に帰還した公暁は、恐らく政子・実朝・義時、鶴岡の供僧たちから鎌倉や鶴岡の事情、別当になるための心構えなど様々な教示を受け、準備を重ねたのであろう。三ヵ月半の準備期間は不自然ではない。そして、建保五年十月五日、鶴岡八幡宮四代別当に補任されたと考えておきたい。

公暁の犯行動機

ところが、公暁は神拝を行うと、その日から一千日の参籠《さんろう》を始めたと『吾妻鏡』同日条は記す。「一千日」といえばほぼ三年である。大きな宿願と、それを達成しようとする固い決意がうかがえる。ただ、正式に別当として活動できるその日からの参籠であり、周囲からは不評を買い、不審がられたことであろう。なぜ公暁は参籠を始めたのか。

比企の乱が起きた頃、四歳だった公暁は自分の生まれや立場について理解していなかったと思われる。しかし、成長するにつれ、自分が頼家の嫡子として生まれたことを知り、兄の一幡が殺された後に父の遺跡を継ぐべきは自分だと考えるようになったのではないか。ところが、現実には北条氏によって実朝が将軍に擁立され、自分は幼くして僧侶になる道を強いられた。祖母政子の意向であるから仕方がない、といえばそれまでである。園城寺の高僧公胤の門弟という恵まれた環境も用意してもらった。一旦は父の遺跡を継ぐ道を諦めたかもしれない。しかし、将軍実朝に子供が生まれず、後継将軍不在の異常事態が続いた。そこに定暁の死、鎌倉帰還、鶴岡のトップ就任、これらが若い公暁の前に転がり込んできたのである。二代将軍の子として父の遺跡を継ぎ将軍になる。人生をやり直す好機の到来である。だが、そのためには実朝に死んでもらわなくてはならない。幸い僧侶の自分には調伏という武器がある。これを使うに如くはない。公暁はこう考えたのではないか。

これには単なる憶測として退けることができない根拠がある。第一に公暁は実朝を殺害した実行犯である。第二に『吾妻鏡』や『愚管抄』は、殺害直後、公暁が乳母夫の三浦義村に使者を送り、「将軍の闕《けつ》」ができたので、自分を将軍にするよう計らえと指示したとする。第三に『吾妻鏡』建保六年（一二一八）十二月五日条は、公暁が一切退出することなく「数ヶ祈請《きしょう》」を続け、「除髪の儀なし」という状態だったと記す。髪を剃《そ》らずに伸ばしていたのは、還俗《げんぞく》する意思があったからと解釈できる。以上のことから、一度は諦めた将軍への道を切り開くため、鶴岡のトップとして誰にも邪魔されずに実朝を調伏し、死に至らしめる。これが参籠を始めた理由であったと考える。

ところが、公暁の与り知らぬところで、後継将軍問題は急展開をみせていた。親王将軍推戴プロジェクトである。無論、大胆で畏れ多いプロジェクトだけに、建保六年の前半は極秘裏に進められたと思われる。しかし、朝幕の合意が成立し、実朝の左大将拝賀・直衣始が盛大に挙行された六月・七月の頃になれば、人々も気づき始めたであろう。

参籠中の公暁も調伏相手の情報は集めていたに違いない。門弟には義村の子、駒若丸《こまわかまる》（後の光村《みつむら》）もいた。ひょっとすると駒若丸から情報を得たかもしれない。その時の驚愕、焦燥はいかばかりであったか。親王が将軍に推戴され、実朝が後見するとなれば、将軍への道は完全に閉ざされる。調伏の成功を待っているわけにはいかなくなった。一刻も早く、しかも確実に実朝の命を奪うしかない。それは実朝が自分のテリトリーに入ってきた時だ。これこそ公暁が鶴岡八幡宮の右大臣拝賀で実朝を殺害するに至った犯行動機だったと考える。

『愚管抄』にみる事件当日

かくして建保七年（一二一九、四月に承久と改元）一月二十七日、運命の日がやってきた。

『吾妻鏡』同日条によれば、「霽《はれ》、夜に入り、雪降る。積もること二尺余り」つまり日中は晴れていたが、夜には雪となり、一晩で二尺（六十センチメートル）余りも積もったという。拝賀の行列は酉の刻（午後六時頃）に御所を出た。雪は降り始めたが、まだ積もる程ではなかった頃である。

当日の様子を記す史料は複数あるが、重要なのは『愚管抄』と『吾妻鏡』である。とくに『愚管抄』は、拝賀に参列して事件を目撃した公卿・殿上人から慈円が話を聞き、二年以内に記したものであるだけに信憑性が高い。そこで、まず『愚管抄』の記述をみてみよう。

夜ニ入テ奉幣終テ、宝前ノ石橋ヲクダリテ、扈従《こしょう》ノ公卿列立シタル前ヲ揖《い》シテ、下襲《したがさね》ノ尻引《しりひき》テ笏《しゃく》モチテユキケルヲ、法師ノケウサウ・トキント云《いふ》物シタル、馳《はせ》カヽリテ下《した》ガサネノ尻ノ上ニノボリテ、カシラヲ一ノカタナニハ切テ、タフレケレバ、頸ヲウチヲトシテ取テケリ。ヲイザマニ三四人ヲナジヤウナル者出キテ、供ノ者ヲイチラシテ、コノ仲章ガ前《ぜん》駈《く》シテ火フリテアリケルヲ義時ゾト思テ、同ジク切フセテコロシテウセヌ。義時ハ太刀ヲ持テカタハラニ有ケルヲサヘ、中門ニトヾマレトテ留メテケリ。大方用心セズサ云バカリナシ。（中略）鳥居ノ外ナル数万武士コレヲシラズ。

実朝が上宮で奉幣を終えて、石段を下り、立ち並ぶ公卿の前を「揖シテ」つまり会釈して、

「下襲（正装の下に着る裾の長い下着）」の裾を引きながら笏を持って通ってゆくところに、「法師」の格好をした者、つまり公暁が走りかかって下襲の裾に乗り、頭を「一ノカタナ」で切り、倒れると「頸ヲウチヲトシテ」取った。続いて同じような格好をした者が「供ノ者」を「ヲイチラシテ」、「仲章」が「前駈」として松明を振っていたのを「義時ゾト思テ」切り殺して去った。実朝は、それまで「太刀」を持って傍らにいた義時までも、「中門ニトゞマレ」と命じて中門付近に留めていた。だいたい実朝は（武士として当然の）用心もしなかったのだが、まさにそれはそういうしかないであろう。（中略）鳥居の外に控えていた数万の警固の武士は公暁の犯行に気づかなかった、というのである。

さらに、興味深いのは次の記述である。

> 一ノ刀ノ時、ヲヤノ敵ハカクウツゾト云ケル、公卿ドモアザヤカニ皆聞ケリ。

最初に切りつけた時、公暁が「親の敵はこのように討つのだ」と叫んだのを、現場にいた「公卿」たちは皆はっきりと聞いたという。

その後、公暁は三浦義村に「ワレカクシツ。今ハ我コソ大将軍ヨ。ソレヘユカン」と言い送った。そして、「実朝ガ頸ヲ持タリケルニヤ、大雪ニ雪ノツモリタル中ニ、岡山ノ有ケルヲコエテ」、実朝の首を持っていたのか、大雪で雪の積もった鶴岡八幡宮北側の大臣山《だいじんやま》を越えて義村のもとへ向かった。義村亭は八幡宮の東、御所の西門付近にあったからである。

しかし、義村は「コノ由ヲ義時ニ云テ」、「人ヲヤリテ打テケリ」、義村はすぐ義時に通報し、武士を派遣して公暁を討ち取った。ただ、公暁は「トミニウタレズシテ切チラシ〳〵ニゲテ」簡単には討ち取られず切りちらしつつ逃げて、「義村ガ家ノハタ板ノモトマデキテ、ハタ板ヲコヘテイラントシケル所ニテウチトリテケリ」義村の家まで来て、板塀を越えて中に入ろうとしたところを討ち取られたという。壮絶な最期である。以上が『愚管抄』の記す犯行の顚末である。具体的で迫真性に満ちた叙述といえる。

『吾妻鏡』にみる事件当日

『吾妻鏡』は、実朝が「酉の刻」に御所を出たと記した後、左大将拝賀の時と同様、詳細な行列次第を載せる。幕府に残された史料と考えられ、信憑性が高い。行列は、居飼《いかい》・舎人《とねり》などの下級役人の後、左右二列になった十人の殿上人、左右二列に並んだ前駈二十人、実朝の牛車、その後ろに左右二列で武装した随兵が十人、雑色、検非違使、御調度掛、下﨟《げろう》の御随身、公卿五人が続き、最後に三十人の随兵が左右二列で進んだ。図をみればわかるように、「右京権大夫義時朝臣」は実朝の牛車の前、前駈の最後尾右、隣の最後尾左は「修理権大夫惟義朝臣」であった。左大将拝賀の時と同じペアであるが、左右が逆になっている。また、巻き添えを食って殺された「文章博士仲章朝臣」は殿上人の最後尾右であった。その他、「路次の随兵」は「一千騎」に及んだという。

この後、義時が楼門を入った時、急に心神が乱れ、御剣を仲章に譲って退出し、神宮寺《じんぐうじ》で正気を取り戻すと、小町大路にある自亭に戻ったという不可思議な記述が入る。

事件の記述はその直後から始まる。

夜陰に及び、神拝、事終《ことおわり》て、漸く退出せしめおはすの処、当宮別当阿闍梨公暁、石の階の際に窺ひ来たり、剣を取り、丞相《じょうしょう》を侵し奉る。その後、随兵等、駕を宮中武田五郎信光先登を進むに馳すと雖も、讎敵を覓《もと》むる所なし。或人云はく、上宮の砌に於て、別当(阿脱カ)闍梨公暁、父の敵を討つの由、名謁《みようえつ》せらると云々。

夜になり、実朝が神拝を終えて退出したところ、当宮の別当阿闍梨公暁が石の階段の際で隙を窺《うかが》い、剣を取って「丞相（右大臣）」実朝を殺害した。その後、「随兵」らが「武田五郎信光」を先頭に、馬で現場に駆けつけたが、仇敵はみあたらなかった。ある人がいうには、上宮の砌で別当阿闍梨公暁が、「父の敵を討つの由」名乗りをあげたという。ここまでは『愚管抄』とほぼ同じである。ただ、『吾妻鏡』の記述は、この後から詳しくなる。

右大臣拝賀行列次第

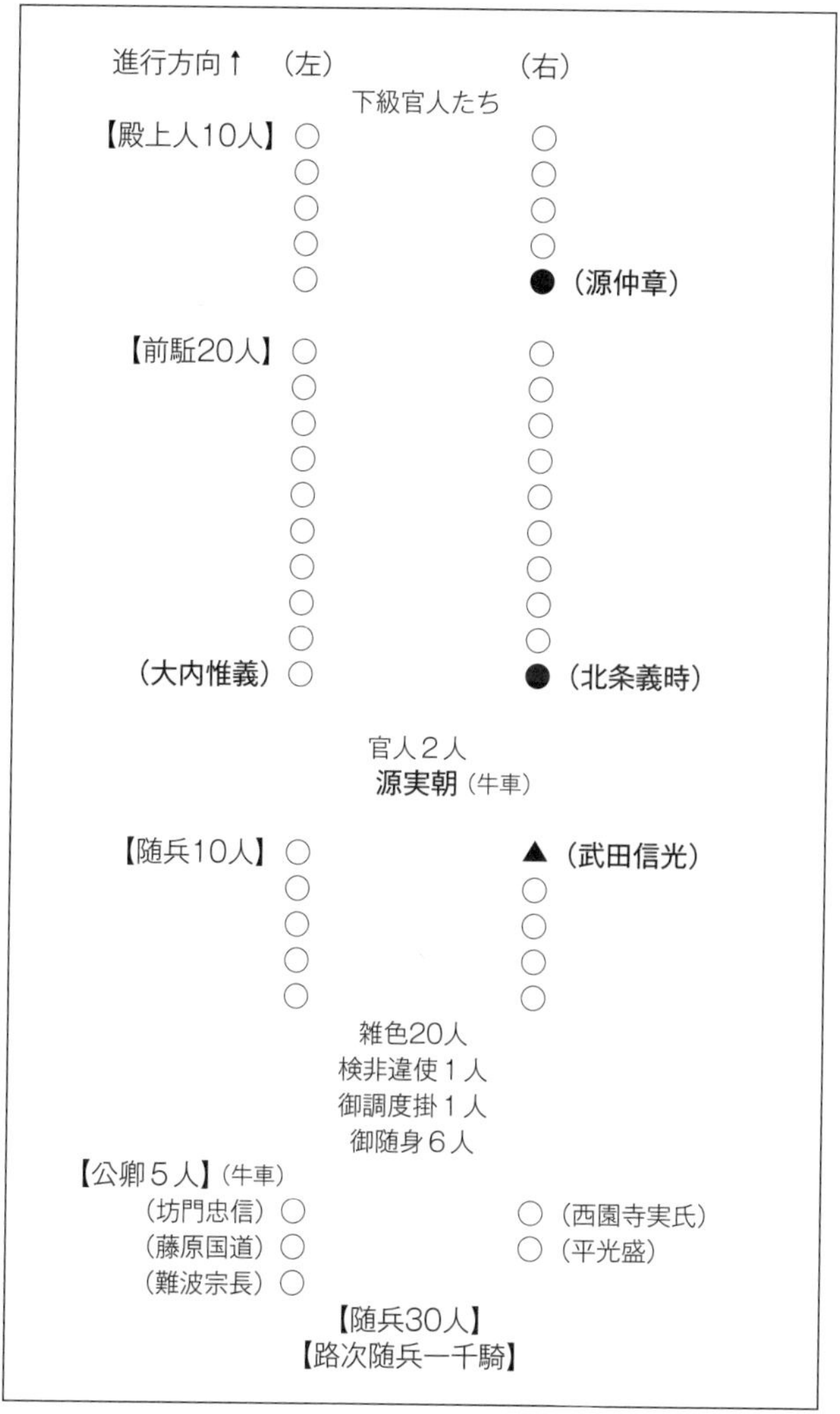
進行方向↑
（左）
（右）
下級官人たち
【殿上人10人】
（源仲章）
【前駈20人】
（大内惟義）
（北条義時）
官人２人
源実朝（牛車）
【随兵10人】
（武田信光）
雑色20人
検非違使１人
御調度掛１人
御随身６人
【公卿５人】（牛車）
（坊門忠信）
（西園寺実氏）
（藤原国道）
（平光盛）
（難波宗長）
【随兵30人】
【路次随兵一千騎】

まず、御家人たちは雪下《ゆきのした》にある公暁の本坊を襲って門弟の悪僧らを制圧した。しかし、公暁はそこにおらず空しく退散した。人々は呆然とするしかなかった。その頃、公暁は、

阿闍梨、彼の御首を持ち、後見の備中阿闍梨の雪下北谷の宅に向かはれ、膳を羞する間、手を御首に放さずと云々。

「後見」の「備中阿闍梨」の「雪下北谷の宅」で食事を摂っていた。食べている最中も実朝の首から手を放さなかったという。そして、「弥源太兵衛尉」という「乳母子《めのとご》」を使者に立て、三浦義村に「将軍の闕」ができたので自分を「東関の長」にするよう計らえと指示した。

使者から話を聞いた義村は、「先君の恩化を忘れざるの間、落涙数行、更に言語に及ばず」実朝から受けた恩を忘れていなかったので、幾筋もの涙を流し、言葉を発することができなかった。使者には、私の家においでください、お迎えの兵士を送りますと答えた。しかし、使者が退出すると、義村はすぐ義時に通報した。義時は公暁を躊躇《ちゆうちよ》なく誅殺せよという命令を下し、一族らと評定した義村は、「阿闍梨は、はなはだ武勇に足り、直《す》ぐなる人に非ず」、つまり公暁は武勇に優れ、並大抵の人ではないことを考慮し、勇士の長尾定景《さだかげ》を討手に選んだ。定景は、雑賀次郎《さいがのじろう》という強力《ごうりき》の者ら郎従五人を率いて、備中阿闍梨の宅に向かった。

一方、公暁は義村の使者が遅いので、「鶴岡の後面の峯を登り」、つまり鶴岡八幡宮北側の大

臣山を登り、義村の宅に向かった。両者は途中で遭遇し、雑賀次郎が公暁を抱きとめて戦い、定景が太刀を取って公暁の首を討ち取ったのであった。

以上が『吾妻鏡』の記述である。具体的な人名、公暁・義村の行動など幕府の記録らしい詳細さがあるが、大筋は『愚管抄』と一致する。『愚管抄』との大きな相違点は、「心神違例」となった義時が御剣役を仲章に代わり、小町亭に帰ったことである。

『吾妻鏡』が記す不可思議な異変

他にも相違点はある。事件の記述の後に様々な異変を書き並べていることである。出立の時に広元の涙が止まらなかった、御所を出る時、鶴岡の神使の鳩が頻りに鳴き囀《さえず》った、牛車を降りる時、実朝が剣を突き折ったなどである。最たるものが「禁忌の和歌」である。

出デテイナバ　主《ぬし》ナキ宿ト　成ヌトモ　軒端ノ梅ヨ　春ヲワスルナ

自分が出ていってしまうと、主のいない宿となってしまうが、それでも軒端の梅よ、春を忘れず毎年咲いておくれという、あたかも自分の死を予感しているような不吉な和歌である。これもまた、霊感に満ちた悲劇の貴公子という実朝像を生み出す根拠となってきた。

しかし、中世の人々は重大な事件があると、その前に起きた通常とは異なる出来事を探し、事件の前兆という意味を与えるのが常であった。事件が大きければ大きいほど、取り上げる異変の数は増え、程度も甚だしくなる。『吾妻鏡』の異変の列挙はその典型である。合理的・科学的な思考に慣れている現代人からすれば、一笑に付すべき事柄ばかりであるが、中世の人々は大真面目であった。逆にいえば、それだけ公暁による実朝暗殺は人々に衝撃を与えた大事件だったということである。したがって、異変の記述の不可思議さに目を奪われ、そこに現代的・合理的な解釈を加えようとするのはあまり意味がない。

事件の検証1――なぜ公暁は人々の眼前で犯行に及んだのか?

『愚管抄』『吾妻鏡』の記事をみてきたが、記述の詳細さに違いはあるものの、事件の核心部分についてはほぼ同じであった。公暁の犯行は、先の引用箇所のように実行されたと考えていいだろう。とはいえ、素朴な疑問を覚える点もいくつかある。

まず、公暁はなぜ公卿たちが立ち並ぶ、多くの人がみている場で犯行に及んだのかという点である。実朝の命を奪うだけならば、本殿の奥深く、氏神に拝礼しているところを狙えば済む。神聖な本殿には武器を持ち込むことが許されないので警固の武士もいない。確実に殺すには最も適した場といえよう。ところが、公暁は選択しなかった。むしろ多くの人々の目に触れる場を、あるいは多くの人々の耳に聞こえる場を選んだのである。

「暗殺」というと、その語感から、暗闇でこっそりと殺すイメージを抱きがちであるが、意味はひそかに狙って人を殺すことであり、必ずしも目撃者がいない場所で殺すことではない。二十世紀最大の暗殺事件の一つとされるアメリカ大統領ジョン・F・ケネディの暗殺も、大統領が夫人とともにオープンカーに乗って、何万もの人々の歓声を受けながらパレードをしていた最中に起きた。しかし、狙撃犯がひそかに大統領の命を狙ったことから、ケネディ暗殺事件と呼ばれている。公暁の実朝「暗殺」も、あえて人々の耳目に触れる場で決行されたのである。

ここで注目すべきは、『愚管抄』も『吾妻鏡』も「ヲヤノ敵」「父の敵」を討つと公暁が叫んだと記している点である。「公卿ドモアザヤカニ皆聞ケリ」とあることからわかるように、わざと人々に聞こえるように大声をあげたわけである。それはなぜか。

右大臣となった将軍を殺害するという、通常ではあり得ない許し難い行為も、親の敵を討つという論理を持ち出せば正当化されると公暁は考えたからではないか。敵討ちは秩序を乱す行為ではあるものの、武士の社会では古くから「自力救済」の一種としてある程度の正当性を与えられていた。たとえば、文治六年（一一九〇、四月に建久と改元）正月六日に奥州で決起した藤原泰衡の残党大河兼任が、今も昔も肉親の敵を討つのは尋常の事だと語ったことは第一章第二節で述べた。また、第一章第三節では、建久四年（一一九三）五月二十八日、曽我兄弟が富士の裾野の巻狩で実父の敵を討ち、その報恩譚が事件後ほどなく「曽我語り」という語り物芸能になったこともみた。それから二十数年、曽我兄弟の敵討ちは親の恩に報いた美談として、「曽我語り」の形を取りながら広く世に流布しつつあった。とすれば、親の敵討ちだと人々の前で訴えれば、将軍殺害も正当化されると公暁が考えた可能性は高い。

事件の検証2――なぜ公暁一味は仲章を義時と間違えて殺したのか？

次に疑問となるのは、公暁一味はなぜ実朝だけでなく義時を狙い、しかも誤って仲章を殺すという失敗を犯したのかという点である。確かに実朝を殺せば「将軍の闕」ができる。二代将軍の嫡子である自分がその闕を埋めて将軍になる、これが公暁のシナリオであった。ただ、将軍になれたとしても、実朝と一丸となって親王将軍推戴プロジェクトを推進してきた執権、すなわち御家人筆頭の義時を排除しなくては安泰ではない。しかも、義時は父頼家、兄一幡の本当の敵でもあった。その義時を殺害し、乳母夫の三浦義村に「執権の闕」を埋めるよう話を持ちかければ、義村も自分を支持してくれるはずだと考えたのであろう。もちろん公暁の単なる希望的観測、期待に過ぎないが。

実朝暗殺現場

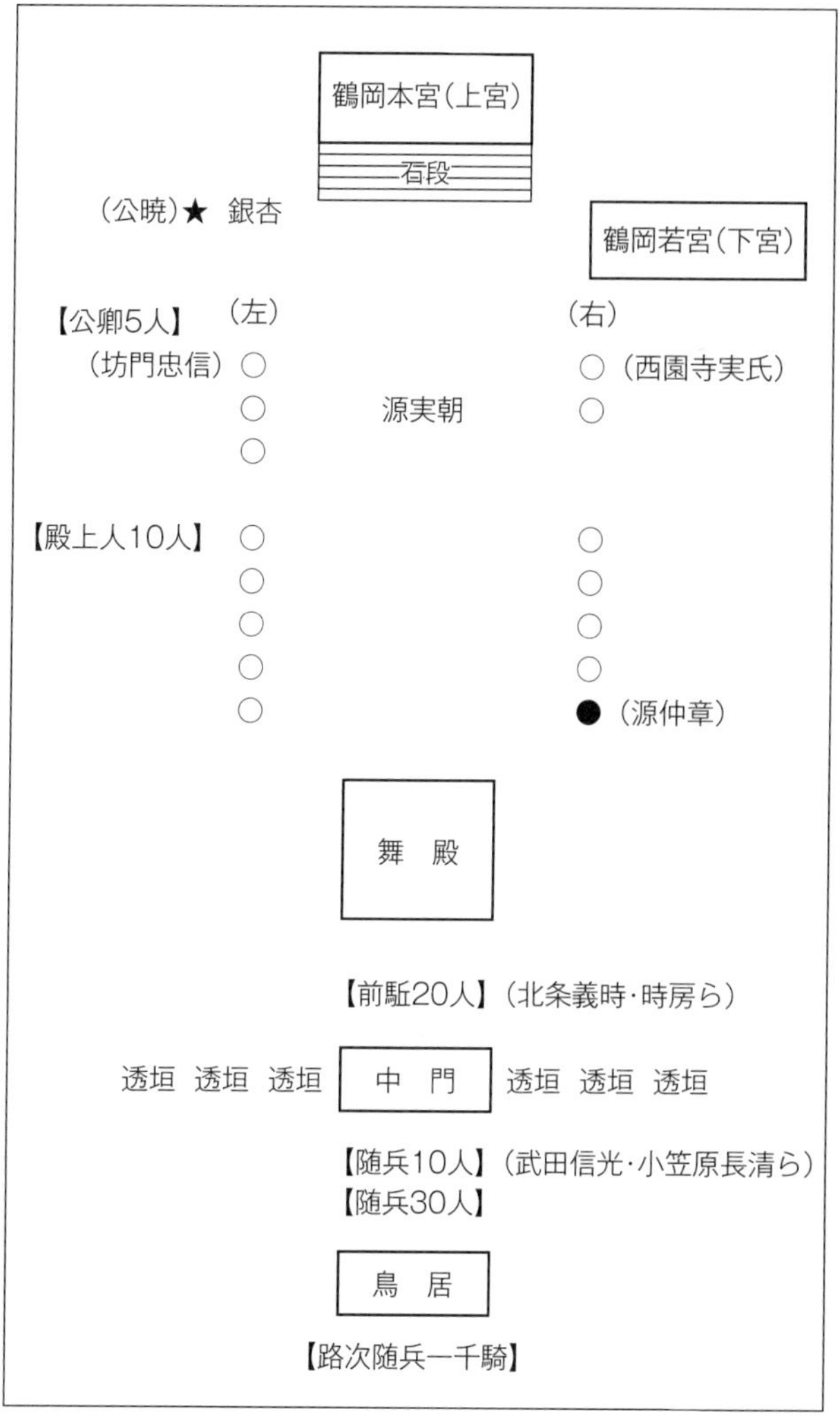
鶴岡本宮(上宮)
石段
(公暁)★　銀杏
鶴岡若宮(下宮)
【公卿5人】
(左)
(右)
(坊門忠信)
(西園寺実氏)
源実朝
【殿上人10人】
(源仲章)
舞　殿
【前駈20人】(北条義時・時房ら)
透垣　透垣　透垣
中　門
透垣　透垣　透垣
【随兵10人】(武田信光・小笠原長清ら)
【随兵30人】
鳥　居
【路次随兵一千騎】

ただ、実朝と義時を別々に殺すのは極めて難しい。では、同時に殺害するにはどうすればいいか。実朝の近くに公卿・殿上人と、布衣を着し武装していない前駈の義時たちしかいない場、武装した警固の随兵たちが遠くに控えている時、つまり拝賀を終えた実朝が石段を下りてきたその場、その時に襲うのが最も成功率の高い、ほぼ唯一の機会であろう。

だが、公暁の一味は仲章を義時と間違えるミスを犯した。『愚管抄』が「義時ゾト思テ」殺したと明記していることから、切りかかる瞬間に「義時だな」といった言葉を公暁一味が発したのを、公卿たちが聞いていたのではないかと思われる。仲章は「火フリテアリケル」つまり松明を持っていたが、雪の降る月明かりもない暗い夜である。その程度の明るさでは迅速に、正確に人をみわけることはできない。にもかかわらず、なぜか公暁一味は「供ノ者ヲイチラシテ」そこにいた人々を蹴散らしてまっすぐに仲章に向かっていった。

この疑問を解く鍵は『吾妻鏡』が記す行列次第にあると考える。執権の義時は御家人筆頭であるから、実朝の直前、前駈の最後尾にいることがわかっていた。ただ、左大将拝賀の時には、ペアを組む大内惟義が「前駿河守」という下官、義時が「右京権大夫」という京官だったため、「最後尾の左」という最も上位の名誉ある位置は義時であった。ところが、実朝の推挙により、恐らくは建保七年（一二一九）正月の除目で惟義は京官の「修理《しゅり》権大夫《ごんのだいぶ》」に昇任した。同じ京官であれば、位階が「正四位下」の惟義の方が「従四位下」の義時より格上である。その結果、右大臣拝賀では義時が「最後尾の右」に下がることになった。実朝は、父頼朝の代から忠誠を尽くしてきた重鎮の惟義を、右大臣拝賀という最高の晴れ舞台で最上位に並ばせようと京官に推挙したのであろう。実朝の心遣いである。ただ、これにより義時は、殿上人十人の中での仲章と同じ位置「最後尾の右」に並ぶこととなった。

一方、一瞬でケリをつけなくてはならない公暁たちは、行列の様子を窺い、ターゲットの立ち位置を確認したはずである。居並ぶ人々の「最後尾の右」が義時だ。月明かりもない暗い夜、公暁一味が迷うことなく「最後尾の右」にいる仲章に突進したのは、そう確信していたからだと考える。しかし、「中門ニトゞマレ」という実朝の指示によって、義時をはじめとした前駈の二十人は中門付近に控えていた。公暁らにとっては最大の、そして痛恨の誤算であった。その結果、実朝暗殺には成功したものの、義時を討ち損ねた公暁は、義時の指示を受けた乳母夫の義村によって討ち取られる羽目になったのである。

黒幕の詮索1――「北条義時黒幕説」

事件があまりに衝撃的であったためか、古くから公暁の背後に黒幕がいたのではないか、実朝暗殺を画策した黒幕は誰だったのかという詮索《せんさく》がなされてきた。代表的なものが「北条義時黒幕説」と「三浦義村黒幕説」である。

前者は、『吾妻鏡』にみえる義時の不審な動きを根拠にした説である。先にみたように、義時は楼門を入る時に心神が乱れ、御剣役を仲章に代わって退出し、小町亭に帰ったと『吾妻鏡』は記す。その後、義時に間違えられた仲章が殺されたことにより、自分が狙われたとみせかけて、義時は黒幕と指弾されることを巧みにかわしたのだという説である。

しかも『吾妻鏡』は、事件後の二月八日条にまたしても不可思議な話を載せている。義時は「戌神」の霊夢によって大倉薬師堂という寺院を創建していたのであるが、右大臣拝賀に供奉していた「戌の刻」、夢に現れたような「白き犬」が傍らにいるのをみて心神が乱れ、退出して命拾いした。まさにその時、大倉薬師堂の「戌神」は堂内にいなかったという。つまり、義時がみた「白き犬」は「戌神」が義時を救うために姿を現したのだという話である。

なぜ『吾妻鏡』は、現代人からすれば取るに足らないこのような話を載せたのか。奥富敬之氏は、北条得宗家全盛の時期に成立した『吾妻鏡』の編纂者は、得宗初代の義時が将軍から「中門ニトヾマレ」と命じられる程度の存在だったとは書けなかったのではないかと指摘する。そこで、戌神の奇跡を書き立て「粉飾を重ねて嘘を吐いた」と断じるのである。第四章第二節の「義時・広元の諫言記事」で指摘したことと根は同じである。

そもそも、建保六年（一二一八）の一年間をかけて、実朝とともに親王将軍推戴プロジェクトを推進してきた義時が、目標達成の直前ですべてを御破算にするような挙に出るわけがない。後鳥羽と個人的な信頼関係を結んだ右大臣の実朝がいるからこそ、後鳥羽は親王の鎌倉下向を快諾したのである。「右京権大夫」や「武蔵守」といった諸大夫レベルの北条氏だけでは、親王の鎌倉下向などあり得ない。それほど実朝と北条氏の間には決定的な差があったのであり、賢明な義時がそれを理解できていなかったとは考え難い。「北条義時黒幕説」の背景には、実朝は北条氏の傀儡に過ぎず、源氏将軍はもはや無用だと御家人たちが考えていた、という旧来の鎌倉幕府論、あるいは東国国家論の影がちらついている。

黒幕の詮索2――「三浦義村黒幕説」

一方、「三浦義村黒幕説」は歴史小説家の永井路子氏が半世紀近く前に提唱した説で、それ以来、研究者たちの支持を集めてきた。とくに「乳母夫」の存在と役割に着目したことは画期的であり、その点で高く評価されるべき説であると考える。

ただし、この説にもやはり無理がある。永井氏は公暁の門弟に義村の子の駒若丸がいたこと、暗殺事件の四ヵ月前に駒若丸が鶴岡の僧兵と揉め事を起こしたこと、事件後、鶴岡の僧侶が検挙されたこと、乳母子の弥源太兵衛尉を義村への使者に用いたことなどから、「長年かしずき続けた公暁をかついで、義村はついに大勝負」、つまり「宿敵北条との対決」に出たとする。この日に限って義村が拝賀の行列に加わらず、自亭にいたことも重視する。実朝と義時の暗殺を公暁と僧兵に任せ、自亭に軍兵を集めて義時の小町亭を襲う準備をしていた。ところが、アンチ公暁派の僧侶から情報を得た義時は、一瞬身をかわして小町亭に戻った。これを知った義村は、公暁を切って身を守る選択をしたというのである。

魅力的な説であることは確かである。それ故、多くの研究者の支持を得たのであろう。とはいえ、ここにも実朝は北条氏の傀儡に過ぎないとする旧来の鎌倉幕府論の影がちらつく。前節で述べたように、義村も和田合戦以降、首脳部に連なる位置づけを得て、実朝・義時を支える役割を果たすようになっていた、という視点が全くない。そもそも義時や北条氏を倒すのであれば、和田合戦の時に同族の和田義盛に味方すればよかったはずである。成功する確率は極めて高い。今さら右大臣拝賀のような場で「大勝負」に出る必然性はない。

また、義村が拝賀の場に姿をみせていないのは、先にみたように、左大将直衣始の儀において、同族の年長者長江明義とトラブルを起こし、行列の出発を遅らせるという失態を犯していたからだと考える。右大臣拝賀でこのようなことがあってはならない。そこで、実朝が義村に自宅待機のペナルティーを科したのである。第一、義村ほどの有力者が拝賀の行列に加えられなかった、あるいは勝手に参列しなかったなどということは通常ではあり得ない。右大臣にして将軍である実朝の意向が働いていたとみる以外にない。この点からも、「宿敵北条との対決」を目論《もくろ》んだという永井説は成り立たないことになる。

さらにまた、政子が「今夜中に阿闍梨の群党を糾弾すべきの旨」を命じ、鶴岡の僧侶が何人も検挙されたが、実際に処罰されたのは一部の悪僧だけであったという『吾妻鏡』の記述をもとに、公暁を動かしていた黒幕が事件の揉み消しを図ったとする見解もある。これなども、黒幕は必ずいたという前提のもとに史料を解釈したものである。しかし、素直に読めば、単に公暁に賛同した者が少なかったに過ぎないと理解できよう。あまりにも危険な、人々の共感を得られない計画であるから当然である。以上のことから、実朝暗殺事件に黒幕はいなかった、公暁自身と、公暁に従った少数の者たちによる「単独犯行」であったと結論したい。

かくして三代目の源氏将軍、正二位・右大臣・左大将・左馬寮御監という武家ではとうてい到達し難い高位高官に昇った実朝は、数え年二十八歳、満年齢にして二十六歳五ヵ月余りという短い生涯を閉じたのであった。

終章

源氏将軍のその後

実朝横死の衝撃

実朝の横死は各方面に多大な衝撃を与えた。政子・義時・広元以下の幕府首脳部は、突然主君を失って動揺し、御家人たちは悲嘆の余り次々と出家した。『吾妻鏡』は翌日の一月二十八日に「武蔵守（大江、源姓から改姓）親広、左衛門大夫（長井）時広、前駿河守（中原）季時、秋田城介（安達）景盛、隠岐守（二階堂）行村、大夫尉（加藤）景廉以下、御家人百余輩、薨《こう》後《ご》の哀傷に堪えず、出家を遂ぐ也」と記し、出家者が百余人に及んだとする。『愚管抄』も「その夜、次の日、郎従出家スル者七・八十人マデ有ケリ」と記している。ただ、十分な警固をつけず殺された実朝に批判的な慈円は、出家する武士が多くて「サマアシカリケリ」「入道ノヲヽサ云バカリナシ」と付け加えることも忘れなかった。

確かに「百余輩」「七・八十人」という数は異常である。頼朝が急死した時ですら、出家したのは安達盛長、佐々木盛綱、天野遠景ら数人しかいなかった。出家者の多さは、三代将軍にして右大臣の実朝が、いかに御家人たちから敬われ慕われていたか、いかに大きな存在であったかということを客観的に示す証拠といえよう。

その大きな存在を急に失ったわけであるから、幕府首脳部や御家人たちの動揺は計り知れなかった。『愚管抄』が「将軍ガアトヲバ二位尼総領シテ、猶セウトノ義時右京権大夫サタシテアルベシト議定《ぎじょう》シタルヨシキコヘケリ」と記すように、幕府は源家の家長である政子がいわゆる「尼将軍」としてトップに立ち、執権義時が政務を取り仕切る体制を急いで作った。しかし、後鳥羽に親王の下向を要請する使者二階堂行光を上洛させたのは、実朝の死から半月後、ようやく二月十三日になってからであった。宿老の御家人たちが連署した奏状も添えた。翌十四日には伊賀光季《みつすえ》を、二十九日には大江親広を京都守護のために上洛させた。比企の乱の際には、まだ頼家が生きているうちに実朝の鎌倉殿継承を報告する使者を発遣していた。その用意周到さと比べると、幕府首脳部の周章狼狽ぶりが明らかである。実朝暗殺はまさに突発事件であり、黒幕など存在しなかったことがこれをみてもわかる。

一方、後鳥羽の朝廷にも衝撃が走った。報せを受けて離宮の水無瀬殿《みなせどの》から還御《かんぎょ》した後鳥羽は、騒然とする在京御家人たちに禁制を下し、院御所で国土安穏・玉体安寧を祈らせ、親王将軍を補佐する右大臣実朝の安寧を祈禱させていた陰陽師たちをすべて解任した。信頼する実朝の命を守れなかった幕府に対する後鳥羽の怒りと不信感が読み取れる。

三月に入ると朝幕の駆引きが始まった。後鳥羽は摂津国の交通の要衝、長江《ながえ》・倉橋荘の地頭改補を要求した。同荘の地頭は義時である。幕府は審議の結果、時房が千騎を率いて上洛し、要求を拒絶するとともに親王の早期下向を求めるという強硬策に出た。これに対し、後鳥羽は親王の鎌倉下向取りやめの措置で対抗した。かくして後鳥羽・実朝・北条氏が、それぞれのヴィジョンを思い描いて合意に達した親王将軍推戴は、実現することなく終わりを迎えた。

次期将軍の予定者三寅

朝幕の駆引きは意外な形で決着した。『愚管抄』は、後鳥羽が「次〳〵ノタダノ人ハ、関白摂政ノ子ナリトモ申サムニシタガフベシ」、つまり王家以外の通常の人であれば、関白や摂政の子であっても幕府の申請通りにしようと述べたと記す。実朝が摂関家と同等の扱いを受ける右大臣だったわけであるから、その後継に摂関家の子を当てるというのは理にかなっている。幕府では、この話を聞いた三浦義村が知恵を絞り、

左府ノ子息ユカリモ候。頼朝ガ妹ノムマゴウミ申タリ。宮カナウマジク候ハヾ、ソレヲクダシテヤシナイタテ候テ、将軍ニテ君ノ御マモリニテ候ベシ

「左府（左大臣）」九条道家の子は「ユカリ（縁）」もある。「頼朝ノ妹」の「ムマゴ（孫）」が産んだ子なので、「宮」を迎えることが叶わないのであれば、左府の子を下してもらい、「将軍」に立てて「君」後鳥羽の「御マモリ」にすべきだろうと提案した。

九条頼経関係系図
（『尊卑分脈』『増鏡』をもとに作成）

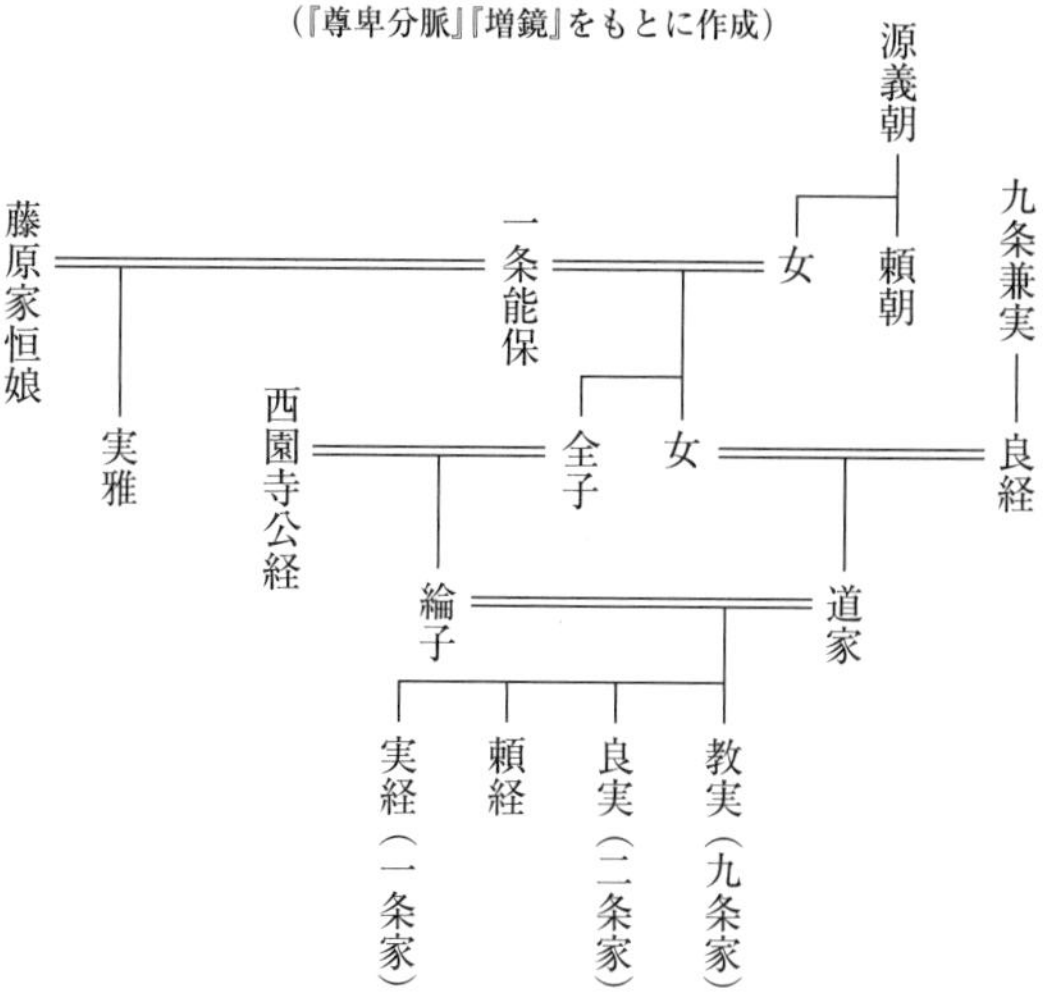

（細川重男編『鎌倉将軍・執権・連署列伝』〈吉川弘文館〉）

頼朝の妹は一条能保に嫁して娘全子を産んでいた。全子は西園寺公経に嫁して綸子（掄子）を産み、頼朝の妹の孫にあたる綸子は道家との間に教実《のりざね》、良実《よしざね》、頼経（幼名三寅《みとら》）らを産んだ。『尊卑分脈』など諸史料から確かめられる事実である。交渉の末、外祖父公経のもとで養育されていた二歳の三寅が選ばれ、承久元年（一二一九、四月に建保から改元）七月十九日、鎌倉に下着した。かくして次期将軍の予定者三寅のもと、政子が「尼将軍」として幕府を代表し、実質的な№2である義時が政務全般を取り仕切る体制が整った。

承久の乱という転換点

京都ではその頃、大事件が起きていた。実朝の横死後、将軍の座を狙っていたと思われる摂津源氏の名門源頼茂が、三寅の鎌倉下向を不満として謀叛を起こしたのである。しかも、代々守護を務めていた大内裏に籠って追討軍と戦い、火を放った。火は天皇の正統性の象徴たる大内裏の中心部を焼き、歴代の宝物などが失われた。後鳥羽は大きなショックを受けた。平家都落ちの直後「三種の神器」なくして践祚し、壇ノ浦の合戦で宝剣を失った後鳥羽は、常に天皇としての正統性にコンプレックスを抱いていた。そこで、多方面にわたる抜群の才能によって自らの正統性を証明し続けていた。にもかかわらず、幕府の内紛で、何ら関係のない大内裏が焼け落ちたのである。頑健な肉体と強靭な精神を誇る後鳥羽も、一ヵ月以上床に臥《ふ》した。

しかし、不屈の治天の君は病が癒えると、すぐ再建に着手した。全国に造内裏役《ぞうだいりやく》を課し、周囲があきれるほど前のめりに再建を推し進めたのである。ところが、国司・荘園領主・地頭を問わず、各地で造内裏役への抵抗が巻き起こった。内裏焼失の原因を作った幕府も後鳥羽の命に従わない。建暦二年（一二一二）、閑院内裏《かんいんだいり》造営に協力した実朝の幕府とは大違いである。苛立ちを募らせた後鳥羽は、承久二年（一二二〇）後半、方針を転換した。最優先にすべき内裏再建を中断し、幕府を実質的に取り仕切る執権、右京権大夫北条義時の排除を決断したのである。そして、承久三年（一二二一）五月十五日、北条義時追討の院宣と官宣旨を下した。

注意すべきは、後鳥羽が目指したのは倒幕ではなく、あくまでも義時追討だったという点である。それは院宣と官宣旨の文面から明白である。もともと後鳥羽は、第五章第二節で説明したように、三十年以上の歳月を重ね、確固たる軍事組織に成長してきた幕府本体の軍事力を、親王と実朝を通じて緩やかに支配下に置きコントロールするというヴィジョンを描いていた。しかし、実朝の横死によってすべては御破算となった。

しかも、義時が後鳥羽の意に従わないことも明らかになった。とはいえ、院宣や官宣旨に明記しているが、後鳥羽は義時を単なる幕府の「奉行」としかみていなかった。そうであれば、奉行の首を自分の意に沿う別の有力御家人にすげかえればいいわけである。候補には院宣の発給対象となった三浦義村、小山朝政、武田信光、足利義氏らがいた。後鳥羽本人が新たな奉行の御家人を通じて幕府本体をコントロール下に置く、すなわち強制的に堅固な権門体制を確立する、これが後鳥羽の狙いであったと考える。幕府という組織を倒しても、武力を持った統制の取れない武士が大量に発生するだけで、治安が乱れるデメリットしかない。それより幕府を組織ごと支配下に編入させる方が、後鳥羽にとってははるかにメリットが大きかったのである。

鎌倉幕府を倒した後醍醐《ごだいご》天皇を引合いに出し、後鳥羽が真に目指したのも倒幕だったとする見解もある。しかし、後醍醐と後鳥羽では歴史的状況があまりにも違う。天皇親政を理想とする後醍醐にとって、幕府は天皇の選定・廃立に関与する許し難き存在、倒すべき敵であった。一方、稀代の帝王たる後鳥羽が君臨する承久三年、幕府は東国の軍事権門に過ぎない。後鳥羽の目からみれば利用価値こそあれ、倒すべき敵などではないのである。

だが、そこに陥穽《かんせい》が潜んでいた。院宣と官宣旨という二重の仕掛けによって、御家人たちは義時から離反すると後鳥羽は踏んでいた。ところが、政子・義時・広元・義村ら幕府首脳部は「チーム鎌倉」として結束し、鎌倉に潜入した後鳥羽の使者を捕らえて院宣・官宣旨を隠匿《いんとく》した上、朝廷は幕府本体を攻めようとしていると情報操作を行い、御家人たちの危機感を煽った。その結果、雪崩《なだれ》を打って出陣した鎌倉方は各地で京方を破り、一ヵ月程で京都を占領するに至ったのである。敗れた後鳥羽は隠岐に、順徳は佐渡に流罪となり、乱に関わらなかった土御門も自ら土佐（後に、より都に近い阿波）に遷幸《せんこう》した。三上皇配流である。

承久の乱後、幕府は治天の君と天皇の選定権を握り、京都に幕府の出先機関である六波羅探題《ろくはらたんだい》を置いた。また、西国の没収地には大量の東国武士が新補地頭《しんぽじとう》として移住し、東国の秩序が西国に浸透した。承久の乱は朝幕の力関係を劇的に逆転させた転換点であった。と同時に、院政期から続いてきた、そして何よりも後鳥羽が完成を目指した国家のあり方「権門体制」が崩れ始める重大な契機、起点となったのである。

源氏改姓問題と源氏将軍断絶

乱後の貞応三年（一二二四、十一月に元仁《げんにん》と改元）六月、義時が死去し、政子の差配で泰時が三代執権となった。翌嘉禄元年（一二二五、四月に改元）には六月に広元が、七月に政子が、承久の乱と義時の死、泰時の執権就任を見届けて自分の役目を終えたかのように死去した。同年十二月、八歳の三寅は泰時を理髪・加冠役に元服して頼経と名乗り、翌嘉禄二年（一二二六）一月二十七日、将軍宣下を受けた。幕府は、執権泰時が三十五歳年下の将軍頼経を指導しつつ補佐する体制に移行したのである。実朝が横死してから七年の歳月が流れていた。

ところで、『吾妻鏡』は、嘉禄二年一月十一日、佐々木信綱が将軍宣下要請のための使者として上洛し、一ヵ月後の二月十三日、除書を携えて鎌倉に下着したと記している。記事は至って簡略である。ところが、信綱は実際には、『吾妻鏡』が記さない特別な使命を帯びていたと考えられる。『明月記』一月二十六日条に次のような記述がみえるのである。

御姓の事、信綱、行兼《ゆきかね》を相伴ひ、春日御社に参り、改姓の可否を申し請ふべしと云々これを推すに孔子軽々《かるがる》か、御名頼経と云々、藤氏の源氏と為ること、いまだ聞かざる事か。

すなわち、頼経が「源氏」に「改姓」することの「可否」を、藤原氏の氏社《うじやしろ》である春日社《かすがしゃ》で「孔子賦《くじくばり》」つまり春日明神の神判に委ねて決めるというのである。京都側からの働きかけがみられないことから、頼経の源氏改姓は泰時ら幕府首脳部の意思であったと考えられる。しかし、摂関家の姓である「藤原」を「源」に改めるというのは並大抵のことではない。そこで、春日明神の神意を問う手続きが必要とされたのであろう。

先に、『愚管抄』によって、亡くなった実朝の後継には摂関家の子でも構わないと後鳥羽が述べたことをみた。建保七年（一二一九）当時の関白は近衛家実であり、子供には家通《いえみち》、家《いえ》輔《すけ》、兼経《かねつね》がいた。長男の家通は、建保六年（一二一八）十二月に実朝が右大臣に昇任した後、十五歳で内大臣になったので候補にはならない。しかし、次男家輔と三男の異母弟兼経の二人は実朝死去時に十歳であった。義村が候補に挙げた九条道家の長男教実と同い年である。現関白の近衛家実の子家輔、兼経を候補に入れてもおかしくはなかった。ところが、義村が推したのは道家の子供たちであった。理由は、彼らが頼朝の妹の孫綸子が産んだ子だったからである。三寅が鎌倉に下着した『吾妻鏡』七月十九日条にも、政子が「将軍の旧好を重んじ、その後嗣を継がんがため、これを申請」したという記述がある。

さらに、三寅の父道家にも頼朝の血が流れていた。頼朝の妹が産んだもう一人の娘は九条良経に嫁し、二人の間に生まれたのが道家だったからである。三寅や教実、良実は母方からも父方からも頼朝の血を受け継いでいたことになる。関白家実の子ではなく左大臣道家の子が選ばれたのは、政子・義時・広元・義村らが、将軍には頼朝の血を引く者がなるという「源氏将軍観」を重視していたからであろう。泰時が将軍宣下のタイミングで頼経の源氏改姓を図ったのもその延長であったと考える。一方、北条氏はもはや源氏など必要ないと考えていたとする立場から、源氏将軍を求める一般の御家人たちからの突き上げを受けた泰時が、あえて改姓のパフォーマンスを行ったとする見解もある。ただ、泰時の性格を考えれば不自然さはぬぐえない。父義時を継いだ泰時も、頼朝の血統の継承、源氏将軍を望んでいたと考えるべきであろう。

ところが、『明月記』一月二十七日条によれば、春日社の神判の結果は「藤氏を改むべからず」であったという。それも当然である。幕府に頼経を送り込んだ九条家が、みすみす「藤原氏」「摂家」の将軍を手放すはずがない。神判は藤原氏の氏社春日社による忖度だったのかもしれないが、少なくとも九条家の存在が頼経の源氏改姓を阻んだことは確かである。

しかし、泰時は諦めなかった。四年後の寛喜二年（一二三〇）十二月、頼家の娘で二十八歳になった竹御所を十三歳の頼経の御台所に送り込んだのである。頼朝・頼家の血を継ぐ子の誕生に期待をかけたとみられる。ただ、不幸にも竹御所は男児を死産した後に体調を崩し、天福《てんぷく》二年（一二三四、十一月に文暦《ぶんりやく》と改元）七月二十七日、三十二歳で死去した。かくして頼朝の血を継ぐ源氏将軍が誕生する可能性は消滅した。

摂家将軍の後、宗尊親王以下、親王将軍が四代続く。その二代目、宗尊の子惟康王《これやすおう》は賜姓《しせい》されて源惟康と名乗った。源氏将軍の復活である。鎌倉後期の政治状況に基づくものであるが、将軍には源氏がなるべきだという意識が御家人社会に根付いていたことをうかがわせる。ただ、もはや頼朝の血統は問題にもならず、十七年後、源惟康は親王宣下されて惟康親王となった。この後、幕府の滅亡まで親王将軍が続く。

以上、頼朝・頼家・実朝という三代の源氏将軍について考察し、最後に摂家将軍頼経にも触れた。本書が明らかにしたのは、建久年間（一一九〇〜一一九九）以降、頼朝の血を引く者が将軍になるという「源氏将軍観」が御家人社会に浸透・定着し始め、実朝暗殺後も続いたということである。「源氏将軍断絶」とは、実朝暗殺によって起きた自明の事柄ではなかった。むしろ、実朝が生き続け、後鳥羽の血統による将軍が推戴されて存続することこそ、正真正銘の「源氏将軍断絶」であったと考える。歴史は実朝の命を奪い、十数年の間だけ源氏将軍の命脈を保つ可能性を残したのであった。

おわりに

二〇一九年一月、『歴史街道』編集部の次重浩子氏から、四月号の特別企画、源頼朝・頼家・実朝「源氏三代」に関するインタビューのご依頼をいただいた。前年十二月に上梓した前著『承久の乱』をお読みになった次重氏が、一般読者向けにQ&A方式で源氏三代の人物像・時代背景をわかりやすく解説するのに適任であるとご判断下さったようである。同誌六月号の特集でも、後白河・後鳥羽が戦乱とどう向き合ったかというインタビューを受けた。これと並行して源氏三代の話を新書化する企画も持ち上がり、大岩央氏が編集担当に決まった。

このようにとんとん拍子で本書の企画は進んだのであるが、二〇一九年は承久の乱の話題が盛り上がりをみせた上、実朝没後八〇〇年に当たることから、論文や新聞・雑誌記事の執筆、講演会やインタビュー、テレビ出演など各方面からオファーが相次いだ。年が明けると、一月早々、他の出版社から北条氏に関する新書執筆のご依頼があり、三月には大河ドラマの時代考証を統括するという責任の重い仕事をお引き受けすることになった。ちょうど新型コロナウィルスの感染が拡大し始めた頃で、考証会議は顔合わせの初回以外はオンラインで行っているが、メールや電話でのやり取りが頻繁にあり、多忙を極めることになった。

本書の企画が持ち上がった際には、あえて頼朝ではなく実朝に重きを置き、源氏将軍の断絶を主題にして実朝八〇〇年忌の二〇一九年のうちに出版する心積もりであった。ところが、こうした事情が重なってなかなか執筆を進めることができず、担当の大岩氏には随分とご心配・ご迷惑をおかけした。この場を借りてお詫びしたい。

しかし、ご依頼をいただいたお仕事は、すべて本書の執筆に役立ったと確信している。北条氏について詳述する機会を別にいただいたことから、源氏将軍の論述に集中することができた。また、それぞれのご要望にお応えしようと自分の研究を見直したことで、修正すべき点がいくつもあることに気がついた。さらに、日々更新される学界の成果を整理し、研究を発展させるヒントを見つけることもできた。脱稿までに一年以上を費やしたが、「はじめに」の中で書いたように、こうした諸点を活かすことができたのは幸いであった。

それにしても「コロナ禍」という言葉に象徴されるように、二〇二〇年は日本中、いや世界中がウィルスと戦わなくてはならない極めて困難な年になった。私が勤務する大学でも、四月から授業・会議すべてをオンラインで実施することになり、システムに慣れるため最初のうちは戸惑った。ウィルスへの感染の不安はもちろん、日常生活の不自由さなどから気持ちが晴れない日々が続いたことも確かである。そうした中、愛猫家の私たち家族にとって、三毛猫のミケラとキジトラ猫のレオナという二匹の猫の存在は大きかった。いわゆる「ステイホーム」「巣ごもり」の生活に明るく幸せな空気を運んできてくれるのである。ミケラは私の仕事机の椅子で昼寝するのが大好きで、その時間帯は椅子を取られた私の方が別の部屋のパソコンで原稿を書いた。活発なレオナはキャットタワーやキャットステップを勢いよく駆け上り、溢れ出るパワーで私たちに元気を与えてくれた。猫たちが幸せなら私たちも頑張れる、といった感じである。おっと「猫馬鹿」が過ぎたようだ。この辺でやめておこう。

最後になったが、大岩氏を引き継ぎ、校正や広報活動など本書刊行の仕上げをして下さった宮脇崇広氏にも謝意を申し述べたい。様々な人々のお力で成った本書が、源氏三代の研究に一石を投じる一書になれば望外の喜びである。

二〇二〇年十一月　東京の自宅にて

坂井孝一

関係略年表

年号	西暦	事項
保延四年	一一三八	北条時政誕生。
久安三年	一一四七	五月、源頼朝誕生。この年、和田義盛誕生。
保元元年	一一五六	七月、保元の乱。
保元二年	一一五七	北条政子誕生。
平治元年	一一五九	十二月、平治の乱。頼朝、右兵衛権佐任官。
平治二年（永暦元年）	一一六〇	三月、頼朝、伊豆の伊東に配流。
長寛元年	一一六三	北条義時誕生。
承安五年（安元元年）	一一七五	頼朝、伊東から北条へ。
安元二年	一一七六	十月、工藤祐経、伊東祐親の嫡子河津三郎射殺。曽我兄弟の敵討ちの因となる。
治承二年	一一七八	頼朝・政子夫妻の長女大姫誕生。
治承四年	一一八〇	七月、尊成誕生。八月、頼朝、挙兵。十月、富士川合戦。十二月、御所に移徙の儀。侍所で着到の儀。
寿永元年	一一八二	八月、頼朝・政子夫妻の長男頼家（幼名万寿）誕生。
寿永二年	一一八三	七月、平家、安徳天皇・三種の神器を伴って都落ち。八月、尊成親王（後鳥羽天

		皇）践祚。十月、朝廷、頼朝の東国支配権を公認（「十月宣旨」）。この年、北条泰時（幼名金剛）誕生。
元暦二年（文治元年）	一一八五	三月、平家、壇ノ浦で滅亡。十一月、守護・地頭設置の勅許。
文治五年	一一八九	七月、頼朝、藤原泰衡追討のために鎌倉進発、奥州藤原氏滅亡（奥州合戦）。
文治六年（建久元年）	一一九〇	十一月、頼朝、入洛。後白河院・九条兼実と会談。権大納言・右近衛大将任官。十二月、両職を辞任して、鎌倉下向。
建久三年	一一九二	三月、後白河院死去。七月、頼朝、征夷大将軍任官。八月、頼朝・政子夫妻の次男実朝（幼名千幡）誕生。十二月、鎌倉で永福寺落慶供養。
建久四年	一一九三	三月、信濃三原野・下野那須野で狩猟行事。五月、駿河富士野で巻狩。頼家、初鹿獲りで山神・矢口祭。曽我兄弟の敵討ち事件。六月、常陸の政変。八月、範頼、流罪・誅殺。大庭景義・岡崎義実鎌倉追放。十二月、下妻広幹誅殺。
建久五年	一一九四	二月、金剛元服（初名、頼時、後に泰時と改名）。八月、遠江守・遠江守護の安田義定滅亡。
建久六年	一一九五	三月、頼朝、上洛。東大寺大仏殿落慶供養の儀参列。源通親・丹後局と会談。頼家、後鳥羽天皇に拝謁。
建久七年	一一九六	十一月、建久七年の政変。
建久八年	一一九七	一月、為仁親王（土御門天皇）に譲位。後鳥羽院政開始。七月、大姫死去。

建久九年	一一九八	頼家の妾、若狭局、一幡を出産。この頃、頼家の室に賀茂重長の娘。
建久十年（正治元年）	一一九九	一月、頼朝急死。頼家二代目鎌倉殿。二月、政所始。四月、頼家への取次ぎを宿老十三人に限定。
正治二年	一二〇〇	時政、元旦の垸飯を勤仕。一月、梶原景時滅亡。四月、時政、遠江守任官。十月、頼家、左衛門督任官。この年、頼家の室、賀茂重長の娘、公暁を出産。
建仁二年	一二〇二	七月、頼家、従二位・征夷大将軍叙任。九月、頼家、伊豆・駿河で狩猟行事。
建仁三年	一二〇三	六月、阿野全成、謀叛の咎で誅殺。七月二十日、頼家、発病。八月二十七日、将軍家督の分割譲与。八月三十日、頼家、出家。九月二日、時政、比企能員を謀殺。比企氏滅亡。九月七日、鎌倉殿を継承した実朝、従五位下・征夷大将軍叙任。九月二十九日、頼家、伊豆修善寺に下向。十月八日、実朝、時政亭で元服。同九日、実朝、政所始。十一月、義時、一幡を誅殺。
建仁四年（元久元年）	一二〇四	一月、実朝、源仲章を侍読に読書始。七月、頼家、修善寺で惨殺。十一月、時政・牧の方の愛息政範死去。十二月、坊門信子、実朝御台所として鎌倉下着。
元久二年	一二〇五	四月、実朝、十二首の和歌を試作。六月、二俣川の合戦で畠山重忠一族滅亡。閏七月十九日、牧氏事件。同二十六日、平賀朝雅誅殺。十二月、公暁、鶴岡八幡宮二代別当尊暁に入室。
元久三年（建永元年）	一二〇六	六月、公暁、政子亭で着袴の儀。十月、公暁、実朝の猶子となる。

承元三年	一二〇九	四月、実朝、従三位。その後、将軍家政所を設置し、将軍家政所下文を発給。五月、和田義盛、上総国司挙任を実朝に申請。十一月七日、義時・広元、実朝に諫言。十一月十四日、実朝、義時の年来の郎従を侍に准ずることを拒否。十一月・十二月、守護交代制を政所で審議。
承元四年	一二一〇	三月、武蔵国務条々作成令・大田文調進令。八月、神社仏寺領興行令。十月、諸国御牧興行令。
承元五年（建暦元年）	一二一一	六月、東海道新宿建立令。七月、実朝、『貞観政要』講読開始。
建暦二年	一二一二	二月、京都大番役推進令。相模川橋修理令。八月、諸国鷹狩禁断令。この年、実朝、閑院内裏造営に協力。
建暦三年（建保元年）	一二一三	一月、和田義盛、垸飯を勤仕。二月、泉親平の乱。三月九日、和田一族、義時に恥辱を受けて御所への出仕を取り止め。五月二日、和田合戦勃発。同三日、和田勢敗北。同二十一日、鎌倉大地震。十二月、二度目の諸国鷹狩禁断令。この年後半、実朝、『金槐和歌集』を自撰・編集。
建保二年	一二一四	一月から二月、実朝、二所詣（三島社も含む）。六月、実朝、祈雨の転読を栄西に命令。関東御領の年貢三分の二の免除を命令。十二月、実朝、諸人官爵のことを制定。
建保三年	一二一五	七月、後鳥羽、「仙洞歌合」を実朝に下賜。十二月、義時・広元ら、実朝に善政

		実施を提言。
建保四年	一二一六	一月、広元、陸奥守。二月、東寺の舎利盗難事件。四月、実朝、諸人愁訴聴断。同月、政所別当九人制。六月、陳和卿、実朝に拝謁。同月、実朝、権中納言。閏六月、広元の大江への改姓勅許。十月、実朝、諸人の庭中言上を聴断。十一月、実朝、唐船建造を命令。
建保五年	一二一七	一月、義時、右京権大夫。四月、唐船、進水失敗。五月、鶴岡八幡宮三代別当定暁死去。六月、公暁、園城寺から鎌倉下着。十月、公暁、鶴岡八幡宮四代別当に就任して神拝。その後、参籠。
建保六年	一二一八	一月、実朝、権大納言。二月、政子・時房、上洛。三月、実朝、左近衛大将・左馬寮御監。四月、政子、従三位。六月、実朝、左大将拝賀。七月、実朝、左大将直衣始。十月、政子、従二位。同月、実朝、内大臣。十二月二日、実朝、右大臣。同二十日、実朝、右大臣政所始。
建保七年（承久元年）	一二一九	一月二十七日、実朝、鶴岡八幡宮右大臣拝賀の場で公暁によって斬殺。公暁、誅殺。同二十八日、多数の御家人が出家。二月、幕府、親王の早期下向を朝廷に要請。三月、後鳥羽、長江・倉橋荘の地頭改補を要求。幕府、改補を拒否。後鳥羽も親王下向を拒否。七月、三寅（頼経）、将軍予定者として鎌倉下着。
承久三年	一二二一	五月十五日、後鳥羽、北条義時追討の院宣・官宣旨発給。承久の乱勃発。鎌倉

		方、圧勝。七月、後鳥羽、隠岐に配流。
貞応三年（元仁元年）	一二二四	六月、義時、死去。泰時、執権就任。
元仁二年（嘉禄元年）	一二二五	六月、広元、死去。七月、政子、死去。十二月、三寅元服（頼経）。
嘉禄二年	一二二六	一月二十七日、頼経、将軍宣下。頼経の源氏改姓を春日社の神判が否定。
寛喜二年	一二三〇	十二月、頼家の遺児竹御所、頼経の御台所。
天福二年（文暦元年）	一二三四	七月、竹御所、男児を死産の後、死去。
文永七年	一二七〇	十二月、七代将軍惟康王、賜姓されて源惟康。
弘安十年	一二八七	十月、源惟康、親王宣下されて惟康親王。

主要参考文献

【論集】 論集所載の論文については下記の記号を用いて示す。
論集A 『岩波講座　日本歴史』第6巻・中世1　岩波書店、二〇一三年
論集B 中世の人物　第二巻　野口実編『治承〜文治の内乱と鎌倉幕府の成立』清文堂出版、二〇一四年
論集C 中世の人物　第三巻　平雅行編『公武権力の変容と仏教界』清文堂出版、二〇一四年
論集D 細川重男編『鎌倉将軍・執権・連署列伝』吉川弘文館、二〇一五年
論集E 北条氏研究会編『武蔵武士の諸相』勉誠出版、二〇一七年
論集F 日本史史料研究会編『将軍・執権・連署―鎌倉幕府権力を考える』吉川弘文館、二〇一八年
論集G 北条氏研究会編『北条氏発給文書の研究』勉誠出版、二〇一九年
論集H 渡部泰明編『源実朝―虚実を越えて』勉誠出版、二〇一九年

【著書・論文】
青山幹哉「鎌倉将軍の三つの姓」『年報中世史研究』第一三号、一九八八年
伊藤邦彦『「建久四年曾我事件」と初期鎌倉幕府―曾我物語は何を伝えようとしたか』岩田書院、二〇一八年
岩田尚一「北条義時の大倉亭と『吾妻鏡』戌神霊験譚の原史料」『鎌倉遺文研究』第四三号、二〇一九年

岩田慎平「九条頼経・頼嗣―棟梁にして棟梁にあらざる摂家将軍の蹉跌」論集C
上杉和彦『大江広元』吉川弘文館、二〇〇五年
上横手雅敬『鎌倉時代政治史研究』吉川弘文館、一九九一年
大石直正『奥州藤原氏の時代』吉川弘文館、二〇〇一年
大塚紀弘『日宋貿易と仏教文化』吉川弘文館、二〇一七年
岡田清一『北条義時―これ運命の縮まるべき端か』ミネルヴァ書房、二〇一九年
奥富敬之『吾妻鏡の謎』吉川弘文館、二〇〇九年
落合義明「北条時政と牧方―豆駿の豪傑、源頼朝からの自立」論集B
鎌倉佐保「和田合戦と横山氏」『多摩市史』通史編第五編第一章第三節2、一九九七年
川合康『鎌倉幕府成立史の研究』校倉書房、二〇〇四年
川合康「治承・寿永の内乱と鎌倉幕府の成立」論集A
川合康『院政期武士社会と鎌倉幕府』吉川弘文館、二〇一九年
菊池紳一「北条泰時―東西文化を融合させた宰相」論集C
菊池紳一「足立遠元と藤九郎盛長」「鎌倉時代の足立氏」「源頼朝の構想―子供たちと武蔵武士」論集E
菊池紳一「源頼家・実朝兄弟と武蔵国」論集F
菊池紳一「北条時政発給文書について―その立場と権限」論集G、初出一九八二年『学習院史学』一九
菊池紳一「北条政子発給文書について」論集G
菊池紳一「鎌倉殿源実朝」論集H
菊地大樹「慈円―法檀の猛将」論集C

木村茂光『頼朝と街道―鎌倉政権の東国支配』吉川弘文館、二〇一六年
金　永「摂家将軍期における源氏将軍観と北条氏」『ヒストリア』第一七四号、二〇〇〇年
久保木圭一「七代将軍　惟康親王」論集D
久保田和彦「源実朝の発給文書」論集G
河内祥輔『日本中世の朝廷・幕府体制』吉川弘文館、二〇〇七年
小林直樹「『吾妻鏡』における頼家狩猟伝承―北条泰時との対比の視点から」『國語國文』八〇―一一、二〇一一年
小林直樹「『沙石集』の実朝伝説―鎌倉時代における源実朝像」論集H
五味文彦『増補　吾妻鏡の方法』吉川弘文館、二〇〇〇年
五味文彦「京・鎌倉の王権」日本の時代史8『京・鎌倉の王権』吉川弘文館、二〇〇三年
五味文彦『書物の中世史』みすず書房、二〇〇三年
五味文彦『源実朝―歌と身体からの歴史学』角川学芸出版、二〇一五年
近藤成一『鎌倉幕府と朝廷』シリーズ日本中世史②　岩波書店、二〇一六年
佐伯智弘「源通親―権力者に仕え続けた男の虚像」論集B
坂井孝一『曽我物語の史実と虚構』吉川弘文館、二〇〇〇年
坂井孝一『源実朝―「東国の王権」を夢見た将軍』講談社、二〇一四年
坂井孝一『曽我物語の史的研究』吉川弘文館、二〇一四年
坂井孝一「源実朝―青年将軍の光と影」論集C
坂井孝一『源頼朝と鎌倉』吉川弘文館、二〇一六年

坂井孝一『承久の乱―真の「武者の世」を告げる大乱』中央公論新社、二〇一八年
坂井孝一「建保年間の源実朝と鎌倉幕府」論集H
櫻井陽子「頼朝の征夷大将軍任官をめぐって―『三槐荒涼抜書要』の翻刻と紹介」『明月記研究』九、二〇〇四年
佐藤進一『日本の中世国家』岩波書店、一九八三年
佐藤雄基「大江広元と三善康信（善信）―京・鎌倉をむすぶ文士のつながり」論集C
清水亮『中世武士　畠山重忠―秩父平氏の嫡流』吉川弘文館、二〇一八年
下山忍「北条義時の発給文書」論集G、初出一九八九年「北条義時発給文書について」『中世日本の諸相』下巻、吉川弘文館
杉橋隆夫「鎌倉執権政治の成立過程―十三人合議制と北条時政の「執権」職就任」『御家人制の研究』吉川弘文館、一九八一年
鈴木由美「鎌倉期の「源氏の嫡流」」論集F
関口崇史「四代将軍　九条頼経」論集D
多賀宗隼『栄西』吉川弘文館、一九六五年
高橋慎一朗『武家の古都、鎌倉』日本史リブレット21　山川出版社、二〇〇五年
高橋一樹『東国武士団と鎌倉幕府』吉川弘文館、二〇一三年
高橋典幸『源頼朝―東国を選んだ武家の貴公子』日本史リブレット　人26　山川出版社、二〇一〇年
高橋典幸「鎌倉幕府論」論集A
高橋典幸「文書にみる実朝」論集H

高橋秀樹「吾妻鏡と和田合戦」神奈川県立図書館『郷土神奈川』四四、二〇〇六年
高橋秀樹「藤原兼実―右大臣から内覧へ」論集B
高橋秀樹『三浦一族の研究』吉川弘文館、二〇一六年
舘隆志『園城寺公胤の研究』春秋社、二〇一〇年
田中稔「大内惟義について」『中世日本の諸相』下巻、吉川弘文館、一九八九年
田辺旬「北条義時―義時朝臣天下を并呑す」論集C
田辺旬「北条政子発給文書に関する一考察―「和字御文」をめぐって」『ヒストリア』第二七三号、二〇一九年
千葉徳爾『たたかいの原像―民俗としての武士道』平凡社、一九九一年
中尾良信「栄西―日本禅宗の原型」論集B
永井晋『鎌倉幕府の転換点―『吾妻鏡』を読みなおす』日本放送出版協会、二〇〇〇年、なお二〇一九年に吉川弘文館から復刊
永井晋『鎌倉源氏三代記―一門・重臣と源家将軍』吉川弘文館、二〇一〇年
永井晋編『鎌倉僧歴事典』八木書店、二〇二〇年
永井路子『つわものの賦』文芸春秋、一九七八年
野口実「鎌倉武士と報復―畠山重忠と二俣川の合戦」『古代文化』第五四巻第六号、二〇〇二年
野口実『源氏と坂東武士』吉川弘文館、二〇〇七年
野口実『東国武士と京都』同成社、二〇一五年
樋口健太郎『九条兼実―貴族がみた『平家物語』と内乱の時代』戎光祥出版、二〇一七年

菱沼一憲『源頼朝―鎌倉幕府草創への道』戎光祥出版、二〇一七年
平岡豊「後鳥羽院西面について」『日本史研究』三一六、一九八八年
平山浩三「一国平均役賦課における鎌倉幕府と荘園―役夫工米・造内裏役・大嘗会役」『日本歴史』五六五、一九九五年
藤本頼人「源頼家像の再検討―文書史料を手がかりに」『鎌倉遺文研究』第三三号、二〇一四年
藤本頼人「源頼家―「暗君」像の打破」論集B
古澤直人「和田合戦と横山時兼」『法政大学多摩論集』二三、二〇〇七年
本郷恵子『京・鎌倉　ふたつの王権』全集　日本の歴史(第)六(巻)　小学館、二〇〇八年
松島周一「和田合戦の展開と鎌倉幕府の権力状況」『日本歴史』五一五、一九九一年
真鍋淳哉「三浦義村―八難六奇の謀略、不可思議の者」論集C
元木泰雄『河内源氏―頼朝を生んだ武士本流』中央公論新社、二〇一一年
元木泰雄『源頼朝―武家政治の創始者』中央公論新社、二〇一九年
森幸夫「源頼家発給文書の考察」論集G
矢代仁『公暁―鎌倉殿になり損ねた男』星雲社、二〇一五年
藪本勝治「奥州合戦再読―『吾妻鏡』における〈歴史〉構築の一方法」『古代文化』第六八巻第一号、二〇一六年
藪本勝治「『吾妻鏡』の文脈と和田合戦記事」『軍記と語り物』第五六号、二〇二〇年
藪本勝治「実朝暗殺記事にみる『吾妻鏡』の編纂方法と成立背景」『灘中学校・灘高等学校教育研究紀要』第一〇号、二〇二〇年

山野龍太郎「畠山重忠の政治的遺産」論集E
山野龍太郎「〈コラム〉島津家文書の北条政子書状案」論集G
山本みなみ「和田合戦再考」『古代文化』第六八巻第一号、二〇一六年
山家浩樹「実朝の追善」論集H
弓削繁『六代勝事記の成立と展開』風間書房、二〇〇三年
湯山賢一「北条義時執権時代の下知状と御教書」『國學院雑誌』第八〇巻第一一号、一九七九年
湯山賢一「北条時政執権時代の幕府文書―関東下知状成立小考」『中世古文書の世界』吉川弘文館、一九九一年
渡部泰明「実朝像の由来」論集H

PHP新書

PHP INTERFACE
https://www.php.co.jp/

坂井孝一［さかい・こういち］

1958年、東京都生まれ。東京大学文学部卒業。同大学大学院人文科学研究科博士課程単位取得。博士（文学）。現在、創価大学文学部教授。専門は日本中世史。平安末期・鎌倉初期の政治史・文化史、室町期の芸能史を主な研究テーマとする。著書に『承久の乱―真の「武者の世」を告げる大乱』（中公新書）、『源実朝―「東国の王権」を夢見た将軍』（講談社選書メチエ）、『源頼朝と鎌倉』『曽我物語の史的研究』『曽我物語の史実と虚構』（以上、吉川弘文館）、『物語の舞台を歩く―曽我物語』（山川出版社）がある。

源氏将軍断絶

なぜ頼朝の血は三代で途絶えたか

PHP新書 1243

二〇二一年一月五日　第一版第一刷

著者――坂井孝一
発行者――後藤淳一
発行所――株式会社PHP研究所
東京本部――〒135-8137 江東区豊洲5-6-52
第一制作部 ☎03-3520-9615（編集）
普及部 ☎03-3520-9630（販売）
京都本部――〒601-8411 京都市南区西九条北ノ内町11
組版――有限会社メディアネット
装幀者――芦澤泰偉＋児崎雅淑
印刷所
製本所――図書印刷株式会社

ISBN978-4-569-84828-0

ＰＨＰ新書刊行にあたって

「繁栄を通じて平和と幸福を」(PEACE and HAPPINESS through PROSPERITY)の願いのもと、ＰＨＰ研究所が創設されて今年で五十周年を迎えます。その歩みは、日本人が先の戦争を乗り越え、並々ならぬ努力を続けて、今日の繁栄を築き上げてきた軌跡に重なります。

しかし、平和で豊かな生活を手にした現在、多くの日本人は、自分が何のために生きているのか、どのように生きていきたいのかを、見失いつつあるように思われます。そして、その間にも、日本国内や世界のみならず地球規模での大きな変化が日々生起し、解決すべき問題となって私たちのもとに押し寄せてきます。

このような時代に人生の確かな価値を見出し、生きる喜びに満ちあふれた社会を実現するために、いま何が求められているのでしょうか。それは、先達が培ってきた知恵を紡ぎ直すこと、その上で自分たち一人一人がおかれた現実と進むべき未来について丹念に考えていくこと以外にはありません。

その営みは、単なる知識に終わらない深い思索へ、そしてよく生きるための哲学への旅でもあります。弊所が創設五十周年を迎えましたのを機に、ＰＨＰ新書を創刊し、この新たな旅を読者と共に歩んでいきたいと思っています。多くの読者の共感と支援を心よりお願いいたします。

一九九六年十月

ＰＨＰ研究所